教育部人文社会科学研究青年基金西部和边疆地区项目（17XJC630008）资助
西北大学“双一流”建设项目资助（Sponsored by First-class Universities and Academic Programs of Northwest University）

连锁董事对企业社会责任行为扩散及其经济后果的影响研究

潘 颖◎著

RESEARCH ON THE IMPACT OF CHAIN DIRECTORS ON THE SPREAD OF CORPORATE SOCIAL RESPONSIBILITY BEHAVIOR AND ITS ECONOMIC CONSEQUENCES

中国经济出版社
CHINA ECONOMIC PUBLISHING HOUSE
·北 京·

图书在版编目（CIP）数据

连锁董事对企业社会责任行为扩散及其经济后果的影响研究 / 潘颖著 . -- 北京 ：中国经济出版社，2024.10. -- ISBN 978-7-5136-7933-6

Ⅰ. F279.2

中国国家版本馆 CIP 数据核字第 20243H2W52 号

责任编辑　贺　静
责任印制　马小宾
封面设计　任燕飞工作室

出版发行　中国经济出版社
印 刷 者　北京建宏印刷有限公司
经 销 者　各地新华书店
开　　本　710mm×1000mm　1/16
印　　张　16.75
字　　数　290 千字
版　　次　2024 年 10 月第 1 版
印　　次　2024 年 10 月第 1 次
定　　价　78.00 元
广告经营许可证　京西工商广字第 8179 号

中国经济出版社 **网址** http://epc.sinopec.com/epc/ **社址** 北京市东城区安定门外大街 58 号 **邮编** 100011
本版图书如存在印装质量问题，请与本社销售中心联系调换（联系电话：010-57512564）

前言

党的二十大报告把高质量发展明确为全面建成社会主义现代化强国的首要任务，进一步凸显了高质量发展的全局和长远意义。在价值创造层面，连接经济与社会高质量发展的微观主体，是兼具经济与社会融合属性的企业，而企业的高质量发展离不开企业社会责任的创新发展。

任何企业都存在于社会之中，在新发展理念推动下，很多企业把社会责任创新发展作为动力源和落脚点，系统思考企业与社会、企业与国家，以及企业与其他利益相关者的内在联系；但是，在社会责任的担当和履职尽责水平等方面，不少企业还与国际先进企业社会责任标准存在着认知理念差距、技术水平差距与经济发展差距，中国企业社会责任创新发展任重道远。目前，中国企业社会责任创新发展存在着地区不平衡、行业不均衡等特点。早在21世纪初，沪深交易所便先后发布《深圳证券交易所上市公司社会责任指引》《上海证券交易所上市公司环境信息披露指引》（均已失效）等文件，倡导上市公司承担社会责任，但是有些企业社会责任报告在真实性、准确性、连续性等方面还需要进一步加强。近年来，企业社会责任报告披露数量不断增多。企业为何会自愿披露社会责任报告，以及社会责任报告的披露是否具有组织间的模仿效用？作为企业重要社会网络之一的连锁董事，在企业社会责任披露行为中起到了什么作用？以上问题亟待从理论层面厘清。

连锁董事的存在作为我国企业经营活动的普遍现象，其重要性可以从“董事”“网络”两个方面体现。董事是联结股东与经理人的纽带，担负着委托、代理双重角色，处于企业治理的核心。我国学者虽然从企业治理视角、制度环境视角对企业社会责任问题展开了研究，却忽略了很多企业的内部治理机制已突破了传统的二元关系，形成了面向企业的股东、消费者、供应商、政府、社区与环境等多元利益相关者的责任承诺与价值承诺这一现状。本书基于利益相关者理论，首先从整体出发实证检验了连锁董事与企业社会责任行为的关系，在此基础上从股东、员工、消费者、环境等方面进一步研究了连锁董事与企业各维度社会责任行为的扩散。企业社会责任是满足各利益相关者需求的综合反映，是在保证企业可持续发展的基础上，对股东、员工、环境和社会等利益相关者承担的综合责任，综合责任的履行程度决定了利益相关者参与企业经营管理的程度，是企业实现高质量发展的重要因素。

关于连锁董事与企业经济行为扩散的经济后果问题，研究发现连锁董事在企业决策中起到了信息传递作用，但是关于其所带来的经济后果，已有研究更多的是从企业绩效角度出发，忽略了连锁董事对企业社会责任行为扩散及创新的影响。本书分别从企业经营绩效和创新的角度出发，研究了连锁董事引发的企业社会责任行为扩散的经济后果。

本书的研究目标有三：一是对我国上市公司连锁董事制度、社会责任履行状况进行综合评价；二是探明连锁董事对企业社会责任行为的作用机理，包括对股东责任、员工责任、供应商和客户及消费者权益责任、环境责任四个维度的影响；三是明确企业社会责任行为扩散的经济后果，包括对经营绩效与创新能力的影响。

本书在已有研究的基础上，围绕上述研究目标，明确研究内容，采用规范研究与实证研究相结合的方法，利用中国上市公司公开披露的数据，对连锁董事影响企业社会责任行为扩散及其经济后果进行了系统研究。希望本书的研究，一方面能够丰富连锁董事领域、企业社会责任领域的研究成果，另一方面能为新时期中国企业社会责任的履行提供经验证据，为企业从承担社会责任转向创造社会价值提供借鉴。

本书是笔者教育部人文社会科学研究青年基金项目成果之一，且受到西北大学“双一流”建设项目资助，中国经济出版社为本书的出版提供了大力支持，特此表示衷心感谢。本书在写作过程中，借鉴了国内外众多专家学者的研究成果，并且引用了一些书籍、网站的内容，其中绝大部分得到了著作权人的同意并在参考文献中列出。在此，对这些学者深表谢意。

限于笔者的学识水平，书中难免有错漏之处，恳请各位同人及读者批评指正。

潘　颖

2023 年 9 月

摘 要

企业履行社会责任是实现经济高质量发展的应有之义。进入经济高质量发展阶段，我国这样一个规模巨大经济体的现代化过程涉及复杂多样的经济与社会关联，依靠简单的利润导向分散化决策无法获得全局最优，因而企业社会责任理念将成为其中重要的调节机制。

微观层面，企业社会责任的履行离不开管理层的决策与支持，连锁董事作为企业治理核心，对企业履行社会责任起着重要作用。连锁董事作用的发挥不仅与其个人特质有关，而且受到所处制度环境的影响。基于时代背景和我国制度环境，分析连锁董事对社会责任扩散的影响及其经济后果，具有重要的理论与现实意义。

本书在梳理连锁董事、社会责任等领域的已有研究的基础上，提出本书的研究问题。首先，结合新时代制度，以中国上市公司为样本，对其连锁董事的特征以及社会责任履行状况进行客观评价。其次，基于资源依赖理论、利益相关者理论等，对连锁董事对于企业社会责任行为的影响进行机理分析和实证检验。在实证研究过程中，考虑到企业所处环境的影响，分别从企业内部、外部视角出发，研究了内部控制以及市场化程度对二者关系的调节作用；分别从股东责任、员工责任、供应商和客户及消费者权益责任、环境责任四个维度对连锁董事与企业社会责任分维度的关系进行检验；同时，基于连锁董事个人特征的异质性、目标企业特征的异质性进行差异性研究。对于因连锁董事导致的企业社会责任行为扩散的经济后果，本书分别探究了其对企业创新能力和经营绩效的影响。

研究结果表明：①上市公司连锁董事人数逐年增长，连锁董事人数与连锁企业数已形成巨大的连锁董事网络规模，资源等各类要素在连锁董事网络中的传递条件日趋成熟。②我国上市公司在总体及各维度的社会责任履行情况不甚理想，缺乏核心动力。社会责任作为推进企业高质量发展的关键因素，其承担与履行还存在较多的发展、推进与扩散空间。③连锁董事对企业社会责任行为的扩散存在正向影响，在内部控制水平高、市场化程度高的环境下，连锁董事对企业社会责任行为扩散的影响更加明显。④连锁董事通过促进企业履行社会责任，提升企业的创新水平和经营绩效。⑤连锁董事与企业社会责任总体及各维度的关系存在异质性，受连锁董事自身特征以及目标企业特征的影响。

本书的研究：在理论分析层面，基于利益相关者理论，从股东责任、员工责任、供应商和客户及消费者权益责任、环境责任四个维度，厘清了连锁董事对企业社会责任行为扩散影响的复杂机制；在政策参考方面，通过验证企业社会责任和创新发展的兼容性，为推动企业积极履行社会责任，获得持续创新能力提供了有益参考；在企业治理方面，对于连锁董事推动企业社会责任履行，规范独立董事选聘制度，以及完善独立董事的监督机制具有借鉴意义。

关键词：连锁董事；社会责任；创新能力；经营绩效

目　录

1 导　论

1.1　研究背景与研究意义

1.1.1　研究背景

信息披露制度是资本市场的"灵魂"，强化信息披露是资本市场发展的重要保障。企业社会责任报告是资本市场中上市公司发布的一项极为重要的非财务性信息，也是中国企业与全球开展沟通合作的重要媒介。2018年9月中国证券监督管理委员会（以下简称"证监会"）修订了《上市公司治理准则》，增加了利益相关者、环境保护、社会责任与公司治理等章节，规定了上市公司应当依照法律法规和有关部门要求披露环境保护、履行社会责任及公司治理的相关信息。2021年上市公司的社会责任报告披露比例为29.42%，与2020年相比增加了2.52%，呈上升趋势，但发布报告的上市公司仍为少数。虽然证监会并未强行要求上市公司披露社会责任报告，但企业承担社会责任对于提升自身的竞争力和品牌形象有着重要意义，在必要时可以助其获取关键资源（Long and Lin，2017）。企业提高对社会责任的重视程度、积极履行社会责任，有助于其充分利用国内外市场，降低经营风险，有利于自身在社会中获得合法性地位和良好声誉，以及优化各项资源的合理配置。

随着全球经济一体化的深入，以及可持续发展理念受到广泛认同，履行社会责任已然成为全球企业公认的国际惯例。从目前来看，几乎所有欧美发达国家的企业都将社会责任履行水平作为其筛选全球服务供应商的首要标准。中国企业积极履行社会责任不仅可以在竞争日益激烈的国际环境中增强自身的竞争优势，同时有助于树立我国在经济、人权、环保等方面的大国担当形象。如何提高我国A股上市公司的社会责任报告披露比例，如何促使企业切实承担社会责任，成为亟待解决的问题。

企业社会责任的履行受政治、经济、社会、文化等多方面因素影响，而连锁董事作为联结股东与经理人的纽带，担负着委托、代理双重角色，对企业社会责任行为的扩散具有重要作用。如果一家企业的董事同时在另一家企业的董事会中担任董事职务，则其为连锁董事。独立董事是连锁董事的主要形式。证监会规定，独立董事是不在上市公司担任董事以外的其他职务，并与其受聘的上市公司及主要股东不存在可能妨碍其进行独立客观判断关系的董事。独立董事制度作为上市公司治理的一项基础制度，对改善公司治理、促进上市公司规范运作起到了重要作用。上市公司独立董事规则明确规定独立董事原则上最多兼任五家上市公司的董事，可见连锁董事这一现象在上市公司中广泛存在。据陈运森和郑登津（2017）的统计，2003—2012年，我国上市公司中董事兼任的平均比例为83%。连锁董事的出现，在企业间形成了更为复杂的网络关系，充分体现了董事会的社会属性。本书将拟研究的企业称为目标企业，而通过连锁董事与目标企业相联结的企业则被称为连锁企业。

连锁董事在企业间形成了关系网络，让企业能够了解关联企业的动向，知悉竞争对手的战略决策，时刻关注产品市场变化。企业间的信息和知识通过连锁董事传递和流通，有利于企业学习连锁企业的先进经验，吸取失败的教训，降低环境的不确定性，提高企业获取资源的能力（叶丹、谢卫红，2009）。同时企业通过连锁董事这一桥梁进行模仿性学习，进而对企业自身行为产生影响（韩洁等，2015）。连锁董事、连锁企业数量的增加，使董事会的监督作用不断完善，有利于规范管理层的决策。连锁董事将对企业社会责任产生显著的正向影响（衣凤鹏等，2018）。

本书立足于我国上市公司社会责任报告披露的现状，探讨由连锁董事构成的企业间社会网络关系对企业自愿披露社会责任报告的影响作用。企业社会责任行为的扩散，与企业所处的内外部环境密切相关，决定了企业信息传递的效率和决策执行的效果。因此，本书引入内部控制水平、市场化程度作为调节变量，进一步探讨连锁董事对企业社会责任行为扩散的影响。在连锁董事网络下，企业自愿披露社会责任报告对企业带来了哪些影响，经济后果是什么，是否促进了创新，亦是本书试图解决的关键问题之一。本书沿着企业履行社会责任的动因、社会责任行为的扩散及其经济后果这一逻辑顺序，构建了研究框架。

1.1.2 研究意义

就现实意义而言，企业社会责任报告作为我国信息披露体系的重要组成部分，上市公司的披露比例和披露质量不容乐观。企业社会责任信息的披露依据尚未形成统一标准，上市公司选择的编制依据较为分散，不同企业的社会责任报告其内容存在一定差异。绝大部分上市公司的企业社会责任报告使用语言文字进行主观定性描述，而对具体数据的定量分析却不够充分，尤其是在环境方面。通过对企业社会责任报告进行分析与综合评价，有助于监管机构完善企业社会责任披露制度、企业提高信息披露的质量，以及投资者进行决策。通过对独立董事制度以及连锁董事的个人特征进行分析，有助于完善独立董事制度，提高上市公司的治理水平，加强对上市公司的监管。

就理论意义而言，在正式制度薄弱、社会关系复杂的中国资本市场，以社会关系为主的非正式制度安排发挥着至关重要的作用。连锁董事网络作为市场经济改革过程中自发形成的一种企业组织形式，对公司治理产生了重要影响。尽管目前关于连锁董事的研究较多，但这些研究在连锁董事网络对公司治理及经营绩效作用的效果上存在分歧。本书从连锁董事使企业自愿披露社会责任的原因出发，基于企业内外部的环境差异以及连锁董事的个体特征差异，研究连锁董事网络对上市公司社会责任行为扩散及其经济后果的影响。通过探究企业社会责任的成因与后果，证实了连锁董事网络这一外部社会关系影响企业进行经济行为决策的路径，丰富了公司治理领域以及社会责任领域的研究。

1.2 研究思路与研究方法

1.2.1 研究思路

本书遵循“理论研究—实证研究—应用研究”的思路，对连锁董事影响企业社会责任行为扩散及其经济后果这一问题进行研究。具体研究思路如下：①系统梳理国内外有关连锁董事、企业社会责任领域的已有研究，基于我国的制度背景，明确本书研究方向及研究问题。②基于委托代理理论、资源依赖理论、利益相关者理论和社会资本理论，分析连锁董事社会网络对企业社会责任行为扩散及其经济后果的影响，通过规范研究演绎出本书的理论分析框架。③在回顾我国连锁董事、企业社会责任发展的制度背景的基础上，基于其概念特征进行定量性综合评价。④基于理论框架作进一步的理论分析，并在此基础上形成相关研究假设。⑤利用计量模型，采用我国上市公司数据，对研究假设进行检验。⑥结合理论研究和实证研究结果得出研究结论，并根据研究结论提出相关政策建议。

1.2.2 研究方法

本书采用以理论分析和实证研究为主，定性分析和定量分析相结合的研究方法，具体如下：

（1）文献分析法。本书通过全面研读和梳理国内外相关文献，整理并归纳了国内外学者对于连锁董事及企业社会责任行为的研究成果，形成了关于连锁董事与企业社会责任行为扩散及其经济后果、企业社会责任驱动因素等方面的文献综述。在此基础上，根据已有研究脉络发现本书的研究方向，明确具体研究问题。

（2）归纳法与演绎法。本书在确定研究方向、构建与检验连锁董事对企业社会责任行为扩散的作用机制、得出研究结论时使用了归纳与演绎相结合的方法。通过文献梳理，明确本书的研究方向；依托委托代理理论、利益相关者理论等进行分析，构建研究框架，亦是体现了归纳法与演绎法的结合。提出连锁董事作用于企业社会责任行为扩散这一研究假设，利用上市公司数据，运用演绎法对假设进行检验和分析，最后归纳出全书的研究结论，同样是归纳法与演绎法相结合的体现。

（3）统计与计量方法。本书在实证研究中采用了多种统计与计量方法：对原始数据进行描述性统计、相关性分析；构建多元回归模型检验连锁董事对企业社会责任行为扩散及其经济后果的作用；利用分组回归法比较连锁董事影响企业社会责任行为扩散的异质性；采用标准化系数对比相对作用的大小。基本的统计与计量方法是本书经验研究的基础。

1.3 研究内容与研究框架

1.3.1 研究内容

本书有三项研究目标：一是对连锁董事制度、企业社会责任履行状况进行综合评价；二是探明连锁董事对企业社会责任行为的作用机理，包括对股东责任、员工责任、供应商和客户及消费者权益责任、环境责任四个维度的影响；三是明确企业履行社会责任的经济后果，包括对其创新能力与经营绩效的影响。

围绕上述研究目标，本书主要研究内容如下：

第 1 章为导论。首先，本章从分析企业履行社会责任的重要性入手，梳理了我国社会责任披露制度的建设历程，指出连锁董事网络在企业社会责任行为扩散中的作用。其次，介绍本书的研究思路和研究方法。再次，简要说明本书的主要研究内容及框架。最后，阐述本书的研究贡献。

第 2 章为文献综述。首先，对连锁董事对企业行为扩散及其经济后果方面的文献进行梳理；其次，梳理企业社会责任的驱动因素及其经济后果方面的文献；最后，在提炼已有研究主要观点的基础上，总结相关文献中需进一步研究的方向，明确本书的研究问题。

第 3 章为理论基础与分析框架。本章在对委托代理理论、资源依赖理论、利益相关者理论以及社会资本理论进行分析的基础上，构建了连锁董事影响企业社会责任行为扩散及其经济后果的理论分析框架，为后续的实证研究奠定了理论基础。

第 4 章为连锁董事制度发展与评价。在对国内外连锁董事制度发展历程进行回顾的基础上，从连锁董事个人特征入手分析影响效果的差异，具体包括连锁董事的规模、性别、年龄、学历、是否独立、是否兼任董事长或总经理等方面。本章通过对我国上市公司连锁董事的现状进行评价，初步验证了本书针对连锁董事的相关异质性猜想，为后续实证检验的异质性分析奠定了基础。

第5章为企业社会责任履行状况与评价。本章在对企业社会责任制度背景进行分析的基础上，从股东责任、员工责任、供应商和客户及消费者权益责任、环境责任四个维度出发，构建企业社会责任的概念特征体系，并从总体及各维度对企业社会责任的发展水平进行评价，为后文研究连锁董事与企业社会责任行为扩散的关系提供支撑。

第6章为连锁董事对企业社会责任的扩散影响。本章在前述章节对连锁董事、企业社会责任履行状况进行客观评价的基础上，提出了关于连锁董事与企业社会责任关系的主假设，以及内部控制水平与市场化程度调节效应的假设，进而采用描述性统计、相关性分析、多元回归模型等统计方法，对二者的关系进行检验。同时，结合连锁董事的个人特征、目标企业特征进行异质性分析。为保证检验结果的可靠性，采用更换解释变量、滞后一期解释变量等方法进行稳健性检验。

第7章为连锁董事对企业社会责任分维度的扩散影响。本章在第6章的基础上，分别从股东责任、员工责任、供应商和客户及消费者权益责任、环境责任四个维度，检验了连锁董事与各维度企业社会责任的关系。实证检验过程中为保证稳健性，分别进行了异质性分析以及稳健性检验。

第8章为连锁董事影响企业社会责任的经济后果。本章分别从创新能力和经营绩效角度，以社会责任为中介，实证检验了企业社会责任扩散带来的经济后果。

第9章为研究结论与启示。本章在对前文理论分析和实证研究结果进行总结的基础上，得出本书的研究结论，结合研究结论和新时代的新情况，从规范企业社会责任报告披露、完善独立董事制度等方面提出了相应的政策建议。

1.3.2 研究框架

根据本书的研究思路、研究方法和研究内容，制定了本书的研究框架，如图1-1所示。

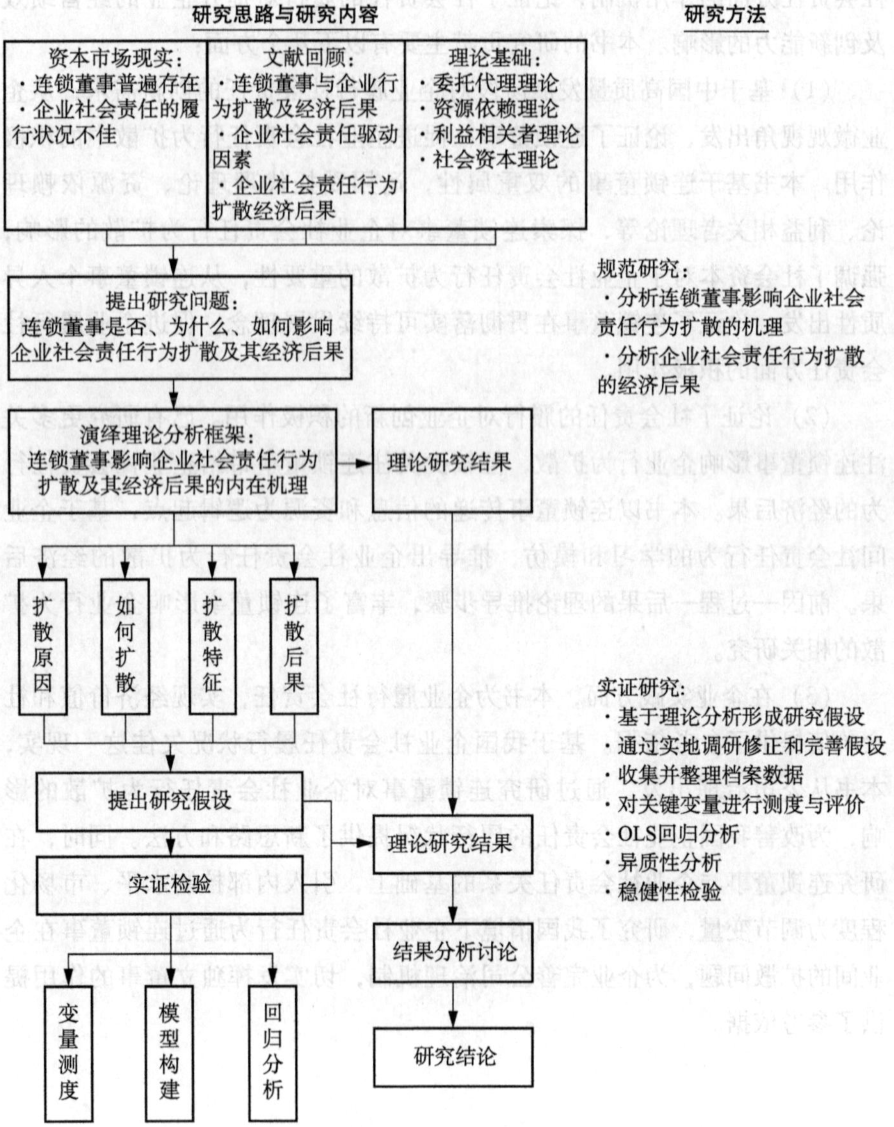

图 1-1　本书研究框架

1.4　本书研究贡献

本书在已有研究的基础上，结合高质量发展阶段对企业履行社会责任的创新要求，从企业微观视角出发，实证研究了连锁董事在促使企业履行社会责任方面的作用机制，论证了社会责任的履行对提升企业的经营绩效及创新能力的影响。本书的研究贡献主要有以下几个方面：

（1）基于中国高质量发展阶段对企业履行社会责任的创新需求，从企业微观视角出发，论证了连锁董事在促进企业社会责任行为扩散中的积极作用。本书基于连锁董事的双重属性，运用委托代理理论、资源依赖理论、利益相关者理论等，探索连锁董事对企业社会责任行为扩散的影响，强调了社会资本对于企业社会责任行为扩散的重要性，从连锁董事个人异质性出发，论证了连锁董事在贯彻落实可持续发展理念，促进企业履行社会责任方面的积极作用。

（2）论证了社会责任的履行对企业创新的积极作用。已有研究更多关注连锁董事影响企业行为扩散，但较少关注连锁董事带给企业社会责任行为的经济后果。本书以连锁董事传递的信息和资源为逻辑起点，基于企业间社会责任行为的学习和模仿，推导出企业社会责任行为扩散的经济后果。前因—过程—后果的理论推导步骤，丰富了连锁董事影响企业行为扩散的相关研究。

（3）在企业实践方面，本书为企业履行社会责任，实现经济价值和社会价值提供了参考依据。基于我国企业社会责任履行状况欠佳这一现实，本书从公司治理出发，通过研究连锁董事对企业社会责任行为扩散的影响，为改善我国企业社会责任的履行状况提供了新思路和方法。同时，在研究连锁董事与企业社会责任关系的基础上，引入内部控制水平、市场化程度为调节变量，研究了我国情境下企业社会责任行为通过连锁董事在企业间的扩散问题，为企业完善公司治理机制，切实发挥独立董事的作用提供了参考依据。

2 文献综述

本章主要围绕连锁董事、企业社会责任领域的相关文献进行梳理与述评。首先，梳理连锁董事与企业行为扩散及其经济后果的文献；其次，梳理企业社会责任的驱动因素以及经济后果方面的文献；最后，在提炼现有文献主要观点的基础上，总结了需进一步研究的方向，明确本书研究主题。

2.1 连锁董事与企业行为扩散及其经济后果的文献综述

本部分文献首先对连锁董事与企业行为扩散的文献进行梳理，然后对连锁董事对企业产生的经济后果进行综述。重点梳理了连锁董事与企业社会责任行为扩散的关系及其经济后果的相关文献，为本书的后续研究提供文献支撑（见表2-1）。

表2-1 连锁董事对企业行为扩散及其经济后果的文献综述

类别		具体因素	影响方向
连锁董事与企业行为扩散	企业并购	并购行为	正向影响
		企业并购的可能性	正向影响
		并购绩效	存在观点分歧
	企业投资	投资效率	正向影响
		非效率投资	负向影响
		股票资产配置	负向影响
		股价同步性	正向影响

续表

类别		具体因素	影响方向
连锁董事与企业行为扩散	企业投资	股息支付（财务政策传播）	正向影响
		权益资本成本	负向影响
	企业融资	融资约束	负向影响
		股权融资成本	负向影响
		债务成本	存在观点分歧
		现金持有量	负向影响
	企业经营	经营风险	负向影响
		企业成长	正向影响
		银行效率（经营水平）	正向影响
		资产收益率	正向影响
	企业治理行为	盈余管理水平	正向影响
		应计盈余管理行为	负向影响
		内部控制水平	正向影响
		违规被稽查的可能性	负向影响
		发函监管的可能性	负向影响
		避税同群效应	正向影响
		财务欺诈行为模仿	正向影响
		大股东掏空程度	“U 形”关系
		治理绩效	存在观点分歧
	企业社会责任	企业履行社会责任	正向影响
		社会责任报告披露行为	正向影响
		慈善捐赠的可能性	存在观点分歧
		慈善捐赠水平	存在观点分歧
连锁董事对企业产生的经济后果	企业经营绩效	企业绩效	存在观点分歧
		企业价值	正向影响
	企业环境绩效	环境绩效	正向影响
		环境投资	正向影响
	企业创新	创新投入	存在观点分歧
		创新能力	正向影响
		创新绩效	存在观点分歧
		创新绩效趋同	正向影响

续表

类别		具体因素	影响方向
连锁董事对企业产生的经济后果	其他影响	企业产能利用率	正向影响
		企业生产率	正向影响
		数字化转型程度	正向影响
		会计信息可比性	正向影响
		会计稳健性的传染效应	正向影响
		高管薪酬黏性	负向影响
		制造业企业高质量发展	正向影响

2.1.1 连锁董事与企业行为扩散

连锁董事与企业行为扩散的研究受到学者的广泛关注，包括但不限于企业并购、投资、融资、经营、治理行为、社会责任等方面。

(1) 连锁董事对企业并购的影响

关于连锁董事对企业并购的影响，学者们主要从并购行为和并购绩效两个角度进行了研究。

一部分学者主要关注并购行为。研究表明我国上市公司的并购行为具有同群效应，这种效应在中心度较高的公司不显著，而中心度低的公司会模仿中心度高的公司的并购行为（苏诚，2017）。通过对 153 家巴西大型公司进行实证分析，Barros 等（2021）发现连锁董事缓解了并购中的信息不对称性，使中心度较高的公司更有可能参与并购。吴昊洋等（2022）基于资源依赖理论，选择了中国 A 股上市公司的 926 个并购事件，验证了董事联结能够解决并购过程中的信息不对称行为，从而得出与并购公司存在董事联结的公司更有可能被选为并购目标的结论。

另一部分学者主要关注并购绩效。连锁董事对并购绩效的影响取决于信息沟通和代理成本的共同作用。如果代理冲突给并购行为带来的负面影响大于信息沟通带来的优势，则连锁董事会减损企业并购绩效，反之则会提高并购绩效。Jensen（1986）通过研究发现连锁董事的私人关系会对企业并购计划的制定造成干扰，双方高管会出现谋求个人利益的行为，不利于并购决策的正确制定，并且并购之后双方的绩效都会下降。在连锁董事网络中占据中心位置能够为企业带来潜在的竞争优势，从而增加企业并购的可能性。同时，处于连锁董事网络中心位置的企业，并购绩效较低（魏乐等，2013）。当连锁董事参与并购决策时，私人利益最大化驱动会加剧原本存在的代理问题，进而给企业并购绩效带来减损（余鹏翼、王满四，2018）。

（2）连锁董事对企业投资的影响

国内外学者从投资效率、股票投资、资本成本等角度，研究了连锁董事对投资行为的影响。

首先，连锁董事通过社会网络获取知识、信息、资源并加以学习、吸收，能够提高企业投资效率，减少非效率投资。左晓宇等（2018）借鉴社会网络理论，研究了连锁董事网络与企业投资效率之间的关系，发现企业的连锁董事网络对投资效率有影响，即当企业在连锁董事网络中处于中心位置时，其投资效率更高。同时，企业所在地市场化水平越低，连锁董事网络越能显著提升企业的投资效率；相较于民营企业，国有企业的网络中心度对投资效率的提升作用更强。孙光国和陈思阳（2022）认为，连锁董事网络是治疗管理者过度自信的有效“药方”，能够帮助企业削弱管理者过度自信带来的非效率投资。Chen 和 Nie（2023）以及林钟高和辛明璇（2023）均发现独立董事的网络中心度越高，越能改善企业的非效率投资，从而提高企业资本配置效率，抑制过度投资，缓解投资不足。

其次，连锁董事会对企业股票资产配置等行为产生影响。在经济行为嵌入社会网络视角下，张龑和黄凯楠（2023）通过考察广义董事网络对企业股票投资的影响发现，股票投资在虚拟董事网络中存在“近邻偏好”，董事网络及其带来的信息优势提升了企业股票资产配置。王建琼等（2022）认为，连锁董事通过加强上市公司间的行为学习、信息共享和资源共享，使企业间基础特征趋同，提高了企业的股价同步性。Siudak（2020）根据波兰资本市场上市公司的样本，实证发现企业在连锁董事网络中的中心度越高，就越有可能向子公司支付股息，即企业财务政策可以通过连锁董事网络在企业间传播。

同时，王永青等（2019）认为连锁董事网络作为一种非正式制度安排，能够帮助企业在社会网络中获取关键资源和有效信息，对企业降低经营风险和信息风险起到积极作用，从而对降低权益资本成本产生影响。

（3）连锁董事对企业融资的影响

国内外学者从融资约束、股权融资成本等角度，研究了连锁董事对融资行为的影响。

尹筑嘉等（2018）在使用社会网络方法分析董事网络的关系强度、网络位置对企业融资约束的影响后发现，董事网络能通过抑制代理问题和减少信息不对称来缓解企业融资约束。企业网络中心度越高、结构洞位置越丰富，对投资—现金流敏感性的缓解作用就越强，并且结构洞位置的作用强于网络中心度。同时，董事网络位置越高，高管能力对股权融资成本的降低程度越大，反映了董事网络是促进企业间信息传导与资源共享的重要媒介（李洋、罗建志，2023）。

在融资成本方面，学者们发现连锁董事有利于降低企业融资成本。倪娟等（2019）认为，连锁董事能通过其自身声誉为企业履约能力提供隐性担保，通过信息传递降低信息不对称程度；通过联结资源提升企业获取信贷资源的能力，从而降低企业债务成本。Li 等（2020）研究发现，如果企业在董事网络中处于较好地位，企业可以通过银行贷款获得外部融资，从而为企业提供更多资源。这些资源丰富的企业对现金持有量减少的承受能力较强。

（4）连锁董事对企业经营的影响

国内外学者从经营风险、企业成长等角度，研究了连锁董事对企业经营的影响。

学习效应的观点认为，董事会会利用自身的信息优势积累知识、信息和资源，从而通过学习提升能力，有助于降低企业经营风险，提高企业成长性。董事在关联行业任职，具有获取产业链信息的优势，能够判断企业面临的供给变动，提前部署应急预案；预测企业面临的需求变动，主动拓宽销售渠道；了解企业面临的创新环境，传播新的技术，从而降低企业的经营风险（孙光国、陈思阳，2022）。

当连锁董事占据网络中心或结构洞位置时，对企业成长具有显著的促进作用。内外部董事之间的认知距离强化了连锁董事网络嵌入与企业成长之间的正相关关系（李小青等，2020）。

连锁董事的网络效应为银行提供了一种非正式的资源交互渠道，能够显著提升银行的资源配置能力，提高银行效率，改善总体经营水平（孔令宇等，2022）。当董事拥有更多董事网络关系时，其可以更积极地履行自己的监督职责，降低网络成员之间的甄别和监督成本，缓解融资约束，实现资产收益率的增长（Larcker et al.，2013）。

（5）连锁董事对企业治理行为的影响

董事会利用社会网络获取知识、信息、资源并加以学习吸收，能够有效提高治理水平，更好地缓解委托代理问题，维护股东利益。

国内学者从应计盈余、内部控制、企业违规与财务欺诈等方面对连锁董事与企业治理行为的关系进行了研究。独立董事在董事网络中的位置会提升其治理效应，具体表现为降低上市公司盈余管理水平、增加盈余反应系数（傅代国、夏常源，2014）。内部控制和独立董事连锁都能显著地抑制企业应计盈余管理行为，且两种治理机制之间存在明显的替代关系。然而，内部控制能显著地抑制企业真实盈余管理行为，而独立董事连锁无助于抑制此种行为，且在此场景中二者也不存在显著的替代关系（廖方楠，2019）。在连锁董事所在的其他企业披露内部控制存在缺陷的情况下，连锁董事所在当前企业的内部控制水平将会提高，并且存在连锁董事的内部控制溢出效应以及信息机制和声誉机制（杨小娟等，2022）。连锁董事网络虽然并未通过改善公司治理水平而降低企业违规的可能，却通过隐匿、包庇、串通等策略降低企业违规被稽查的可能性（胡海峰等，2022）。连锁董事能有效降低上市公司被交易所发函监管的可能性，而且这一关系通过减少上市公司内部控制缺陷和企业违规的概率来实现（陆明富，2022）。当企业处于董事网络中时，便利了经理人谋取私利的行为，加剧了委托代理问题，进而产生企业避税同群效应，降低公司治理水平（王营，2021）。同群公司对财务欺诈行为的私下认可程度会形成一种社会规范，并促进同群公司之间财务欺诈行为的相互模仿。上市公司在做出财务欺诈行为决策时，会受到所处连锁董事网络中其他公司的财务欺诈行为的影响（温石刚等，2023）。董事网络中心度与大股东掏空程度之间并非简单的线性关系，而是呈显著的“U 形”关系。董事之间的适当兼任和嵌入有助于其获取丰富的治理性信息，增强治理能力，声誉的提高也促使其在发挥外部治理作用时动机更强。然而，过度连锁则会从主观和客观上削弱董事履职的投入度和独立性，导致董事与大股东合谋等机会主义行为的发生（左雪莲等，2018）。

国外学者主要从治理绩效、盈余管理等角度进行了研究。研究发现，企业所处连锁董事网络的规模、企业的网络中心度，以及连锁董事所担任的董事数目与企业治理绩效之间具有正相关关系（Peng and Liao，2008）。针对连锁董事对圣保罗股票、商品和期货交易所上市公司盈余管理的影响，研究发现中心性越强，企业进行盈余管理的积极程度越高，连锁董事对盈余管理的积极和消极影响越大（Cunha and Piccoli，2017）。

（6）连锁董事对企业社会责任的影响

基于声誉效应的观点，具有广泛网络联结的董事会更加注重对自身声誉的维护，从而激励连锁董事恪尽职守、积极履行社会责任。国内外学者对连锁董事影响企业社会责任的路径和同群效应展开了探讨。研究发现，连锁企业之前的社会责任报告披露行为对目标企业之后的社会责任报告披露行为有显著的正向影响（韩洁等，2015）。当连锁董事处于网络中心或占据结构洞位置时，有助于促进企业履行社会责任；融资约束在连锁董事网络中心度和结构洞影响企业社会责任的过程中，发挥部分中介作用（李小青等，2020a）。出于规避不确定性的动机，企业会学习连锁董事网络中的"榜样"企业行为，从而强化了企业社会责任（CSR）鉴证的示范效应（孙维章等，2021）。连锁董事形成的社会网络（CSN）能够显著地激励企业承担企业社会责任。然而，这种效应是非线性的。随着 CSN 的增加，CSR 的增加呈递减趋势（Zhao and Chan，2023）。基于社会网络理论和制度理论，连锁董事网络的中心度和结构洞对企业社会责任总体水平具有正向影响，且对经济责任和环境责任的影响强于对社会责任的影响（Qu et al.，2022）。连锁董事会的行业异质性能够带来信息、知识等资源的多样性，企业更愿意通过不同行业董事的环环相扣来提高企业的社会责任绩效（Wang et al.，2023）。

部分学者认为慈善也是企业社会责任的一部分。关于连锁董事与慈善的关系，主要有以下代表性观点：在高度闭合的网络结构中，网络成员往往需要遵从共同的社会规范和制度要求来维持成员之间的相互联系，企业会面临更大的"服从"压力，因此占据中心位置的企业有更强的动机参与慈善捐赠，企业占据结构洞位置会降低企业进行慈善捐赠的可能性（鲍丰华等，2018）。董事网络中心度与对外捐赠呈现替代关系而非互补关系，企业董事的网络中心度越高，企业对外捐赠越少（梁上坤等，2022）。

2.1.2 连锁董事对企业产生的经济后果

（1）连锁董事对企业经营绩效的影响

关于连锁董事与企业经营绩效的关系，学术界没有得到统一的研究结论。一种观点认为，基于学习效应和资源依赖效应，连锁董事能够弥补制度漏洞、市场失灵，有助于改善企业绩效。另一种观点认为，转型中的企业治理失灵催生了连锁董事。作为一种社会凝聚的工具，连锁董事有利于实现管理层利益的最大化，从而降低企业绩效。

国内学者选择的研究样本、时间、方法等的不同，使得研究结果并不完全一致。任兵等（2007）在制度变迁背景下利用我国上市公司的面板数据进行实证检验，证明了连锁董事网络和企业绩效之间存在负相关关系。段海艳（2009）以资源依赖理论和阶层领导理论为基础，研究发现：度中心性、居中中心性对企业绩效的影响不显著；基于资源依赖理论提出的地域趋同性对企业绩效有显著的正向影响，行业趋同性对企业绩效的影响不显著；基于地域趋同性而建立的连锁董事关系网络有利于企业资源获取和经营绩效的改善。董事的多重兼任能给企业带来实质性资源和帮助，无论是独立董事还是兼任内部董事，都有助于提高企业上市后的财务绩效，但这种价值仅限于有较高可利用性的非上市公司的董事兼任（王理想、姚小涛，2017）。连锁董事网络是获取资源和学习的途径，有利于巩固企业竞争优势。同时，连锁董事网络为企业构建了网络生态系统，有利于企业价值创造（高照军，2019）。

国外学者采用不同的样本数据，得到了不同的连锁董事与企业绩效的关系：Hamdan（2018）分析了沙特金融市场上的 131 家不同行业的企业数据，发现连锁董事网络抑制了企业的绩效表现，且外资所有权在扭转连锁董事网络与企业绩效之间的负面关系方面发挥了积极作用。当企业与其他董事会紧密相连时，他们会希望在董事网络中保持核心集团的地位；企业价值与处于董事网络中心位置的企业正相关（Park and Oh，2023）。利用伊斯兰金融机构的独特数据，学者们发现伊斯兰教法监事会之间的连锁行为是不变的，网络邻近性对伊斯兰金融机构的业绩具有倒“U 形”影响（Kok and Shahgholian，2023）。

（2）连锁董事对企业环境绩效的影响

国内外学者从不同角度对连锁董事与企业环境绩效的关系进行了研究，结果基本相同。徐莉萍等（2018）基于资源依赖理论、声誉理论和组织间模仿理论，通过实证发现技术型连锁执行董事与企业环境绩效不存在显著关系；技术型连锁独立董事与企业环境绩效呈正相关关系；国有企业中技术型连锁独立董事与企业环境绩效呈显著负相关关系。从社会资本理论的权变视角出发，国外学者研究发现连锁董事因其位置的特殊性，会为公司带来更全面、可靠的信息，当公司与更大的母公司相关联，并且在低水平、高水平连锁多样性的情况下时，连锁董事与公司的环境绩效呈正相关关系（Ortiz and Aragon，2015）。部分学者分析了在碳中和时代董事网络位置与企业环境投资的关系，提出董事网络中心度越高，企业获取资源、传递知识的效率就越高，可通过降低企业融资约束有效增加环境投资，同时也促进了企业价值的提升（Wang et al.，2023）。

（3）连锁董事对企业创新的影响

关于连锁董事对企业创新的影响，学者们主要在企业创新投入、创新能力、创新绩效等方面展开了研究。

在创新投入方面，随着相对资源水平的提升，契合连锁董事网络与企业创新投入关系这一情境的理论基础逐渐从资源依赖理论转变为代理理论，企业资源利用率下降、代理成本上升，导致连锁董事网络对企业创新投入的消极影响增强（严若森、袁婧，2023）。连锁董事的类型决定了其对创新的影响，当独立董事和行业外董事担任多个职位时，对企业创新具有积极影响，而行业内连锁董事和女性连锁董事则对创新具有负面影响（Hernández and Gonzales，2019）。肖翔等（2023）基于代理成本视角，探究了董事网络中心度影响企业双元创新的路径，发现董事网络中心度对企业双元创新有正向影响，并且相较于开发式创新，网络中心度对探索式创新的正向影响更显著。两类代理成本在网络中心度与探索式创新之间发挥部分中介效应，而在网络中心度与开发式创新之间则发挥部分遮掩效应。此外，非执行董事网络中心度能够通过两类代理成本影响双元创新，而独立董事网络中心度仅能通过降低第一类代理成本正向影响探索式创新。

在创新能力方面，动态创新能力的各个维度均会受到连锁董事网络中心度的影响：创新投入能力会受到程度中心度、接近中心度、中介中心度和结构洞的影响；创新产出能力和创新转化能力会受到程度中心度、接近中心度的影响；中介中心度和结构洞对创新投入能力影响显著，而对创新产出能力和创新转化能力影响不显著（郑方等，2021）。连锁董事任职经验显著促进企业创新，以组织冗余测度的焦点公司内部资源存量越多，连锁董事任职经验对企业创新的促进作用越强（周建等，2021）。Lee（2023）对在伊拉克证券交易所上市的 280 家公司和德黑兰证券交易所上市的 1026 家公司进行了研究，证实了连锁董事与企业创新之间存在正相关关系。

在创新绩效方面，连锁董事网络结构洞与数字化创新绩效之间存在非线性关系。连锁董事在社会网络中嵌入的结构洞并非多多益善，适度嵌入有助于缓解资源约束并提升企业数字化创新绩效，但嵌入过多反而会成为企业提升数字化创新绩效的“掣肘”（李小青、王静远，2022）。连锁董事网络的存在减少了企业间创新绩效的差异，并导致关联企业之间的创新绩效趋同（Teng et al.，2021）。Wang 等（2021）以 187 家台湾地区的电子企业为研究对象，同样发现连锁董事对企业动态绩效有显著的正向影响。

（4）连锁董事对企业产生的经济后果——其他影响

现有文献研究了连锁董事与企业产能利用率、生产率、数字化转型程度等的关系。企业处于董事网络的核心位置，能够显著促进企业生产率；企业吸收能力显著正向调节中心性的影响，也使得结构洞的影响变得显著（嵇正龙、宋宇，2021）。董事网络的核心位置可以通过改善合约关系、降低交易成本、提高融资水平等途径促进高铁开通对企业产能利用率的提高（董志愿、张曾莲，2023）。董事网络能够缓解融资约束和信息不对称程度，因此董事网络嵌入的社会资本能够有效促进企业数字化转型，并且董事网络中心度与企业数字化转型程度成正比（李洋、罗建志，2023）。

连锁董事还对企业的会计信息可比性、会计稳健性的传染效应、高管薪酬黏性、信息传递等方面产生影响。刘斌等（2019）认为在社会关系网络中，连锁独立董事作为信息媒介产生的知识溢出和学习效应，使得连锁企业间的会计信息更加趋同、可比，并且声誉机制使其监督动机增强，进而有效抑制了管理层对会计方法、会计政策的选择。因此，相较于不存在连锁独立董事的两家企业，存在连锁独立董事的两家企业的会计信息可比性更高。具有会计背景的独立董事在连锁董事网络的中心度越高，会计稳健性的传染效应越明显，因此企业应密切关注其连锁企业的财务指标及所处的外部环境（赵岩等，2020）。在中国“关系型社会”的制度背景下，作为一种传播异质信息、配置稀缺资源的非正式平台，董事联结网络关系能为高管权力监督、薪酬黏性治理发挥重要功效：董事网络中心度越高，企业的信息传播能力和资源控制能力就越强，越能有效抑制高管薪酬黏性（李洋等，2019）。国外学者采用案例研究法，对华沙证券交易所上市公司的 5 个案例进行研究。研究结果表明，连锁董事网络更多地被视为一种控制工具，而不是战略信息的扩散工具（Świątowiec-Szczepańska and Małys，2021）。吴成颂和程茹枫（2021）等研究了董事网络对企业高质量发展的影响。研究表明，在助推制造业企业高质量发展时企业的董事网络中心度越高，企业发展质量越高，具体表现为董事网络中心度加快了企业技术进步、提升了纯技术效率。

2.2 企业社会责任驱动因素的文献综述

2.2.1 企业社会责任的内涵

关于企业社会责任的内涵，国内外学者进行了广泛的研究（见表 2-2）。Bowen（1953）提出，企业社会责任是指企业按照社会中被广泛认可的制度和价值观所采取的行动，为企业社会责任的研究奠定了基础。关于社会责任的组成内容存在多种论述，Carroll（1979）提出社会责任应该由可自由支配的责任、道德责任、法律责任、经济责任组成，并认为这四个方面不是相互排斥的。Elkington（1998）强调了“三重底线”这一观点，提出了经济底线、社会底线以及环境底线。同样，Enderle（2002）在其所讨论的企业社会责任中，指出了环境责任这一组成内容。随着社会的发展，企业的利益相关者更加关注企业在社会中承担的经济责任之外的角色。对于大多数企业来说，履行社会责任已经成为必不可少的行为。Wang 等（2021）运用中国传统文化与哲学扩充了企业社会责任这一概念，用儒家和道家的思想定义了企业社会责任，强调人和人、人和自然之间的和谐关系。

基于企业社会责任的界定，研究企业承担社会责任的驱动因素，对于帮助企业积极履行社会责任具有重要意义。企业能否积极履行社会责任，主要受其内部与外部各类因素的影响（见表 2-2）。

表 2-2　企业社会责任驱动因素

类别		具体因素	影响方向
外部影响因素	政治因素	税收激励政策	正向影响
		绿色改革政策	正向影响
		社会保障政策	正向影响
		地方政府腐败	负向影响
		地方政府官员更替	正向影响
		政治关联	正向影响

续表

类别		具体因素	影响方向
外部影响因素	社会因素	社会责任倡导	正向影响
		社会信任	正向影响
		宗教信仰	需具体讨论
		公共环境关注	正向影响
	文化因素	儒家文化	正向影响
		家族文化	正向影响
		商帮文化	正向影响
		敬畏文化	正向影响
	技术因素	数字化转型	正向影响
		大数据分析	正向影响
		网络基础设施	正向影响
		银行金融科技	正向影响
	其他因素	地理距离	负向影响
		地理分散度	倒“U 形”关系
		革命历史	正向影响
内部影响因素	高管个人特征	CEO 性格贪婪	负向影响
		CEO 具有风险偏好	正向影响
		CEO 缺乏自信	负向影响
		CEO 早年贫困经历	正向影响
		高管学术经历	正向影响
		CEO 有海外经历	正向影响
	董事会特征	董事会性别多元化	正向影响
		董事会教育水平多元化	正向影响
		董事会任期多元化	正向影响
		董事会连锁	正向影响
	企业经营行为	支付股息	正向影响
		出口	正向影响
		投资	负向影响
		战略倾向	存在观点分歧
	所有权特征	共同机构所有权	正向影响
		外资持股	正向影响
		员工持股	正向影响
		风险资本投资	存在观点分歧

续表

类别		具体因素	影响方向
内部因素	其他因素	企业财务状况	正向影响
		客户议价能力	负向影响
		客户集中度	负向影响
		年报中的 MD&A 语调	正向影响

2.2.2 企业社会责任驱动因素——外部影响因素

在外部影响因素中，政治、社会、文化、技术等对企业社会责任的影响受到了学者们的广泛关注。

（1）政治因素

首先，各类政策制度会对企业社会责任产生影响。已有研究表明，营业税改征增值税（Kong et al.，2022）、固定资产加速折旧（Tang and Wang，2022）等税收激励政策和低碳城市试点（郑梦、常哲仁，2023）、绿色金融改革创新试验区试点（沈璐、廖显春，2020）等绿色改革政策对企业社会责任表现有积极影响。社会保障政策的实施也会促使企业承担社会责任，原因是企业希望通过承担社会责任来减少政策引起的工资溢价（Lv et al.，2022）。其次，作为企业的外界管理者，地方政府的行为也会影响企业的社会责任表现。Qian 等（2023）指出，政府腐败对企业社会责任的负面影响可能会根据企业政治风险、财务绩效和企业对政府销售的水平而变化，从而影响企业社会责任的回报。Huang（2023）发现，地方政府官员更替对企业社会责任有正向影响。当企业存在政治关联时，其社会责任表现会更好。一方面，存在政治关联的企业可以获得更多与企业社会责任活动相关的资源（de Andres et al.，2023）。另一方面，存在政治关联的企业需要维护和发展政治合法性，因而他们履行社会责任的动机更强，社会责任表现也比不存在政治关联的企业更好（Yu and Chi，2021）。

（2）社会因素

企业处于一定的社会环境之中，因而社会环境和社会整体理念与企业发展息息相关，并且影响企业的各项行为。学者们对于企业社会责任影响因素的研究再次验证了这一事实。You（2024）发现，社会对负责任行为的共同倡导可以作为一种社会责任规范渗入企业边界，并通过企业高管、员工和公众加强企业社会责任。阳镇等（2021）认为，社会信任作为一种非正式制度，能够激励企业高管与员工将内在道德属性转化为实际道德行为，使企业投入更多经济性资源与社会性资源参与社会议题，增加企业的社会责任。Dimic 等（2023）用美国大型公司数据证实美国地方宗教信仰对企业社会责任有积极影响，但并不是所有宗教信仰都能促进企业承担社会责任。Helfaya 和 Easa（2022）对埃及企业管理者进行了问卷调查，数据表明，伊斯兰宗教信仰对埃及企业的社会责任态度和社会责任行为有显著的负面影响。此外，社会公众对环境的关注可以通过加强政府、市场、企业内部监管来加强企业社会责任（Tao et al.，2023）。

（3）文化因素

众所周知，我国历史底蕴浓厚，传统文化博大精深、代代相传。文化因素是研究中国企业行为特征时不可忽略的重要因素。儒家文化是最具中国特色的传统文化之一，影响着我们个人和中国企业的方方面面。儒家文化内涵丰富，其中的“仁、义、信、和”“不义而富且贵，于我如浮云”“得道者多助，失道者寡助”“达则兼济天下”等思想与企业社会责任理论在很多方面相契合，推动了企业对社会责任的履行（邹萍、李谷成，2022；淦未宇，2021）。家族文化也已在我国流传数千年，其团结互助精神和道德约束效应提升了企业社会责任，使家族企业的社会责任行为得到显著改善（Zhang et al.，2024）。“商帮文化”亦是我国传统文化之一，同样对企业社会责任产生了重要影响。商帮是以地缘、血缘和业缘为纽带形成的商人群体。我国传统商帮诞生于宋朝，在明清时期蓬勃发展。商帮文化蕴含着以诚待人、经商守信、奉献仁爱等道德规范与道德伦理，其核心是“诚信真善，义利并举”。这种文化作为一种非正式制度影响了企业领导者、员工、社会公众对企业社会责任行为的态度，促使企业承担更多社会责任（王孝钰、高琪，2023；彭晓等，2020）。“敬畏文化”是指人们对于生命和道德行为的尊重。Yan 等（2023）利用地区人工流产率来衡量敬畏文化，发现人工流产率高的地区企业社会责任评分更低。

（4）技术因素

云计算、大数据等信息技术的迅猛发展将我们带入“大智移云物”时代。此类信息技术的突飞猛进与交融渗透对个人生活、企业管理与决策和社会发展产生了深远影响，掀起了一轮新的革命浪潮。数字化转型是企业顺应时代变革的选择，它可以通过提高企业绿色创新和分析师覆盖率

(Sun et al., 2023), 推动企业服务化转型 (赵宸宇, 2022), 强化企业内部控制信息披露和弱化盈余管理 (肖红军等, 2021), 进而对企业社会责任绩效产生积极影响。大数据分析是现代企业积极采用的技术手段, 在企业社会责任活动中运用大数据分析可以提升企业社会责任绩效 (Choi and Park, 2022)。除企业自身对新技术运用外, 外界支持类技术的更新换代也会对企业社会责任产生积极影响。网络基础设施作为数智时代的重要支撑, 可以通过缓解融资约束和提高企业网络关注度驱动企业履行社会责任 (陈海波、邓雅慧, 2023)。银行金融科技通过缓解融资约束和债务治理效应两种途径, 促进了企业社会责任的履行 (吴鼎纹等, 2022)。

(5) 其他因素

除上述因素外, 有学者还发现地理因素也会影响企业社会责任。地理距离带来了信息不对称和制度压力异质性。李欣融等 (2022) 认为, 企业与政府监管机构之间的地理距离会对企业社会责任表现产生负向影响。郑棣等 (2021) 研究发现, 我国上市公司的母子公司地理位置的分散化程度与企业社会责任呈倒"U形"关系, 即适度的地理分散化有助于企业提升社会责任表现, 而过度分散则会降低企业社会责任表现。此外, 李嫦等 (2021) 基于各地级市革命烈士纪念设施数据研究后发现, 革命历史对企业履行社会责任有促进作用。

2.2.3 企业社会责任驱动因素——内部影响因素

影响企业社会责任的内部因素有高管个人特征、董事会特征、企业经营行为、所有权特征等方面。

(1) 高管个人特征

高层梯队理论指出由于内外环境的复杂性, 管理者不可能对所有方面进行全面认识, 管理者的特质影响着他们的战略选择, 进而影响企业的行为。现有研究主要从高管性格特征和经历特征两个方面探索高管对企业社会责任的影响。①高管性格特征方面: CEO 贪婪的性格意味着其会不受控制地追求个人利益, 更有可能产生短视行为, 对企业社会责任产生负向影响 (Rehman and Hamdan, 2023)。具有风险偏好的 CEO 更有可能承担更多社会责任, 以便通过与利益相关者建立友好关系来获取更多资源和投资收益 (高明华, 2022)。缺乏自信的 CEO 往往会更加担忧企业未来的发展, 从而更愿意主动履行社会责任、提升企业社会责任表现 (Kong et al.,

2023）。②高管经历特征方面：Xu 和 Ma（2022）认为，CEO 早年贫困经历会使其具有更强的同情心和亲社会心理，有助于提高企业社会责任绩效。曹越和郭天枭（2020）认为，高管学术经历有助于塑造其个人的优良道德品质和社会责任意识，从而提高企业声誉，因此高管学术经历对企业社会责任有积极影响。Zhang 和 Dong（2023）指出，有海外经历的 CEO 受发达国家社会责任理念和惩罚机制的影响，并且拥有更多参与企业社会责任活动的经验，他们所在企业的社会责任表现往往会更好。

（2）董事会特征

董事会是企业重要的决策和监督机构，对企业行为起着至关重要的作用。学者们探讨了董事会多元化和董事会连锁对企业社会责任的影响。董事会多元化是指董事会在各种组成特征上存在多样性，如性别多样性、年龄多样性、教育背景多样性等。一个多元化的董事会能够提供更多与企业社会责任相关的专业能力、资源、技能和经验，有助于提升企业社会责任。已有研究表明，董事会性别多元化（Ali et al.，2023）、教育水平多元化和任期多元化（Katmon et al.，2019）均对企业社会责任有显著的积极影响。董事会连锁是指一个企业的董事会成员也在其他企业中担任董事。连锁董事的存在使企业社会责任相关信息、资源得以通过连锁董事网络在企业间传播扩散，降低了企业履行社会责任的成本，可以提升企业社会责任感，也会使同一网络内企业社会责任结构趋同（Ding et al.，2022）。若企业在董事网络中处于一个适当而有利的位置，企业社会责任感的提升将更为显著（Zhao and Chan，2023）。

（3）企业经营行为

研究表明，企业在经营过程中的一些行为或选择也会影响企业社会责任，如支付股息、出口、投资、战略倾向等。第一，支付股息可以提升企业社会责任感，这主要是因为支付股息的企业需要通过提升社会责任感来平衡股东与利益相关者之间的紧张关系（Sun et al.，2023）。第二，从事出口业务的企业需要考虑更广范围的利益相关者，并且能更早地获取企业社会责任相关信息并执行相关举措，因此他们比非出口企业更有可能履行企业社会责任（Kim et al.，2023）。第三，Uyar 等（2023）用来自 61 个国家的企业样本证明企业投资对企业社会责任有显著的负向影响，企业需要在这二者之间进行权衡。第四，对于怎样的战略更能促进企业社会责任，不同学者得出不同的结论。张多蕾等（2022）用我国沪深 A 股上市公司数据研究后认为，企业战略越激进其社会责任表现越好。Rosecka 等（2023）用英国中小企业数据证明审慎的战略提升了企业社会责任。

（4）所有权特征

在企业所有权特征方面，学者们主要研究了共同机构所有权、外资持股、员工持股、风险资本投资等对企业社会责任的影响。首先，共同机构所有权对企业社会责任有着积极影响。共同机构所有权是指一名机构投资者同时持有同行业两家及以上企业股份的现象。共同机构投资者追求的是投资组合价值的最大化，倾向于加强企业社会责任以产生积极的溢出效应，从而降低系统风险并成倍增加其投资回报（DesJardine et al.，2023）。同时，共同机构持股可以有效缓解信息不对称，充分发挥监督作用，促使管理者更积极地承担社会责任（Fu et al.，2022）。其次，外资持股能驱动企业履行社会责任，这种积极影响主要是由拥有限制性股票的境外机构投资者推动的（Cui et al.，2022）。再次，我国上市公司的员工持股计划为员工提供了外部经济激励和内部心理激励，增强了他们参与企业社会责任活动的动机，最终为企业社会责任作出贡献（Zhou et al.，2022）。最后，目前学者对于风险资本投资如何影响企业社会责任暂未形成一致结论。一方面，有学者认为风险资本有短期退出压力，其投资动机是想快速获利，而企业社会责任注重企业长期发展，可能会占用企业资源阻碍企业短期盈利。因此，风险资本会降低企业社会责任承担水平（贾西猛等，2022）。另一方面，也有观点认为风险投资能为被投资企业的社会责任活动提供咨询服务，提升了企业社会责任感（Li et al.，2021）。李小青等（2020a）和 Qu 等（2022）的研究均表明，当连锁董事处于网络中心或占据结构洞位置时，将显著促进企业履行社会责任。

（5）其他内部因素

除上述因素外，企业财务状况、客户议价能力、客户集中度、年报 MD&A 语调等也会影响企业社会责任。良好的财务状况是企业顺利开展各项活动的前提。好的财务绩效对企业社会责任有积极影响（孙晓妍、宋岩，2021），而财务限制会抑制企业履行社会责任（Leong and Yang，2021）。客户是企业重要的外部利益相关者和企业利润的基本源泉。客户议价能力越强，企业在交易中越处于被动地位，获得的利润越少，应收账款的回收期限越长，这会影响企业财务状况，进而对企业社会责任产生不良影响（陈峻、郑惠琼，2020）。同时，客户集中度的增加会使客户群体对企业社会责任的需求减少，对企业社会责任产生负向影响（Wen et al.，2021）。MD&A 是企业年报中的“管理层讨论与分析”部分。MD&A 语调是指企业年报中 MD&A 部分使用文字的情感倾向。积极乐观的 MD&A 语调可以向市场传达企业经营状况良好的信号以吸引投资者、分析师的关注，也会给外界留下好印象。为应对外界关注和监督以及维持外界对企业的好印象，企业会积极地履行社会责任。因此，企业年报中的 MD&A 语调越积极，企业社会责任的履行情况越好（周建等，2021）。

2.3 企业社会责任经济后果的文献综述

关于企业社会责任的经济后果，国内外学者进行了广泛的研究，本书对此进行了梳理，如表 2-3 所示。

表 2-3 企业社会责任经济后果的文献梳理

类别	分析角度	影响方向
对企业融资	社会责任披露质量及外部保证	正向影响
	社会责任报告美观度	
	利益相关者关注	
	外部信誉	
	股东或利益相关者导向	不确定性
	融资可替代性	
	企业类型	
	通货膨胀情境	
对企业投资	股东保护程度及股东权利	正向影响
	“一带一路”政策支持	
	信息透明度	
	合法性视角	
	社会责任信息披露质量	
	企业的声誉	负向影响
	生命周期	
	盈余管理程度	
	过度投资情境	

续表

类别		分析角度	影响方向
对企业经营	对企业绩效	企业社会责任的三个维度	正向影响
		企业声誉	
		高科技企业	
		企业动态能力	
		当期经济绩效	负向影响
		经营成本	
		领导者的利益相关者价值观	
		外部环境投资（捐赠）	非线性影响
		企业过度履行社会责任	
		企业社会责任一致性	
	对企业创新	环境绩效及企业声誉	正向影响
		所在国家发达程度	
		人力资源	
		融资约束	
		社会责任活动类型	负向影响
		资源分配	
		动态博弈模型	
		企业社会责任强度	非线性影响
		门槛效应	
对企业价值		产品市场认知	正向影响
		企业的生命周期与社会责任维度	
		内、外部社会责任活动	
		资源获取	
		企业承担社会责任的时间长短	不确定性
		慈善捐赠水平	
		企业规模及年龄	
		财务重述	
		环境风险及盈利稳定性	

2.3.1 企业社会责任对企业融资的影响

企业社会责任行为可以增强企业与社会各利益相关者的关系，提升企业声誉和社会形象，从而对企业融资产生影响。目前学术界关于企业社会责任对企业融资影响的研究主要分为两个方面。

首先，大部分学者认为企业社会责任会对企业融资产生积极影响。Garcia-Sanchez 等（2019）通过对跨国企业的研究，发现企业社会责任披露的质量及其外部保证可以改善企业的融资渠道。一方面，企业通过得到金融市场参与者的积极关注来拓宽融资渠道；另一方面，企业社会责任披露在得到外部保证的同时，可以增加信息的可信度，从而使企业拥有更好的融资渠道。Boubaker 等（2020）发现，更好的企业社会责任表现会使企业更具有外部信誉，从而获得更好的融资渠道，降低企业的财务违约风险。印重等（2021）基于我国特有的精准扶贫政策进行分析后发现，当企业开展精准扶贫工作、履行社会责任时，会提升自身的知名度和在资本市场中的声誉，帮助企业建立良好的政企关系和银企关系，打破债务融资难的局面，从而缓解融资约束问题。Alkhouri 和 Suwaidan（2023）通过对约旦工业企业的研究，发现当企业未披露与环境相关的社会责任信息时，市场参与者会认为投资该企业具有高风险，从而要求更高的回报率，这会增加企业融资成本，不利于企业进行融资。马宝君等（2022）从企业社会责任报告的美观度出发，发现良好的社会责任报告及其美观度可以降低债权人获取信息的成本，改善债权人对企业的风险感知和价值评估，增强债权人对企业偿债能力的信心，从而降低企业的债务融资成本。

其次，部分学者认为企业社会责任对企业融资的影响会在不同的情境和条件下产生不同的结果。Desender 等（2020）在采用国际样本进行研究时，发现在以股东为导向的公司治理制度中，企业社会责任绩效的提高会降低股权成本，但在以利益相关者为导向的公司治理制度中，企业社会责任绩效的提高会增加股权成本。吾买尔江·艾山和娄小亭（2020）在探讨企业社会责任信息披露对商业信用融资的影响时，发现根据替代融资理论，披露社会责任信息的企业能获得更为便利的替代性融资，又因商业信用具有较高的隐性成本，故而企业会更偏向于以银行贷款或者公共债券作为融资来源而减少使用商业信用。因此，披露社会责任信息的企业并不能从供应商那里获得更多的商业信用融资。Baker 等（2022）将企业分为绿色企业和棕色企业，其中绿色企业为承担社会责任更多的企业。他们发现，只有当投资者在绿色企业的投资策略中可以进行协调，或者投资者在投资棕色企业时具有非金钱负效用时，绿色企业才会具有较低的资本成本。Tarighi 等（2022）则是基于伊朗的社会和文化条件以及经济状况，指出在市场通货膨胀的情况下，企业承担社会责任会产生额外费用，降低企业的盈利能力和竞争优势，因此股东会期望经理人不要从事这类具有长期回报的活动，因为企业在进行社会责任披露时可能会引起大股东的不满和撤资，不利于企业融资活动的开展。

2.3.2 企业社会责任对企业投资的影响

在企业发展的过程中，投资是一项必不可少的活动，可以帮助企业获得利润、实现经营目标，促进企业的生存和发展。影响投资的因素是多种多样的，而关于企业社会责任对投资的影响，国内外学者分别给出了不同的结论。

首先，大部分学者认为企业社会责任可以消除代理理论带来的问题，增加企业信息的透明度，从而提高企业的投资效率。Khediri（2021）以西欧国家为样本，发现企业的社会责任水平越高，投资效率越高，并且在这个过程中，如果企业对投资者（股东）保护程度越高，则股东权利对企业投资效率的积极影响越强。颜剩勇和王典（2021）则是基于我国的“一带一路”政策提出企业社会责任可以显著提高我国企业的对外投资效率，并且相较于受到“一带一路”政策支持的企业，未受到该政策支持的企业其社会责任对投资效率的提升作用更明显，因为受到政策支持的企业会面临更加复杂的境外投资环境，从而加大企业海外投资项目的风险。Zamir 等（2022）通过研究 9 个亚洲新兴市场发现，企业社会责任披露可以通过提高信息透明度或减少信息不对称，改善企业为获得投资盈利项目所需的外部融资机会，从而提高企业投资效率。Engida 等（2022）采用欧洲上市公司的样本，证实了高社会责任感的企业具有信息不对称性低、利益相关者团结程度高的特点，有助于改善企业投资效率低的问题。杨淼和陈艳（2022）从信息不对称和合法性视角出发，认为企业长期披露高质量的社会责任报告信息可以降低企业的非效率投资水平，促进企业资本配置效率的提升。

其次，有学者认为在一定条件下，企业社会责任对企业投资的影响是负向的。Krueger（2015）认为企业管理者会出于为企业赢得良好声誉的动机而增加对企业社会责任活动的支出，导致企业在正常业务上投资不足，投资效率降低。赵天骄等（2019）讨论了不同生命周期视角下企业社会责任对企业投资的影响，发现当企业处于衰退期时，注重承担社会责任只会增加企业的资金负担，不利于其投资水平的提高。Anwar 和 Malik（2020）以发展中市场为例，发现并不是所有的社会责任披露行为都会提高企业的投资效率。高质量的企业社会责任信息披露会对企业投资效率有正向影响，而象征性信息披露对企业投资效率有负向影响。谢伟峰和陈省宏（2021）认为，企业的盈余管理程度能够充分体现其履行社会责任的动机。当企业存在严重的盈余管理问题时，企业社会责任就会成为其庇护工具，使得企业在履行社会责任时展示出很强的自利动机，从而出现过度投资的现象，不利于企业发展。Khuong 等（2022）也发现在过度投资的情境下，企业社会责任报告会对企业的投资效率产生显著的负向影响。

2.3.3 企业社会责任对企业经营的影响

（1）企业社会责任对企业绩效的影响

目前，国内外有关企业社会责任对企业绩效影响的研究众多，学者们纷纷基于不同角度提出了自己的观点。

第一类观点认为，企业履行社会责任可以促进企业绩效的提高。Saeidi 等（2015）发现，企业社会责任会通过提高企业声誉和竞争优势的方式来促进企业绩效的提高。Bacinello 等（2021）从企业社会责任的经济、社会和环境三个维度出发，发现企业社会责任会对中小企业绩效产生积极影响。Okafor 等（2021）利用内容分析、固定效应和合并回归模型研究了履行企业社会责任对美国科技公司财务业绩的影响，发现在企业社会责任上投入更多的科技公司，其收入和盈利能力也会相应增加。李钧（2022）认为企业社会责任构成了企业动态能力的微观来源和驱动因素，提升了企业的吸收能力、创新能力和适应能力，进而促进企业经营绩效的改善。

第二类观点认为，企业社会责任活动会增加企业的运营成本，并且根据委托代理理论，管理者可能会为达到自我宣传的目的，做出个人短视行为，降低企业绩效。如王建玲等（2018）发现，企业承担社会责任并不能提升企业未来的财务绩效，尤其是对于当期经济绩效较差的企业而言，企业社会责任会对未来财务绩效产生负向影响。Lin 等（2019）在研究企业社会责任与企业财务绩效的双向关系时，发现企业社会责任的提高会降低企业财务绩效，主要是由于当企业积极参与有关社会和环境问题的活动时，会持续增加经营成本，从而降低企业的盈利能力。Javed 等（2020）在研究中提到，当具有社会责任感的企业拥有具有强烈利益相关者价值观的领导者时，他们会过度履行企业社会责任，从而损害绩效。

第三类观点则认为，企业社会责任对企业绩效的影响是非线性关系而不是线性关系的。Nollet 等（2016）发现在线性模型中，企业社会责任与资本回报率之间存在显著的负相关关系；而在非线性模型中，企业社会责任与企业财务绩效之间存在"U 形"关系，说明企业只有在社会责任方面取得一定的投资和成就之后，才能够获得相应的绩效回报。Shabbir 和 Wisdom（2020）通过研究指出，虽然外部环境投资（捐赠）与企业财务绩效之间存在正相关关系，但这种关系却是微不足道的。王凯和赵宇航（2022）认为，企业过度履行社会责任会挤占企业原计划用于生产、研发和营销等方面的资源，并且会弱化其对市场新动态的嗅觉和把控程度，因此只有当企业适度履行社会责任时，才会正向影响企业经营绩效，过度履责会抑制企业经营绩效，即企业社会责任与经营绩效之间呈倒"U 形"关系。李茜等（2022）从企业社会责任一致性的角度研究其对企业财务绩效的影响，发现时间一致性能够吸引那些有意与企业保持长期合作的利益相关者，进而正向影响企业财务绩效，而结构一致性则会将资源或精力分散在敏感度较低的利益相关者身上，进而影响企业的资源获取效率，降低财务绩效。

（2）企业社会责任对企业创新的影响

在竞争激烈的市场中企业需要创造优势来生存和脱颖而出，创新可以通过其对提高生产率和增强盈利能力的直接、积极影响来提供这种优势。然而，企业社会责任是否以及如何影响企业创新，在已有研究中仍然是一个持续争论的话题。

目前，一部分学者认为企业社会责任对企业创新具有积极影响。Bendell 和 Huvaj（2020）认为，企业承担与环境相关的社会责任，通过实现卓越的环境绩效提高企业声誉以获得竞争优势，从而使企业获得更高的财务绩效，为企业创新提供充足的资金和资源支持。Chkir 等（2021）利用跨国样本研究发现企业社会责任可以促进创新，这种影响在发达国家更为显著，因为这些国家的政府和私营部门更加重视企业社会责任。Santos-Jaen 等（2021）认为，企业履行社会责任既可以提高中小企业人力资源的积极性、参与性，又可以改善企业的融资条件，使企业获得更多财政资源，从而对企业创新产生影响。Mbanyele（2022）在研究中发现，企业社会责任披露的增加一方面导致企业加大研发投资，从而产生更多的发明专利；另一方面会使企业通过减少参与短期活动来促进创新。赵胜民和于星慧（2023）重点探讨了企业社会责任影响创新的机制，发现企业社会责任可以通过缓解融资约束、降低财务风险、抑制委托代理问题对企业的创新投入、创新产出和创新效率产生显著的正向影响。

另外，部分学者认为企业社会责任会对企业创新产生消极影响。Bocquet等（2013）发现当企业参与响应式社会责任活动时，会限制其创新过程中所需的自由和创造力，从而不利于企业进行创新。Halkos 和 Skouloudis（2018）认为当企业履行社会责任时，会挤占企业紧张的研发资源，继而给企业技术创新活动造成压力。刘乾和陈林（2021）通过结合产业组织理论与企业社会责任理论，构建了完全信息下研发竞争与产量竞争的动态博弈模型，发现在有限的资源条件下，企业社会责任会抑制技术创新。

此外，我国的部分学者认为企业社会责任和企业创新之间是一种非线性关系。李文茜等（2018）通过研究高新技术企业发现，当企业社会责任强度处于一定水平之下时，其与企业的技术创新绩效呈正相关关系，而当企业社会责任强度超过一定水平时，二者呈负相关关系，即企业社会责任对企业技术创新绩效产生了倒“U 形”影响。对此，柯迪等（2020）则提出了不同的观点。他们运用 Hansen 面板门槛回归技术，发现在战略性新兴产业中，企业的社会责任投入与其技术创新水平存在显著的“U 形”门槛效应。

2.3.4 企业社会责任对企业价值的影响

企业社会责任具有准公共物品属性和正外部性，关于连锁董事对企业价值的影响，已有研究中尚未达成一致结论。

企业发展的首要任务是通过实现盈利进一步提升企业的价值。然而，当企业发展到一定阶段时，便会迎来瓶颈期。因此许多企业将目光转向了社会责任的履行，希望能够通过履行社会责任达到提升价值的目的。针对企业社会责任是否会对企业价值产生影响，以及产生何种影响，国内外学者基于企业的经营数据给出了不同的观点。

第一种观点认为，企业社会责任可以促进企业价值的提升。Albuquerque等（2019）的研究表明，更高的企业社会责任绩效可以增加企业价值，并且主要通过两种方式实现：一种是通过增加现金流或降低贴现率增加企业价值，另一种是通过最大化股东效用的渠道来创造企业价值。Bardos 等（2020）认为对于标准化商品和竞争性行业而言，企业社会责任会对产品市场认知产生积极影响，进而间接增加企业价值。Hendratama 和 Huang（2021）则是将企业的生命周期与社会责任的各个维度结合起来讨论社会责任对企业价值的影响，发现企业社会责任与企业价值整体上呈正相关。Lee 和 Choi（2021）将关注点置于供应链与业务合作伙伴相关的企业社会责任活动，发现当企业同时参与内部和外部企业社会责任活动时，将为企业带来更高的企业价值。并且，对于企业而言，内部企业社会责任活动是提高企业价值的核心活动。陈莞和阮荣彬（2022）认为企业通过承担社会责任，能更好地获取利益相关者所提供的各类有助于自身成长与发展的资源，其所带来的“隐形优势”将远大于成本，这些优势最终将表现为企业价值的提高。

第二种观点则认为由于企业的属性和相关情境不同，企业社会责任对企业价值的影响是复杂的。涂红和郑淏（2018）发现，我国企业社会责任与企业价值之间的负向相关性仅表现在短期内，而从长远来看，企业承担社会责任是增加企业价值的。邹萍（2019）在研究企业战略性慈善捐赠行为及社会责任的履行时，发现企业的慈善捐赠水平与企业价值呈倒“U形”关系，即只有选择承担适度的慈善捐赠，才能帮助企业实现价值最大化。D'Amato 和 Falivena（2020）在研究西欧上市公司数据时，发现企业社会责任与企业价值之间的关系受到企业规模和年龄的调节。当企业规模和年龄较小时，由于缺乏财务资源、经验、声誉等，企业社会责任对企业价值几乎没有影响。Bartov 等（2021）将财务重述作为企业社会责任绩效可能影响企业价值的渠道，发现当有意识的管理不当行为引发负面事件时，企业的社会绩效会放大财务重述公告引起的即时负面股价反应，从而降低企业价值。Lu 等（2021）使用 2002—2011 年美国公司的面板数据，发现当企业面临高环境风险或具有高盈利稳定性时，企业社会责任有利于企业价值，而当企业在低风险环境中运营或盈利稳定性低时，企业社会责任对企业价值不利。

2.4 文献述评

2.4.1 连锁董事文献研究述评

关于连锁董事对企业行为扩散的影响，国内外学者主要从企业并购、投资、融资、经营以及企业治理行为等角度进行了研究。其中，关于连锁董事对企业社会责任行为扩散的影响，已有文献分别从企业社会责任的履行、社会责任报告的披露以及慈善捐助的可能性方面进行了研究。

可以看出，连锁董事在企业间充当了信息传递媒介，企业的特定行为可以通过连锁董事从连锁企业向目标企业扩散，但是制度环境受哪些环境因素的影响，以及连锁董事个人特征、目标企业特征的不同会对企业社会责任行为扩散过程产生哪些影响，已有文献较少涉及。

因此，本书从分析连锁董事影响企业社会责任行为扩散的过程入手，考虑企业内部制度环境的差异，引入内部控制水平和市场化程度作为调节变量，考察中国情境下连锁董事对企业社会责任行为扩散的作用机理。同时，考虑连锁董事个人特征异质性以及连锁企业特征的异质性，进一步研究在不同情境下作用机理的差异。

2.4.2 企业社会责任文献研究述评

关于企业为何承担社会责任，国内外学者从社会责任的界定出发，从企业外部和内部两个视角，对政治因素、社会因素、文化因素、技术因素、高管个人特征、董事会特征、所有权特征等进行了研究。正是基于社会责任不同的影响因素，本书在对连锁董事与企业社会责任关系梳理的过程中，在主效应的基础上，分别研究了制度环境的调节效应以及企业内部因素、外部因素对二者关系的异质性影响。

关于企业承担社会责任的经济后果，已有文献分别从企业融资、投资、经营及企业价值的角度进行了分析，但是基于不同研究视角，所得研究结论并不一致。究其原因，一方面，已有文献忽略了某一关键变量的影响；另一方面，西方学者的研究是基于国外成熟资本市场的，所得研究结论不适合中国情境。对此，本书立足中国情境，在考虑连锁董事对企业社会责任行为扩散的基础上，分别从创新能力和经营绩效两个角度评价了其经济后果。

本书基于中国高质量发展阶段对企业社会责任的创新需求，考虑企业社会责任与企业创新能力的兼容性，在针对企业社会责任行为扩散的经济后果进行的研究中，重点论证了社会责任对企业创新能力的影响，为研究企业履行社会责任和创新发展提供了新的视角。

3

理论基础与分析框架

本章主要探讨连锁董事与企业社会责任行为扩散及经济后果之间的关系。首先，对本书的理论基础——委托代理理论、资源依赖理论、利益相关者理论、社会资本理论进行介绍，将理论与研究内容相联系，为本书理论分析框架的构建做准备。其次，探究了连锁董事对企业社会责任行为扩散的影响机理。再次，对连锁董事引发企业社会责任行为扩散的经济后果进行了路径分析。最后，对本章的主要结论进行归纳总结，为后续章节研究假设的提出奠定理论基础。

3.1 委托代理理论

依托于信息经济学，委托代理理论有两大主要分支：实证主义代理理论和委托人—代理人理论（Jensen，1983）。委托人—代理人理论的研究者主要关注适用于代理关系的一般理论，这一研究路线具有正式理论的特征，并且包含精确的假设界定、逻辑演绎和数学证明。委托人—代理人研究探讨在不同条件下哪种合同是最有效率的。例如，在结果不确定、结果可衡量、风险厌恶和目标冲突这四种条件下，分别存在最有效率的合同。实证主义观点的研究人员主要聚焦于：①识别出委托人和代理人对结果的期望是截然相反的这一情境；②描述控制和调节委托人与代理人差异的治理机制，特别是对于大型公共公司而言（Berle and Means，1932）。例如，管理者的股权所有权有助于使所有者和管理者的利益达成一致（Jensen and Meckling，1976）；高效的资本和劳动力市场可以作为信息机制来预防高层管理人员的自利行为（Fama，1980）；董事会可以起到信息系统的作用，并且股东可以利用该系统监控高层管理人员的不当行为（Fama and Jensen，1983）。

简言之，所有权和控制权之间可能会出现冲突。一方面，所有者的利益有三点：①在合理的风险程度下获得最大利润；②在所有者之间慷慨而公平地分配利润；③维持有利于投资者的市场条件。另一方面，管理者的动机可能是对声望、权力或职业热情的追求与满足。因此，管理者可能更倾向出于自己的利益而不是投资者的利益行事。Jensen 和 Meckling（1976）探讨了包括管理者持股在内的公司所有权结构如何驱使管理层与资本所有者利益相一致。Fama（1980）讨论了有效资本和劳动力市场作为信息机制来限制高管自利行为的作用和效果。Fama 和 Jensen（1983）将董事会的角色描述为一个信息系统，大公司的股东可以利用其来监控和限制高管的机会主义行为。Jensen 和他的研究团队（Jensen，1983；Jensen and Ruback，1983）将这些想法扩展到对企业其他一些仍具争议的做法（如金色降落伞和企业恶意收购）的防范。

从理论的角度来看，实证主义流派最关注的是描述解决代理问题的治理机制。实证主义的两个观点体现了治理机制。一种观点认为，基于结果的契约在抑制代理人机会主义方面是有意义的。这种契约将代理人与委托人的偏好融合，因为双方的回报都取决于相同的行为，因此委托人和代理人之间的利益冲突减少了。Jensen 和 Meckling（1976）认为增加公司 CEO 的所有权可以有效减少其机会主义行为。另一种观点认为，信息系统也能抑制代理人的机会主义行为。其论点是，由于信息系统将代理人的实际行为传递给委托人，代理人会意识到自己无法欺骗委托人，从而有效地抑制了代理人的机会主义行为。在代理理论中，一个与监督高管行为特别相关的信息系统是董事会，而介入董事会的独立董事可以充当仲裁者的角色，解决高级管理人员与剩余收益索取者之间严重的代理问题。其治理机制是，独立董事有动机培养自己作为决策控制专家的声誉，因而不会与管理者串通合谋侵占剩余收益索取者的权益。美国上市公司独立董事要么是其他公司的经理，要么是其他复杂组织中的重要决策代理人，其人力资本的价值主要取决于自身作为其他组织内部经营管理及监督决策者的行为。这些人利用独立董事职位向内部和外部市场发出的信号有：①他们是经营管理及监督决策专家；②他们知晓独立性在监督和决策中的重要性；③他们可以胜任这样的决策控制系统。当向独立董事支付的薪酬很少时，这些信号是可信的，但当内部控制系统崩溃时，这些信号则不可信。David 等（1976）认为，更独立的外部董事（如独立董事）能够改善公司治理中的代理问题。Baysinger 和 Butler（1989）发现以会计计量为标准的公司业绩与外部董事（独立董事）比例具有相关性——外部董事即独立董事比例显著提高了公司业绩。Kosnik（1987）发现，独立董事有权拒绝向公司收购者支付绿票讹诈。事实上，公司自己也意识到了独立董事存在的重要性。Weisbach（1988）发现，公司在一段时期内发展不景气后，由外部董事主导的公司可能会通过替换内部董事来提升公司业绩。最后，在一项关于 CEO 更替的研究中，Weisbach（1988）发现很多股价表现较差、CEO 离职的公司其董事会由外部董事而非内部董事主导。然而，Kesner 等（1986）提供的研究证据表明董事会中内部董事或独立董事的比例与公司违规行为没有直接关系。Brudney（1982）在研究外部董事效用的文献中指出，社会的期望以及公司内部治理人的制裁都是独立董事众望所归的原因。只有独立董事的介入才能保证管理层的不越权。因此，独立董事相对于内部管理人员的假定独立性能够使其更好地进行监督和控制管理，进而有利于解决代理问题（Walsh and Seward，1990）。

3.2 资源依赖理论

在组织行为研究中，资源依赖理论的主要观点是：组织必须内置于与之竞争和共享稀缺资源的组织群体的背景下进行研究（Yuchtman and Seashore，1967）。组织之间相互竞争和共享稀缺资源的后果之一是某个组织对其他组织的依赖性发展，这一假设为 Yuchtman 和 Seashore 的定义奠定了基础，即组织有效性是组织利用环境获取资源，同时保持自主谈判地位的能力。Pfeffer 和 Salancik（1978）对组织的资源依赖理论进行了详细的整合和梳理，并且将其发展成为资源依赖理论。

该理论的主要观点认为：公司需要与外部环境进行关键资源的交换和获取，以应对外部环境变化带来的挑战。Pfeffer 和 Salancik（1978）注意到："当一个公司任命一个人进入董事会时，它希望这个人会支持公司，会关心公司的问题，会不断地将公司介绍给其他人，并试图帮助它。"他们认为董事会可以提供四种主要利益：①建议和咨询；②合法性；③为公司提供与外界进行信息交换的渠道；④优先获得来自公司外部重要的承诺或支持。学术界对董事会的研究主要聚焦于其拥有的社会资本。这种资本包括人力资本（经验积累、专业知识及非认知能力、声誉）和关系资本（与其他公司和外部公司的联系网络）。Zahra 和 Pearce（1989）提到了董事会的另外两种资源提供的角色——服务和战略。他们将“服务”角色描述为“提高公司声誉，与外部环境建立联系，并向高管提供建议”；将“战略”角色描述为董事们“通过向 CEO 提供建议，发起他们自己的分析或提出替代方案，积极参与战略领域”。虽然 Zahra 和 Pearce（1989）没有详细阐述他们区分服务和战略角色的理论基础，但这两个角色显然都符合 Pfeffer 和 Salancik（1978）对董事会提供资源给组织的描述。类似地，Johnson 等（1999）在研究董事会的资源提供时，将“服务”角色定义为“董事就行政和其他管理问题向 CEO 和经理提供建议”，而董事会的“资源依赖”功能是“促进获取对公司成功至关重要的资源”和“合法化功能”。他们没有讨论这种角色区分的理论基础，但其对这两种角色的理解与 Pfeffer 和 Salancik（1978）的研究如出一辙。Hillman 和 Dalziel（2003）认为，监督功能和资源提供功能是董事会的两大功能。两者都与公司业绩相关。他们认为整合代理理论和资源依赖理论的观点是十分重要的。两者的结合可以帮助克服目前这两个研究领域的短视。代理理论和资源依赖理论都以牺牲另一种董事会职能（监督/提供资源）为代价，对董事会的职能及其对公司绩效的影响有不同的理解，每一种视角都限制了对特定前提（激励/董事会资本）的关注。传统的资源依赖理论实证研究表明，董事会资本与公司绩效之间存在关系（Boyd，1995；Dalton et al.，1999；Pfeffer，1972）。其原因是，资源有助于减少组织与外部偶发事件之间的依赖（Pfeffer and Salancik，1978），减少企业的不确定性（Pfeffer，1972），降低交易成本（Williamson，1984），并最终帮助企业生存（Singh et al.，1986）。

3.3 利益相关者理论

利益相关者理论可追溯到 1963 年，“利益相关者”一词最早由美国斯坦福大学研究所提出，研究者将其定义为“由具有相关利益的个体构成的群体”，并成为支持企业生存的基础。在此基础上，Freeman 在其经典著作《战略管理：利益相关者方法》中对利益相关者理论进行了延伸。他提出：“利益相关者是任何能影响组织实现目标或被该目标影响的群体或个人。”

也就是说，利益相关者是一群因公司活动而获得收益或者受到损害的人，在这个过程中其权利也会随之受到影响。

利益相关者理论与传统股东至上理论的模式不同，它认为现代企业是由各个利益平等的利益相关者组成的，任何一个企业的发展都离不开股东、员工、客户、合作伙伴、社区、政府、环境、经济共同体等利益相关者的投入或参与。企业发展不仅要为股东利益服务，还要维护和促进其他利益相关者的利益。该理论的基本出发点是企业的社会责任，利益相关者理论要求企业在注重自身经济利益的同时，不能忽视相关者的利益。

企业与各个利益相关者的长期责任同企业的社会责任活动有关（Bhandari and Javakhadze，2017）。披露社会责任报告是企业与利益相关者交流的重要途径，也是企业对他们进行管理的手段。同时，利益相关者潜在的关注与监督，可能促使企业更加积极地履行社会责任、发布社会责任报告。因此，利益相关者理论是连接企业社会责任与董事关系网络的共同理论基础之一。

连锁董事能够利用其在所属社会关系网络中的位置和结构，从关系网络的信息传递过程中获得一定的信息优势。一方面，连锁董事可以利用信息优势，通过向外部传递企业内部信息，帮助外部利益相关者更好地了解企业运营和管理的履职情况；另一方面，连锁董事也能够以外部信息向企业内部传递的形式，帮助经理人在重大决策中获取更有价值的信息，实施科学决策（王文姣等，2017）。也就是说，连锁董事能够利用其所属社会关系网络中的信息优势，促进信息在企业内外部间的双向传递，减少信息不对称，从而更好地保障利益相关者的权利。

此外，当企业在复杂关系网络中处于中心位置时，与其存在联系的投资者、客户、供应链等合作伙伴往往也更加广泛。对于利益相关者而言，当企业的网络中心度更高时，其可见性更高，企业所面临的来自相关主体的压力也更大。为应对这种外部压力，迎合相关期望，企业会投入更多的资源承担社会责任。已有研究通过分析董事网络中心度和慈善捐款的关系发现，网络中心度与慈善捐款数额正相关（鲍丰华等，2018）。

根据利益相关者理论，股东、雇员、消费者、供应商、自然环境等利益相关者均在企业成长与发展过程中扮演着重要角色，并且提供了专用性资本。企业制定社会责任战略就是要减少与利益相关者之间的信息不对称，提升各方的获得感，实现企业内外部信息的有效沟通（刘源，2023）。

然而，企业社会责任活动的高昂成本，在一定程度上制约了企业对利益相关者责任的履行。已有研究表明，董事网络能够降低与信息处理所需时间相关的成本，这有助于董事提高企业的利润，为董事从事昂贵的企业社会责任活动提供援助，从而创造一个对社会负责的环境（Chahine et al.，2019）。相应地，企业积极承担社会责任，又会反过来增进企业与利益相关者的关系，提升企业在整个社会网络中的信任度，并最终表现为企业经营绩效的提升（李钧，2022）。

3.4 社会资本理论

社会资本理论是在弱联结理论的基础上发展起来的。

Granovetter（1983）最早提出"弱联结"的概念，认为弱联结主要是由亲密关系未满的个体间相互联系发展而来的。他认为人与人以及组织与组织之间，因为发生各种交流和接触，进而构建的纽带关系就是联结。弱联结和强联结为一体两面，联结强、弱之别多源于个人时间、经验和沟通机会的不同。在圈子中，社会经济特征的类似程度由互动次数、感情力量、亲密程度和互惠交换四个测度来判断。强联结多出现于性别、年龄、受教育水平以及收入水平等社会经济特征类似的个体之间，而弱联结则主要由社会经济特征存在一定差异的个体组成。弱联结理论具有以下两个重要内涵。

首先，该理论认为"充当信息桥的必定是弱联结"。这是因为强联结提供的信息通常是重复的，容易自成一个封闭空间，封闭空间的信息效用较低；弱联结能够从圈子外将信息传入圈子内，容易形成开放式空间，弱联结的外部溢出效应提升了信息的异质性和丰富程度，使得被弱联结串联起来的网络成员能够增加修改原先观点的机会，开放式空间的有效信息效用较高。

其次，有效的弱联结人需要具备两个典型特点：其一是弱联结人具备职业性质，而不是社会化的联结人。在此情境下，弱联结人提供的信息才可能与职业发展相关联。其二是弱联结人的"联结链条"非常短。通常来说，从消息供给到消息接收链条，联结的层次不能超过两层，一旦超过两层，信息的准确性就开始出现变化，这就违背了弱联结信息传递作用的初衷。在董事网络中，我们把企业董事会成员分为执行董事和独立董事。对于前者而言，由于执行董事大多是企业高管，彼此接触的时间较长且经常需要互动，自然会产生亲密关系，这类关系属于企业组织内部的强联结。

对于后者而言，独立董事通常为高校教授、律师和会计职业等专业性较强的人士，与执行董事相比，互相认识时间短且互动频率低，主要通过参与董事会议来交流和沟通工作。考虑到独立董事都另有主要职业，并且独立董事的独立性要求其自身和兼职企业保持一定距离，不能达到亲密关系层次。同时，在选拔独立董事时，监管机构要求独立董事同兼职企业之间没有利益关系，独立董事主要是凭借其自身声誉在兼职企业发挥治理作用，所以独立董事网络中企业之间的互惠程度也较低。因此，由独立董事串联起来的企业之间的关系为弱联结关系。

Lin（2002）从社会资本获得视角深化了弱联结理论，认为连锁组织在获得社会资本时，主要是通过社会关系串联，利用信息流动和决策影响力以及社会信用证明等对其组织能力产生影响。社会资本理论存在两个重要内涵。其一是弱联结关系会带来更多的社会声望。当独立董事为连锁董事时，弱联结关系带来更多的治理信息和知识，从而累积了关于公司治理方面的专家声誉，未来潜在的拥有额外董事席位的概率也随之增加。由于社会关系的存在，使得弱联结人的身份与认同感被进一步强化，确信自己是共享资源与利益的社会精英群体的成员之一。总体来说，相对于无联结关系的成员，通过社会网络的联系，网络中的成员不仅得到了情感支持，而且获得了某种资源的公开使用权，促使弱联结关系的成员更在乎其他精英对自己的认同感，从而更加积极地履职。其二是社会资本理论也说明弱联结关系会带来更多对决策有用信息。对于监管信息而言，主要包括国家和行业以及地区产业政策，同时还包括相关监管制度与法律法规。对于投融资信息而言，包含多样化的投资机会及投资项目的相关资料，也包括各种并购机会与被收购方的核心信息等。对于企业战略经营相关信息而言，主要包括新产业的核心技术与市场条件以及行业发展趋势等。此外，也可以通过董事网络来获取供应商、消费者、企业竞争者的需求和行为偏好的相关信息。

3.5 连锁董事影响企业社会责任行为及其经济后果的理论分析框架

从理论起源看，企业社会责任虽缘起于西方，但并非“洋为中用”的外国产物。早在先秦时代，诸子百家所进行的“义利之辨”就已涉及“道德上的应当”与“物质利益”的权衡。“义利之辨”横贯中国两千多年的社会发展史，其并没有因时代的变迁而被摒弃，“义以生利，家国同构”的儒家积极伦理仍适用于现代企业管理。在中国经济市场化程度逐步加深的发展趋势下，企业应从社会责任机会中受益，与利益相关者建立双赢关系。

3.5.1 连锁董事对企业社会责任行为扩散的影响机理

连锁董事制度的出现，使关系网络成为企业发展的重要途径，也成为企业履行社会责任的重要影响因素（Besser，2011）。Sheldon（1924）首先提出了企业社会责任，认为管理者所支持的股东至上理念已不适合当前企业的发展目标期。在关注股东利益的同时，还应关注员工、政府、社区、环境等群体的利益。社会责任即企业在协调自身利益、社会利益的同时，实现企业与社会的共同可持续发展。

基于资源依赖、声誉维护和外部监督的视角，本书构建了连锁董事影响企业社会责任行为扩散的理论框架。

第一，根据资源依赖理论，企业若无来自外部组织环境的资源便无法运营（Pfeffer and Salancik，1978）。CSN 协调二元企业之间的资源交换，如资本、信息和市场（Singh and Delios，2017）并增加沟通与合作，促进共同进步（Bloch et al.，2020）。组织合法性理论认为，企业若想从社会网络中积累社会资本，就必须满足利益相关者的期望以维持其权威地位（Wei et al.，2020）。企业需要在满足多元化利益相关者需求的同时，履行其社会责任。因此，CSN 可以通过改善企业对资源的获取来增强企业社会责任的履行。

第二，关于维护声誉的目的，处于网络中心位置的焦点企业通常拥有良好的声誉（Zhao，2021）。与处于 CSN 边缘的企业相比，高度关联的企业更关注他们的声誉（Graham et al.，2005；Knyazeva et al.，2013；Nandy et al.，2020），从而积极履行其社会责任（Al-Dah，2019）。一方面，有产品质量或财务欺诈问题的焦点企业会经历供应商或消费者的不信任。因此，这些企业旨在通过积极应对多个利益相关者施加的企业社会责任压力来维护其企业声誉和市场状况，从而提高企业社会责任绩效（Zhao et al.，2021）。另一方面，任何违反法律或法规的行为都会损害企业长期建立的信任、关系和声誉（Siano et al.，2017），使它们难以再次被公众接受。承担社会责任的企业可以使其市场实力受到肯定并建立良好的声誉，因为形成品牌声誉与履行社会责任密切相关（McWilliams and Siegel，2011）。因此，为保持良好的声誉，关系密切的焦点企业倾向于采取主动并履行社会责任。

第三，处于网络中心位置的企业往往受到严格的约束和监督，起因是它们的能见度（Brass et al.，1998）。除了提高企业之间的信息交换效率，CSN 还会对企业的社会责任行为产生外部压力（Nandy et al.，2020）。市场监管机制的逐步完善和新网络媒体平台的快速普及，大大增加了企业不负责任行为被发现的概率（Ma et al.，2021）。位于 CSN 中心的企业为公众所熟知，并经常参与公共活动。因此，它们比同行更引人注目（Mbanyele，2021），为利益相关者提供了更多的监督手段（Feng et al.，2019）。利益相关者的关注和监督影响着企业，尤其是位于 CSN 中心的企业的行为，迫使它们被动地履行社会责任。

3.5.2 企业社会责任行为扩散的经济后果

（1）社会责任对创新的影响

企业社会责任能够符合各利益相关者的期望（Sigurdsson and Candi，2020），建立互信互惠的利益相关者共赢关系网络，帮助企业获取创新所需的丰富异质性资源，同时来自利益相关者的信任与支持有助于企业缓解创新不确定性带来的风险（Yan et al.，2022），增强企业创新的信心。因此，企业积极承担社会责任对企业创新具有积极的推动作用，具体反映在以下几个方面。

首先，从资源基础观来看，企业社会责任实践能够满足各方利益诉求，促使企业与外部利益相关者构建密切的合作关系（Li et al.，2020），从而使企业广泛获取和有效整合、利用网络中流通的技术、信息和知识等关键创新资源（张新等，2019），丰富企业创新资源储备。主动承担社会责任的企业更易获得政府机构的重点关注和政策偏好（Chen and Ji，2022；阳镇、李井林，2020），政府背书激励企业以较低的成本进行创新实践。

其次，从信号理论出发，积极承担社会责任的企业主要传递两种利好信号：第一，企业可向外界传达其实施可持续战略的相关信息，表明其确有在环境保护和社会效益方面的行动与贡献（Mbanyele，2022），助力企业树立良好的社会声誉与品牌形象，以增强利益相关者对企业创新行为的信任与认可（Bai，2022）；第二，企业可传达自身绩效优良、创新实力强劲等有效信号，缓解企业与市场之间的信息不对称（Miao et al.，2021），减少外部投资者对于企业经营发展不确定性的认知风险，有利于企业获取持续稳定的融资来源（Bai，2022），保障企业创新的顺利实施。

最后，从企业内部来看，人才是企业创新的重要源泉之一（Yan et al.,2022）。履行社会责任的企业对于员工创新失败的容忍度较高（Afridi et al.，2020），其通过营造自由开放的工作氛围增强员工的工作安全感和组织认同感（Ruan et al.，2022），激励员工主动参与企业创新过程、完善创新知识库，最终实现企业的创新收益。

（2）社会责任对经营绩效的影响

作为营利性社会经济组织，企业的经营目标是追求利润最大化，只有盈利，企业才具备生存的条件，新古典经济学由此将企业视为把投入转为产出的利润最大化的生产单位。然而，随着社会生产力和商品经济的发展，企业的功能不断贯穿于国民经济的生产、交换、分配等各个环节，在整个社会经济运行中扮演着关键角色，甚至超越国家成为最重要的社会组织形式（Berle and Means，1932）。企业所联结的不再仅仅是股东，而是包括了消费者、员工、社区、政府等利益相关者，他们或是为企业经营付出了代价，或是为企业分担了风险，因而企业需要做出补偿，即企业社会责任。

企业社会责任涉及经理人支付股东的钱，被视为“企业宝贵资源的消耗”，即承担社会责任削弱了企业的经济目的，将使企业进入与其“正当目标”无关的努力领域，自此企业的生存会因市场的竞争性而受到威胁。沿袭这一逻辑，绝大部分企业将社会责任视为一种经济负担，对“是否承担社会责任，承担多大程度的社会责任”总是“随波逐流”。基于此，学界对企业社会责任的研究逐步从道德取向转变为绩效取向，大量研究探讨了企业社会责任与组织经济绩效之间的关系，但尚未形成一致结论。

Lee（2008）观察到企业社会责任理论演变的趋势，揭示了“企业社会责任与组织经济目标之间的紧密联系”。针对这一联系的研究被视为“新式 CSR”的凸显特征，其本质是“行善以致富”。本书认为社会责任的承担有助于企业经营绩效的改善，其内在逻辑如下：

第一，社会责任是企业对社会契约的遵循。企业与利益相关者之间不仅存在显性的经济契约，还存在一种隐性的契约关系，隐性契约的核心就是企业社会责任。尽管企业社会责任满足经理人的偏好可能构成道德风险，但企业社会责任同时能够满足股东、员工、供应商和消费者、社区等利益相关者的非经典偏好，使企业和这些利益相关者之间形成一种基于信任的、长期稳定的合作关系（关系契约），可以显著地降低契约成本。企业承担社会责任可以减少经理人与投资人之间的信息非对称，一定程度上可避免逆向选择问题，有助于企业经营绩效的提高。

第二，社会责任是企业对社会压力的回应。企业社会责任的精髓就在于社会期望或市场压力等外在力量附加于企业的义务。食品与药品安全、员工福利、环境责任等外部环境的要求，使企业不得不重新思考自身与社会的关系。在社会、环境与政府群体的外在压力下，如果企业要获取适合自身发展的健康环境，就必须在社会环境情境中对社会压力做出相应的回应（沈洪涛，2005），以确保其长期生存能力。企业将社会责任转化为一个管理概念，强调企业履行社会责任的重点是通过环境评估、利益相关者管理、社会参与和公共政策管理去解决社会普遍关注的问题，实现对社会压力的有效回应，以维护其作为社会组织存在的“合法性”。

第三，社会责任有助于企业培育竞争优势。社会责任将企业与某项社会事业或问题联系起来，通过实现消费者“自我实现”和“自我尊重”的诉求，以声誉和可信度塑造企业竞争力，提升消费者的购买意向，最终为企业培育不可模仿性、高成本壁垒与正当性战略资源，进而助力企业发展。此时社会责任可被看作是企业在寻找与其所提供的产品和服务相吻合的社会原因，然后以互利的方式把它们联系起来付诸实施，是一种双赢的策略。

本章在阐述相关理论的基础上，对连锁董事对企业社会责任行为扩散及其经济后果的影响进行了理论梳理，构建了本书的理论分析框架，具体如图3-1所示。

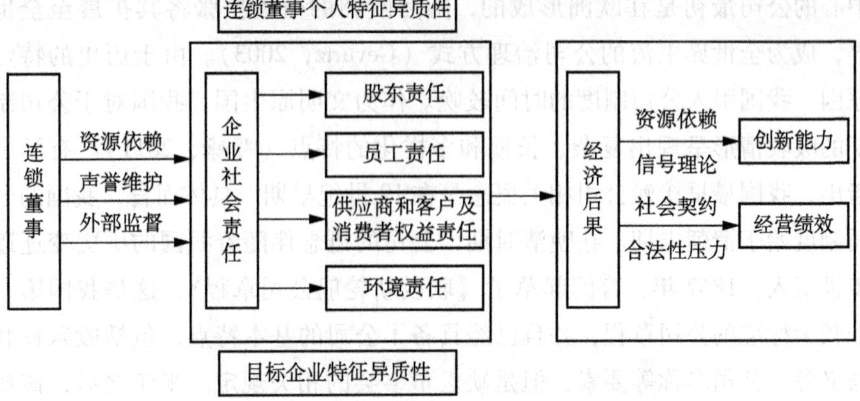

图 3-1　连锁董事影响企业社会责任行为扩散及其经济后果的理论分析框架

4

连锁董事制度的发展与评价

为检验连锁董事对企业社会责任行为扩散的作用，需要对连锁董事进行科学测量。本章首先回顾了连锁董事制度的发展历程，在描述其概念特征的基础上，利用上市公司数据，从连锁董事个人特征和公司特征这两个层面对连锁董事进行了测量与评价。

4.1　连锁董事制度的发展历程

连锁董事是企业董事会成员中的重要角色，影响着企业的各类经济管理活动。究其在中国的发展与变革背景，势必将其延伸至中国特有的制度背景。

董事会制度是连锁董事发展的制度基础，也是必然条件。以董事会为中心的公司最初是在欧洲形成的，随后欧洲的殖民扩张将其扩展至全世界，成为全世界主流的公司治理方式（Gevurtz，2003）。由于历史的特定原因，我国引入公司制度的时间较晚。作为文明原生国，我国对于公司制度的吸收情形呈现出复杂、长期和多样化的特点（邓峰，2011）。有学者指出，我国最早接触公司相关概念是在19世纪早期。具体而言，我国的公司制度始于清朝末期。在晚清时期，公司的概念伴随着我国的历史变迁逐步被引入。1867年，容闳起草了《联设新轮船公司章程》，这是我国第一个较为标准的公司章程，并且已经具备了公司的基本特点，包括股东权利与义务、公司名称等要素，但是缺乏董事会的相关规定。半年之后，该章程在此基础上明确了董事的选举，但与现代董事有着本质上的差异。随后人们开始认识到董事会的监督与制衡作用，通过政府的推动与影响，经过漫长的学习与摸索，在清末《公司律》中明确了董事会建立的两权分离、共管模式、中心地位三大原则（邓峰，2011）。总体而言，追溯我国公司的设立与董事会制度建立的起源，我们可以看到历史视角下的公司始终强调董事会在公司治理中的核心地位。

随着新中国的成立以及市场经济的变革与深入，我国现代的公司制度越发成熟。1993 年，经过国家政府部门的多次尝试与试点，新中国的第一部公司法诞生，现在我国使用的是 2023 年 12 月 29 日第二次修订后的《中华人民共和国公司法》。公司法中明确规定了董事会承担的责任与义务。连锁董事作为董事会的成员，也应依法行使相关的权利和履行相应的义务，连锁董事的重要作用也是本书研究的核心要点。在企业决策管理过程中，所有权与经营权的分离，使企业面临着严重的代理问题，影响着企业的绩效，企业内部的非正式关系也因此变得至关重要。我国转型经济的制度背景为董事与经理提供了大量寻求非正式关系的环境，企业通过连锁董事联结与构建董事网络关系的方式提高组织的经营效率，获得更多的信息和资源（任兵等，2007）。连锁董事网络作为市场经济改革过程中自发形成的一种公司组织形式，对公司治理产生了重要影响（胡海峰等，2022）。

独立董事的变革也与连锁董事的发展息息相关。独立董事制度始于美国，并在 20 世纪 80 年代得到了广泛推行。美国在 1940 年颁布的《投资公司法》中规定：投资公司的董事中，40%以上的董事须由独立成员担任，即独立董事。为提升我国董事会的运行效率，有效解决委托代理问题，我国也借鉴国外公司治理经验，在 2001 年制定了《关于在上市公司建立独立董事制度的指导意见》（以下简称《意见》，现已失效）来完善我国公司的治理结构。《意见》规定董事会中独立董事比例不得低于 1/3。由于独立董事的各类“兼职”行为不断扩大，一家公司的独立董事往往在多家公司担任董事职务，我国公司之间董事的关联不断加强，公司的行为、决策和实践都受到董事会关联的影响（王建琼、林琪，2019）。在 2020 年董事个人层面的数据统计中，A 股上市公司的连锁董事人数共 3156 人，独立连锁董事人数达到 2741，占比将近 87%。现阶段，我国所形成的董事网络规模已经完全覆盖整个上市公司，网络规模效应影响着公司的内外部合作与竞争等方面。

2021 年，我国发布《中华人民共和国国民经济和社会发展第十四个五年规划和 2035 年远景目标纲要》。其中，在“全面深化改革 构建高水平社会主义市场经济体制”篇中，特别强调建设中国特色现代企业制度的重要性，具体包括加强国有企业董事会建设、落实董事会职权、引导有条件的民营企业建立现代企业制度等途径。建设中国特色的董事会制度逐步成为重中之重，中国上市公司普遍且庞大的连锁董事规模已成为我国经济运行中必须考虑的特性之一。在董事会中，话语权与参与率不断提升的连锁董事逐渐成为企业投资、融资、经营与创新等战略决策过程中的重要角色。

4.2 连锁董事的概念特征

连锁董事是指同时在两家或两家以上公司的董事会中出任董事职务的人（Mizruchi，1996；叶丹、谢卫红，2009）。在学术领域中将连锁董事联结的两家或两家以上公司所形成的网络称为董事网络。举个例子，在A公司中，甲是董事会成员，而在B公司中，甲同时也担任了董事会中的职务，我们则认为甲是连锁董事，由董事甲所联结的公司形成的社会网络关系称为董事网络。

针对连锁董事的概念界定，主要分为狭义连锁董事和广义连锁董事。具体而言，狭义的连锁董事是指一人在两家或两家以上企业中担任董事，即规定了该董事成员兼任职务的范围仅限于董事会之中；而广义的连锁董事扩展了兼任职务的范围，认为如果一人在两家或两家以上企业担任董事、监事或高管，那么该个体就被称为连锁董事。在本书中，连锁董事的概念界定均采用广义的连锁董事概念。除此之外，本书根据连锁董事所联结企业的特点，将连锁董事划分为直接连锁董事和间接连锁董事。具体而言：当A公司中的董事同时在B公司和C公司中担任董事时，A公司与B公司、A公司与C公司都形成了直接的连锁关系，该名董事为A、B公司和A、C公司的直接连锁董事；相对而言，B公司和C公司之间则形成了间接的连锁关系，该名董事对于B、C公司来说是间接连锁董事。另外，根据企业间组织关系的不同，也可以将连锁董事分为水平连锁董事与垂直连锁董事。具体而言，如果连锁董事所联结的企业在同一行业，则该连锁董事被称为水平连锁董事；如果连锁董事联结了上下游企业，则称该连锁董事为垂直连锁董事。

连锁董事建立在董事身份的基础上，是企业董事会的重要成员之一，是担负着企业业务决策并行使管理权的人员，同时也是解决委托代理问题的关键角色。连锁董事连接着企业内外部的资源、知识等可转移要素，使各类要素在企业之间流动与共享，即连锁董事在不同企业之间会产生较强的扩散效应。如果没有连锁董事任职所带来企业之间相互的联结关系，上市公司将在董事网络中成为一个又一个孤立的点集，董事网络所形成的必要条件会受到破坏与解构（谢德仁、陈运森，2012）。连锁董事在企业经营、投资、决策、战略制定、创新等企业发展与运作过程中充当着决策者、资源提供者等多重角色，对企业的持续经营与运作起着重要的影响作用。例如，有学者指出当企业资金紧缺时，企业向金融机构等部门进行有效筹资的方式之一就是聘用金融机构的管理者担任企业的连锁董事（任兵等，2001），能够在降低融资成本的同时提供有效途径用以监督企业的经营与管理。

4.3 连锁董事的数据选取与测量方法

4.3.1 样本选择和数据来源

本章选择2009—2020年中国沪深两市A股上市公司为研究样本，同时为保证评价结果的准确与客观，本章同时进行了如下数据处理：①考虑金融行业会计准则和计量方法的特殊性，故删除金融行业公司；②删除上市公司注册地在国外（如开曼群岛）的样本；③剔除连锁董事数据缺失或无连锁董事的样本公司数据。本章所利用的连锁董事数据均来源于国泰安（CSMAR）数据库中的上市公司人物特征数据库。另外，本章所有数据处理和相关统计分析均在Stata 17.0下完成。

4.3.2 连锁董事的测量方法

在现有连锁董事的相关研究中，针对连锁董事的测量方法较多，主要可以分为连锁董事网络的相关测量方法与公司内部连锁董事人数的相关测量方法。本书主要通过连锁董事人数的测量方法去衡量和评价连锁董事。这一测量方法已经较为成熟并且形成一定的衡量标准，例如，臧秀清和于江珍（2014）、徐婧媛（2017）用连锁董事的存在性对连锁董事进行衡量，即判断企业中是否存在连锁董事，如果企业的董事会中存在连锁董事则样本数量标签记为1，不存在连锁董事则记为0；彭正银和廖天野（2008）、徐二明和衣凤鹏（2014）、雷辉和黄小宝（2016）、邹海亮等（2018）等用连锁董事人数占董事会人数的比例来衡量董事会层面的连锁关系。

首先，考虑到连锁董事的影响力会随着连锁企业数量的增减而改变，本书借鉴学者 Haunschild 和 Beckman（1998）、杨宁宁（2015）、王理想和姚小涛（2017）等连锁董事的相关研究方法，采用公司层面的连锁董事人数关系进行衡量。一般来说，连锁董事人数的测量有两种计算方式，举例说明：A 公司有甲与乙两位连锁董事，甲董事在担任 A 公司连锁董事的同时还担任了 B 与 C 两家公司的董事，乙董事在担任 A 公司连锁董事的同时还担任了 D 公司的董事职务。上例中，在第一种统计方法下，A 公司所拥有的连锁董事人数就是 3；第二种方法是直接计算公司拥有的连锁董事成员人数，在此方法下，A 公司所拥有的连锁董事人数就是 2。本书主要采用第二种方法来计算连锁董事的人数，同时也将连锁董事所连锁公司的数量一并提取出来，从连锁董事人数与连锁董事所连锁的公司数量两个方面来反映、衡量与评价企业的连锁董事人数。

其次，为了分析连锁董事个人特征，本章基于性别结构、是否独立、是否兼任董事长或者总经理、学历是否为研究生及以上等特征对连锁董事进行分类统计与评价，总结统计特征与时间趋势特征，把握连锁董事的整体规律。在处理连锁董事个人特征数据的过程中，本书依照上文连锁董事总人数与连锁董事连锁总公司数的数据处理思路，将董事个人信息特征库与公司层面的连锁董事进行匹配。具体而言，针对女性连锁董事，如果一家公司董事会中至少存在一位女性连锁董事，则将其赋值为 1，相反如果一家公司董事会中全部为男性连锁董事，则将其赋值为 0；针对公司内部是否存在独立的连锁董事，如果一家公司内部至少存在一位独立的连锁董事，则将其赋值为 1，如果公司内部不存在独立连锁董事，则将其赋值为 0；针对公司内部是否存在兼任董事长或总经理的连锁董事，如果一家公司董事会中至少存在一位兼任董事长或总经理的连锁董事，则将其赋值为 1，如果公司不存在兼任董事长或总经理的连锁董事，则将其赋值为 0；针对公司董事会中是否存在学历较高的连锁董事，如果一家公司董事会中至少存在一位学历为研究生及以上的连锁董事，则将其赋值为 1，如果不存在学历为研究生及以上的连锁董事，则将其赋值为 0。通过上述数据处理，分别计算出女性连锁董事所在的上市公司数量、独立连锁董事所在的上市公司数量、兼任连锁董事所在的上市公司数量、学历为研究生及以上的连锁董事所在的上市公司数量，以此分析与评价连锁董事的异质性特征的影响。

4.4 连锁董事的特征与综合评价

4.4.1 连锁董事个人特征分析与综合评价

为分析A股上市公司连锁董事的整体与结构分布状况，本书基于17131个连锁董事样本，具体分析连锁董事总人数、连锁董事年龄结构、连锁董事性别结构、连锁董事独立性、连锁董事是否兼任董事长或者总经理、连锁董事学历结构在时间维度下的结构性分布状况与时间变化趋势特征，并基于此对连锁董事数据做出客观的事实评价，初步把握连锁董事在个人层面的数据分布情况，为后续实证研究提供相关依据。具体做法如下，从整体与异质性特征两个层面，按照特征结构与时间趋势对连锁董事总人数、连锁董事年龄结构、连锁董事性别结构、连锁董事学历结构、连锁董事是否兼任与连锁董事是否独立六大特征进行分析，在此基础上绘制柱状时间趋势图，详细观察连锁董事个人特征整体与异质特征的分布状况。

（1）连锁董事总人数的时间趋势分析

为分析连锁董事总人数在时间维度下的分布状况，绘制连锁董事总人数的时间趋势，如图4-1所示。从图中可分析得出，连锁董事总人数的时间趋势呈现出以下特征：从整体变化趋势来看，2009—2020年，我国在上市公司中担任连锁董事职位的人数呈逐年上升趋势。由745人上升至2183人，12年内人数增长1438人，增长率接近200%，这期间，2015—2016年增长人数最多，为228人，2012—2013年增长人数最少，为30人。可见，我国上市公司中连锁董事的人数在逐年增长，连锁董事构建的社会网络日益庞大，连锁董事在董事会中的作用越来越重要，连锁董事将对企业社会责任行为扩散产生重要影响。

（2）连锁董事年龄结构的时间趋势分析

为分析连锁董事年龄结构变化，本书将连锁董事的年龄划分为5个层次，分别为20~29岁，30~39岁，40~49岁，50~59岁与60岁及以上，并绘制年龄结构柱状图。同时，在年龄结构柱状图中加入时间维度，体现连锁董事年龄结构的时间趋势，如图4-2所示。

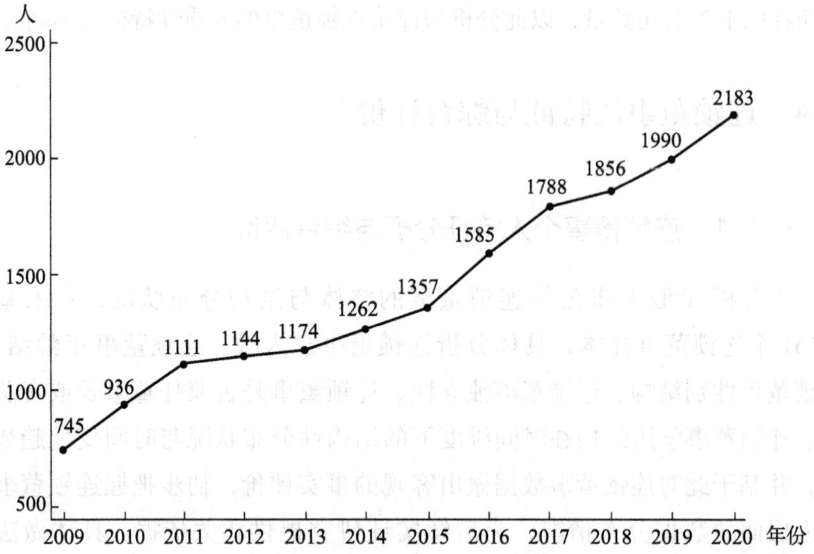

图 4-1　连锁董事总人数的时间趋势

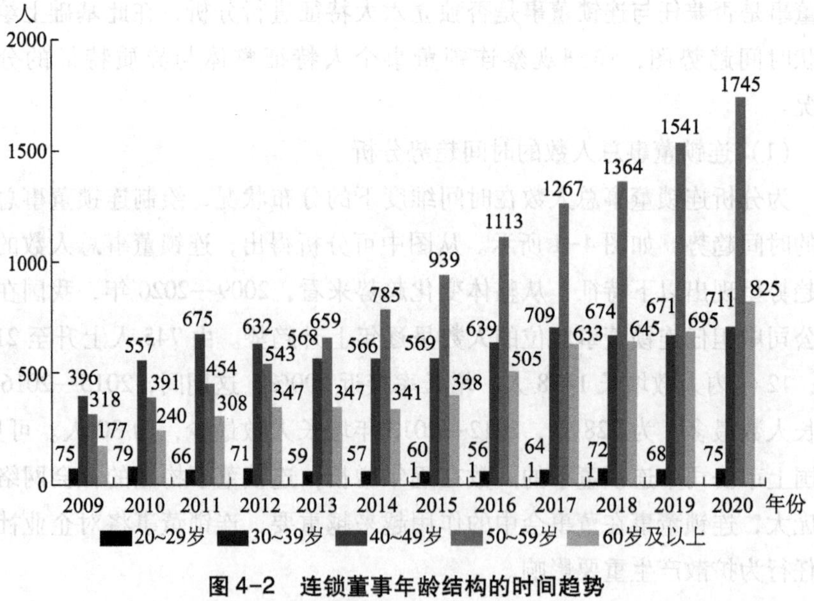

图 4-2　连锁董事年龄结构的时间趋势

统计样本中连锁董事年龄结构的分布状况与时间趋势呈现以下特征：从年龄结构来看，大多数连锁董事年龄在 40 岁以上，2009—2012 年占比最高的年龄段是 40～49 岁，2013—2020 年，占比最高的年龄段是 50～59 岁。分布较少的年龄段是 30～39 岁，分布最少的年龄段是 20～29 岁。这说明就连锁董事的年龄结构来看，上市公司倾向于聘用年龄较高的连锁董事，这是因为年龄能够代表和传递连锁董事所拥有的能力、经验与资源。我国上市公司中担任连锁董事的人员年龄大多数处于40岁及以上，且随着时间的推移40岁及以上的连锁董事人数越来越多。可以预见，随着年龄的增长，连锁董事的经验日益丰富，能够对企业社会责任行为的扩散产生积极影响。

（3）连锁董事性别结构的时间趋势分析

为进一步分析连锁董事性别结构的时间趋势，本书利用2009—2020年中国上市公司数据，按年度汇总男性与女性连锁董事人数，绘制柱状时间趋势图，如图4-3所示。女性连锁董事所在上市公司数量的时间趋势呈现出以下特征：①从连锁董事的性别结构来看，大多数上市公司中连锁董事是男性。具体而言，2009年男性连锁董事的人数为671人，女性连锁董事为74人，男性连锁董事人数大约是女性连锁董事人数的9倍；2020年男性连锁董事为1785人，女性连锁董事为398人，男性连锁董事人数大约是女性连锁董事人数的4倍。可以看出，上市公司中男性连锁董事人数远超过女性连锁董事人数。②从时间趋势来看，女性连锁董事人数在时间维度下呈现出快速增长的趋势，男性连锁董事的人数呈缓慢增长趋势。具体来说，女性连锁董事的人数从2009年的74人增至2020年的398人，人数增长324人，增长速度达437.84%，人数增长明显。总而言之，在样本研究期间上市公司的董事会中男性连锁董事多于女性连锁董事的现象十分普遍，并且随着时间的推移女性连锁董事人数越来越多，女性连锁董事逐渐成为连锁董事网络中的核心角色，占连锁董事总体的比例也越来越高。

（4）连锁董事学历结构的时间趋势分析

为进一步分析连锁董事学历结构随时间变化的趋势，本书将17131个连锁董事调查样本的学历分为6档，从低到高依次为“中专及中专以下”“大专”“本科”“硕士”“博士”“MBA/EMBA”，之后剔除了3882个无连锁董事个人学历数据的样本，共得到13249个连锁董事学历样本，在此基础上按照年度与学历分类汇总连锁董事人数，绘制柱状时间趋势图，如图4-4所示。

连锁董事的学历特征具体如下：①从学历结构来看，大多数连锁董事学历是本科、硕士或博士，少部分连锁董事的学历为中专及中专以下、大专、MBA/EMBA。具体而言，2009年学历为中专及中专以下的连锁董事仅

2 人，大专 29 人，本科 129 人，硕士 142 人，博士 143 人，MBA/EMBA 18 人，学历为中专及中专以下、大专和 MBA/EMBA 的连锁董事总人数为 49 人，学历为本科、硕士与博士的连锁董事总人数为 414 人；2020 年学历为中专及中专以下的连锁董事仅 1 人，大专 35 人，本科 345 人，硕士 587 人，博士 693 人，MBA/EMBA 28 人，学历为中专及中专以下、大专和 MBA/EMBA 的连锁董事总人数为 64 人，学历为本科、硕士与博士的连锁董事总人数为 1625 人，远超过大专及大专以下和 MBA/EMBA 总人数。同时，学历为博士的连锁董事人数大于硕士学历、本科学历的人数，连锁董事呈现出高学历的特点。②从时间趋势来看，2009 年学历为中专及中专以下、大专与 MBA/EMBA 三类的连锁董事总人数为 49 人，2020 年为 64 人，这三类学历在样本研究期间变化不大；学历为本科、硕士与博士的连锁董事人数在 2009—2020 年增势明显，2009 年这三类学历的连锁董事总人数为 414 人，2020 年为 1625 人，其中博士学历的连锁董事人数增长最为迅速，从 143 人增长至 693 人，增速达 384.62%。总而言之，近年来连锁董事的学历越来越高，学历成为连锁董事能力、经验等的象征，也说明人力资源市场对连锁董事能力要求越来越高，连锁董事逐渐成为上市公司决策主体的核心之一。

图 4-3　连锁董事性别结构的时间趋势

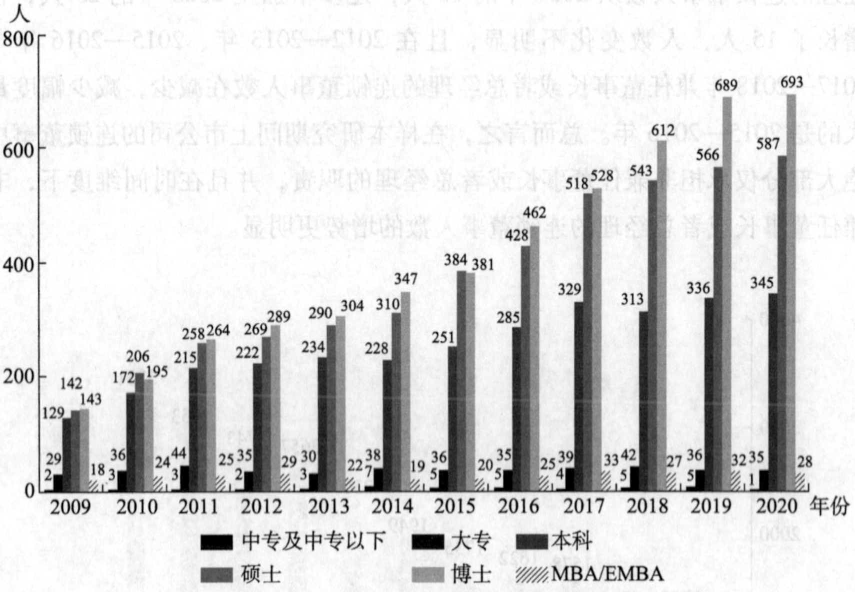

图 4-4 连锁董事学历结构的时间趋势

（5）兼任董事长或者总经理的连锁董事人员结构的时间趋势分析

为进一步分析兼任董事长或者总经理的连锁董事人员结构的时间趋势，本书利用 2009—2020 年中国上市公司兼任与非兼任连锁董事的人数，按照年度与是否兼任的分类结构进行汇总，统计不同类别的连锁董事人数，绘制柱状时间趋势图，如图 4-5 所示。兼任董事长或者总经理的连锁董事人数在时间维度下呈现出以下特征：①从人员结构差异来看，大多数上市公司中的连锁董事在董事会内部不会兼任董事长或者总经理。具体而言，2009 年非兼任董事长或者总经理的连锁董事人数为 956 人，兼任董事长或者总经理的连锁董事人数为 10 人，两者数量相差约 100 倍；2020 年兼任董事长或者总经理的连锁董事人数为 25 人，非兼任董事长或者总经理的连锁董事人数为 3331 人，大约是兼任董事长或者总经理人数的 133 倍。无论在哪一年，非兼任董事长或者总经理的连锁董事人数均远超于兼任董事长或总经理的连锁董事人数。②从时间趋势来看，非兼任董事长或者总经理的连锁董事人数呈现出快速增长的趋势，而兼任董事长或者总经理的连锁董事人数稳定在 20 人左右。具体来说，非兼任董事长或者总经理的连锁董事人数从 2009 年的 956 人增长至 2020 年的 3331 人，差值达 2375 人，人员数量变化明显，增长速度达 248. 43%。相对而言，兼任董事长或者总经理的连锁董事人数从2009年的10人，逐步增加至2020年的25人，仅增长了15人，人数变化不明显，且在2012—2013年、2015—2016年与2017—2018年兼任董事长或者总经理的连锁董事人数在减少，减少幅度最大的是2015—2016年。总而言之，在样本研究期间上市公司的连锁董事中绝大部分仅承担非兼任董事长或者总经理的职责，并且在时间维度下，非兼任董事长或者总经理的连锁董事人数的增势更明显。

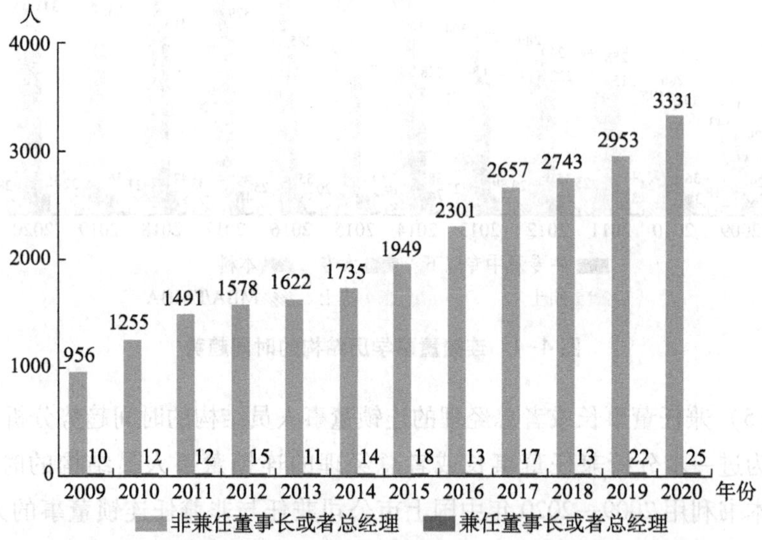

图4-5　兼任董事长或者总经理的连锁董事人员结构的时间趋势

（6）连锁董事人员结构的时间趋势分析

本章将连锁董事分为独立连锁董事与非独立连锁董事两个类别，按照年度进行汇总，绘制柱状时间趋势图，如图4-6所示。独立连锁董事人数的时间趋势呈现出以下特征：①大多数连锁董事是独立的。2009年非独立连锁董事人数为295人，独立连锁董事人数为671人，大约是非独立连锁董事人数的2倍；2020年非独立连锁董事为569人，独立连锁董事人数为2787人，大约是非独立连锁董事人数的5倍；非独立连锁董事人数远少于独立连锁董事人数。②从时间趋势来看，独立连锁董事人数呈现出快速增长的趋势，而非独立连锁董事人数的变化相对较小，甚至出现了负增长的情况。具体来说，独立连锁董事人数从2009年的671人增至2020年的2787人，差值达2116人，人数变化明显。相对而言，非独立连锁董事人数从2009年的295人增至2020年的569人，增长了274人，人数变化相较于独立连锁董事不明显。总而言之，在样本研究期间上市公司中担任连锁董事的人员大多为独立连锁董事，即连锁董事在董事会中的存在形式普遍是独立的，且人数逐年稳步增长。

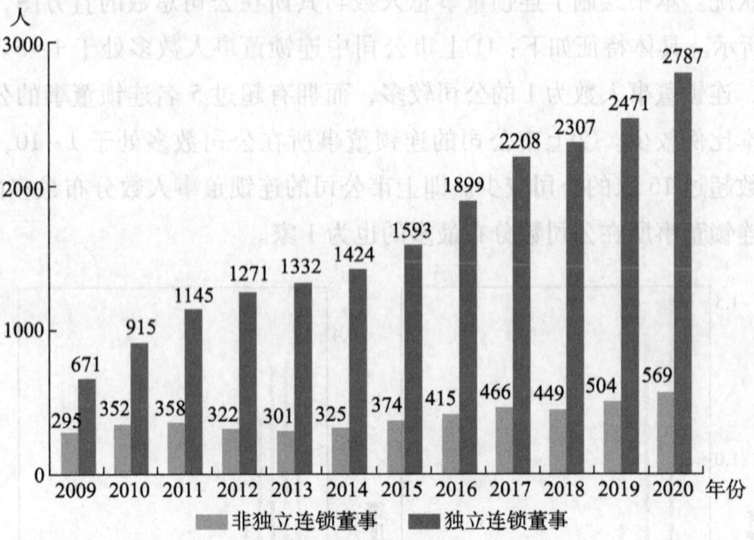

图 4-6 连锁董事人员结构的时间趋势

4.4.2 连锁董事所在公司特征分析与综合评价

基于连锁董事个人特征分析，本书进一步对连锁董事所在公司的特征进行分析与综合评价。首先，统计上市公司样本中连锁董事的人数与连锁董事所在的公司数，绘制连锁董事人数与连锁董事所在公司数的直方图，观察其分布状况。其次，在统计连锁董事直方图频数的基础上，加入时间维度，分析有连锁董事的上市公司数量，有女性连锁董事的上市公司数量、有独立连锁董事的上市公司数量、有兼任连锁董事的上市公司数量、有学历为研究生及以上连锁董事的上市公司数量的时间趋势。

(1) 连锁董事所在公司的统计特征分析

本节从连锁董事所在公司的特征出发，分析连锁董事在上市公司中的分布状况，包括连锁董事人数与所在公司数两个角度。具体而言，利用直方图观察连锁董事总人数与其所在公司总数、女性连锁董事人数与其所在公司数、独立连锁董事人数与其所在公司数、兼任连锁董事人数与其所在公司数、学历为研究生及以上的连锁董事人数与其所在公司数五个方面的分布特征。

1）连锁董事总人数与其所在公司总数

为全面分析与把握中国上市公司连锁董事总人数与其所在公司总数的分布状况。本书绘制了连锁董事总人数与其所在公司总数的直方图，如图4-7所示。具体特征如下：①上市公司中连锁董事人数多处于1~5。具体而言，连锁董事人数为1的公司较多，而拥有超过5名连锁董事的公司占总样本比例较少。②上市公司的连锁董事所在公司数多处于1~10，所在公司数超过15家的公司较少。即上市公司的连锁董事人数分布最多的是1人，连锁董事所在公司数分布最多的也为1家。

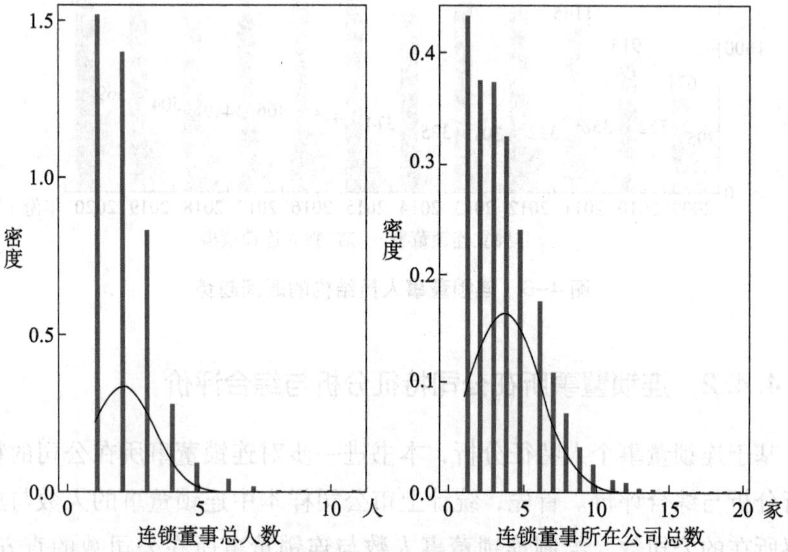

图4-7 连锁董事总人数与其所在公司总数

2）女性连锁董事人数与其所在公司数

由上节内容可以看出，连锁董事的性别结构会影响连锁董事的分布，女性在任职连锁董事的过程中起着重要作用。基于此，为分析与把握中国上市公司中女性连锁董事人数与其所在公司数的分布状况，本书绘制了直方图，如图4-8所示。具体特征如下：①上市公司中女性连锁董事人数大多数处于0~3。具体而言，女性连锁董事人数为1的公司较多，人数为2和3的公司也较多，女性连锁董事的人数未超过10，且存在没有女性连锁董事的公司。②上市公司中女性连锁董事所在公司数多处于1~4，超过5的较少。综合而言，大多数上市公司中女性连锁董事是1人，最多不会超过 10 人；大多数上市公司中女性连锁董事所在公司数为 1，最多为 11。

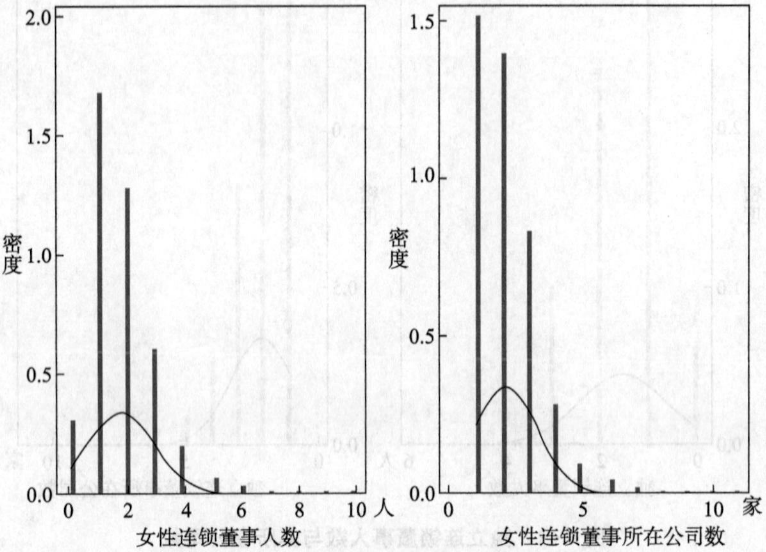

图 4-8　女性连锁董事人数与其所在公司数

3）独立连锁董事人数与其所在公司数

为分析与把握中国上市公司中独立连锁董事人数与其所在公司数的分布状况，本书绘制了独立连锁董事人数与其所在公司数的直方图，如图 4-9 所示。具体特征如下：①上市公司中独立连锁董事人数多处于 1~3。其中，独立连锁董事人数为 1 的上市公司较多，独立连锁董事人数为 2 和 3 的上市公司也较多，独立连锁董事人数最多为 6，且存在没有独立连锁董事的上市公司。②上市公司中独立连锁董事所在公司数多处于 1~4，超过 5 的较少。即大多数上市公司中独立连锁董事人数是 1，最多不超过 6；大多数上市公司中独立连锁董事所在公司数为 1，最多为 11。

4）兼任连锁董事人数与其所在公司数

为分析与把握中国上市公司中兼任连锁董事人数与所在公司数的分布状况，本书绘制了兼任连锁董事人数与其所在公司数的直方图，如图 4-10 所示。具体特征如下：绝大部分上市公司没有兼任连锁董事，极少数上市公司有 1 位兼任连锁董事。这是因为连锁董事大多由独立董事担任，而独立董事不会兼任公司内部其他职务。

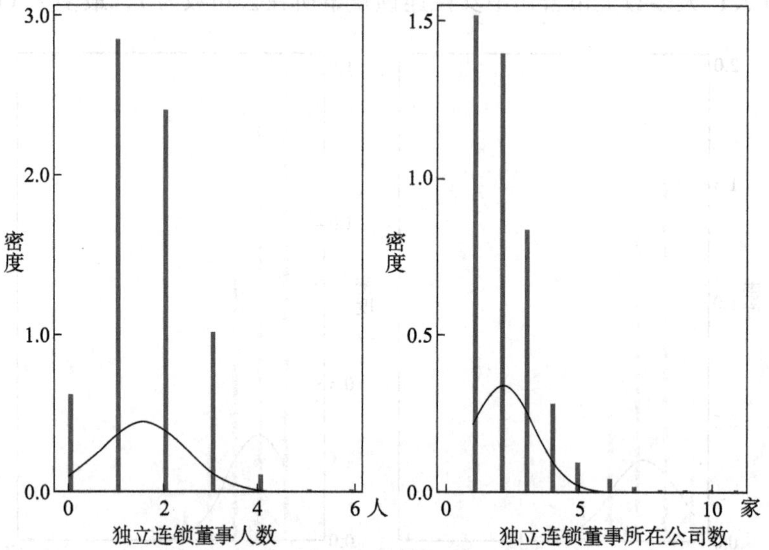

图 4-9　独立连锁董事人数与其所在公司数

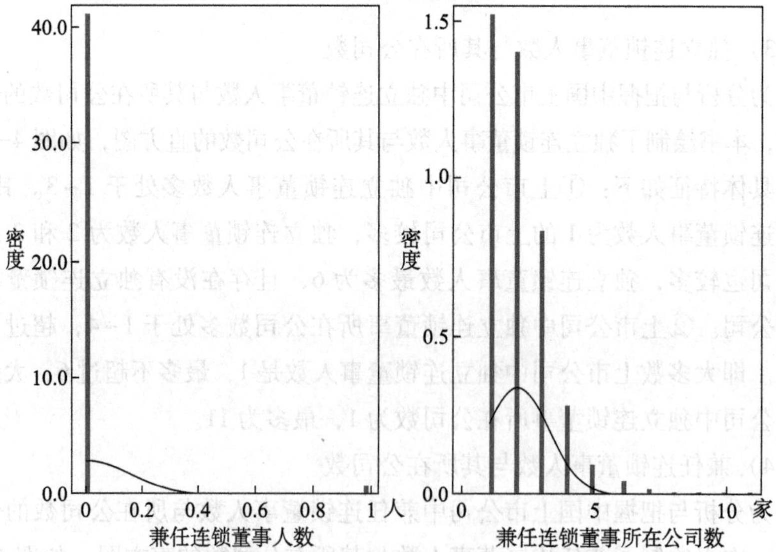

图 4-10　兼任连锁董事人数与其所在公司数

5）学历为研究生及以上的连锁董事人数与其所在公司数

为分析与把握中国上市公司中学历为研究生及以上的连锁董事人数与其所在公司数的分布状况，本书绘制了学历为研究生及以上的连锁董事人数与其所在公司数的直方图，如图 4-11 所示。具体特征如下：上市公司中学历为研究生及以上的连锁董事人数多处于 1~3。其中，研究生及以上学历的连锁董事人数为 1 的上市公司最多，人数为 2 和 3 的上市公司也较多，上市公司中学历为研究生及以上的连锁董事人数未超过 6，且存在没有研究生及以上学历的连锁董事的公司。

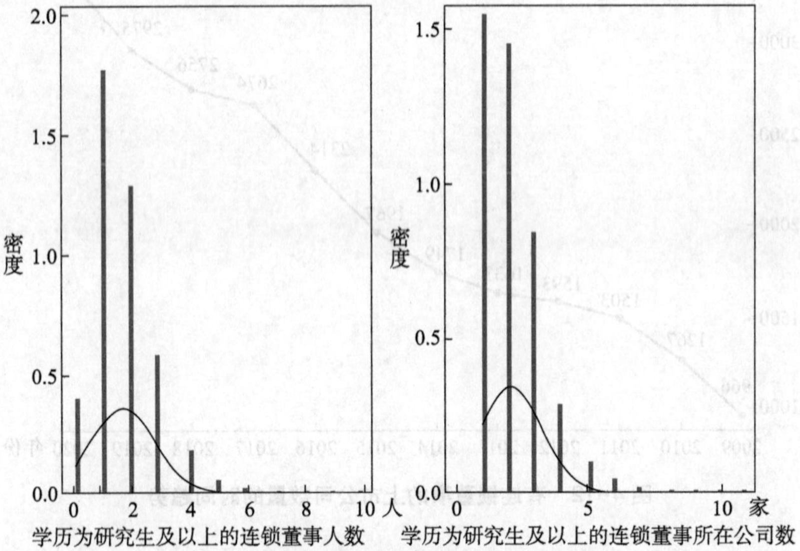

图 4-11　学历为研究生及以上的连锁董事人数与其所在公司数

（2）连锁董事所在公司的时间趋势分析

1）拥有连锁董事的上市公司数量的时间趋势分析

为全面分析 2009—2020 年我国拥有连锁董事的上市公司数量的时间趋势，本书按照年度进行汇总处理并绘制柱状时间趋势图，如图 4-12 所示。具体特征如下：①从整体时间趋势来看，拥有连锁董事的上市公司数量随时间推移呈近乎直线式增长。2009 年拥有连锁董事的上市公司为 966 家，2020 年增长至 3356 家，为 2009 年公司数的 3 倍多，增长率达 247%，增速十分明显。这说明我国上市公司拥有连锁董事已经成为一个普遍的现象，连锁董事网络日益庞大且复杂。②从间断式时间趋势来看，2009—2013 年属于缓慢增长阶段，而 2013—2020 年属于快速增长阶段。在缓慢增长阶段，拥有连锁董事的上市公司数量变化最大的区间是 2009—2010 年，增长了 301 家，变化最少的区间是 2012—2013 年，仅增长 40 家。在快速增长阶段，拥有连锁董事的上市公司数量变化最大的区间是 2019—

2020年，增长了381家，变化最少的区间是在2017—2018年，仅增长82家。总之，我国拥有连锁董事的上市公司数量日益庞大，连锁董事逐渐在公司决策中发挥着重要作用，影响着企业经营决策等活动。

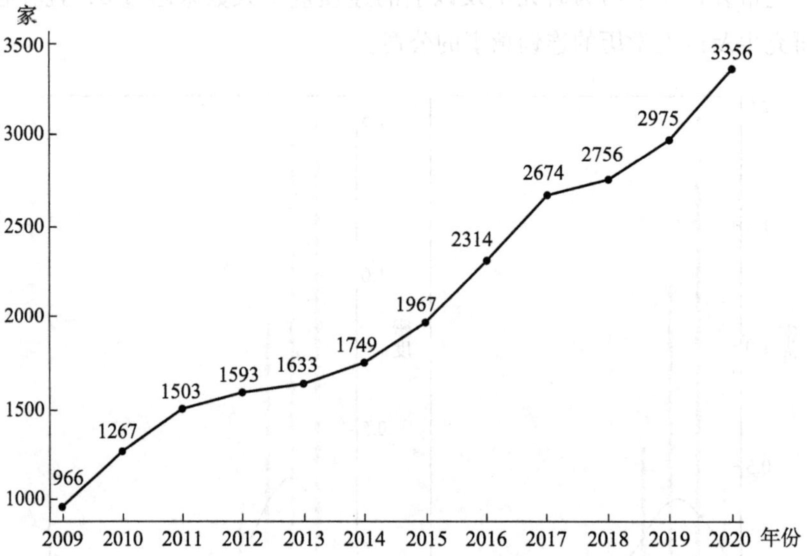

图4-12　有连锁董事的上市公司数量的时间趋势

2）有女性连锁董事的上市公司数量的时间趋势分析

为进一步分析有女性连锁董事的上市公司数量的时间趋势，将上市公司样本分为连锁董事全部为男性与至少有一位女性连锁董事两类，并按照年度进行汇总，绘制柱状时间趋势图，如图4-13所示。具体特征如下：①从数量上看，大多数上市公司至少有一位女性连锁董事。2009年连锁董事全部为男性的上市公司为46家，而至少有一位女性连锁董事的上市公司为920家，是连锁董事全部为男性的上市公司数量的20倍；2020年连锁董事全部为男性的上市公司为303家，至少有一位女性连锁董事的上市公司为3053家，大约是连锁董事全部为男性的上市公司数量的10倍。虽然女性连锁董事人数持续上升（这是由上市公司数量不断增加造成的），但是女性在连锁董事中的比例却有所下降，说明女性连锁董事的话语权并未得到提升。②从时间趋势来看，有女性连锁董事的上市公司数量呈现出快速增长的趋势，而全部为男性连锁董事的上市公司数量增长缓慢。具体来说，至少有一位女性连锁董事的上市公司从2009年的920家增至2020年的3053家，差值达2133家，数量增长明显。相对而言，全部为男性连锁董事的上市公司从2009年的46家增长至2020年的303家，差值为257家，明显低于至少有一位女性连锁董事的上市公司数量。总之，在样本研究期间上市公司中有女性连锁董事的现象十分普遍，女性连锁董事在企业履行社会责任的过程中发挥的作用越来越重要。

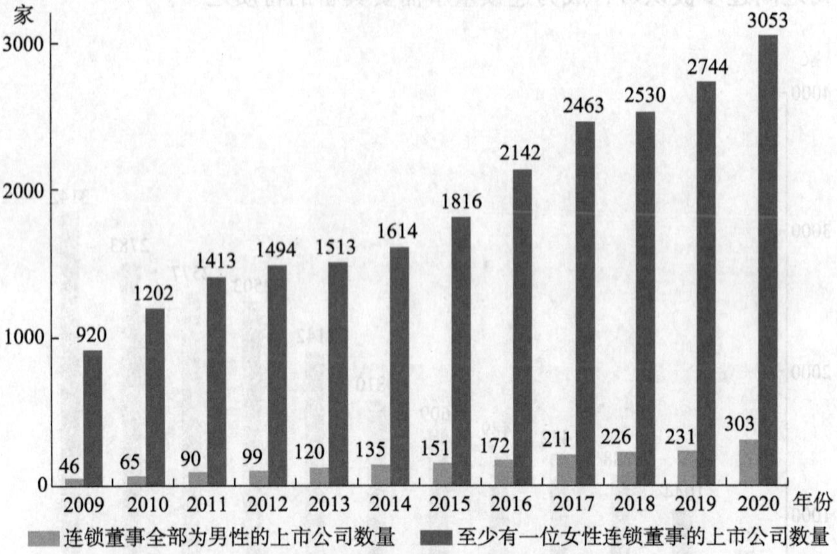

图4-13　有女性连锁董事的上市公司数量的时间趋势

3）有独立连锁董事的上市公司数量的时间趋势分析

为进一步分析有独立连锁董事的上市公司数量的时间趋势，本书将上市公司样本分为有独立连锁董事与无独立连锁董事两类，并按照年度进行汇总，绘制柱状时间趋势图，如图4-14所示。具体特征如下：①大多数上市公司的连锁董事是独立的。2009年无独立连锁董事的上市公司为205家，有独立连锁董事的上市公司为761家，大约是无独立连锁董事上市公司数量的4倍；2020年无独立连锁董事的上市公司为214家，有独立连锁董事的上市公司为3142家，大约是无独立连锁董事上市公司数量的15倍，即有独立连锁董事的上市公司数量远大于无独立连锁董事的上市公司数量。②从时间趋势来看，有独立连锁董事的上市公司数量呈现出快速增长趋势，而无独立连锁董事的上市公司数量变化较小，甚至出现了负增长的情况。具体来说，有独立连锁董事的上市公司从2009年的761家增至2020年的3142家，差值达2381家，数量变化明显。相对而言，无独立连锁董事的上市公司从2009年的205家增至2020年的214家，仅增长了9

家，数量变化不明显，且在2010—2014年无独立连锁董事的上市公司数量逐年减少，减少程度最明显的区间是2011—2012年，减少了54家。总之，在样本研究期间上市公司董事会中的连锁董事其存在形式普遍是独立的，且拥有独立连锁董事的上市公司数量越来越多，连锁董事的独立性在上市公司之间逐步被认可，成为连锁董事需要具备的特质之一。

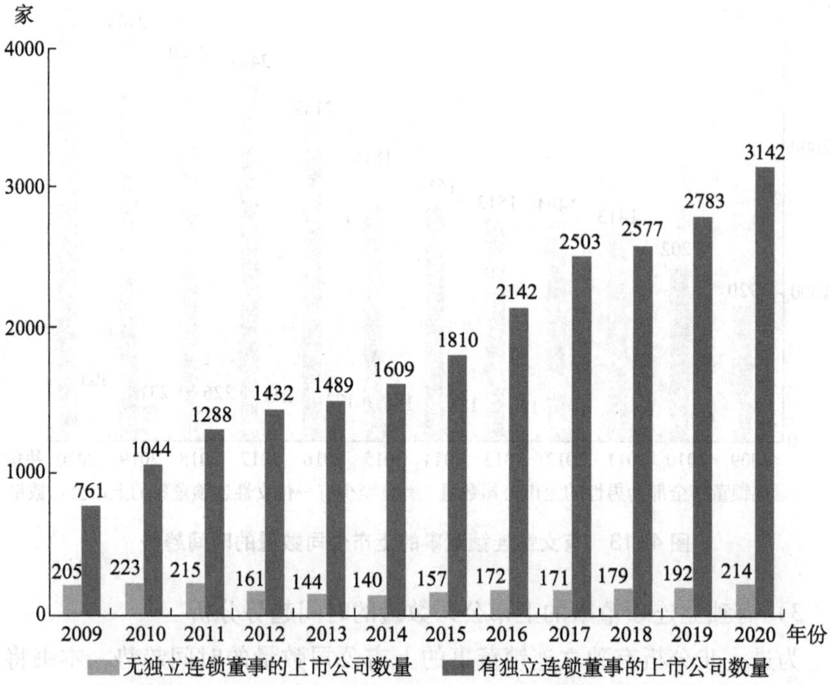

图 4-14　有独立连锁董事的上市公司数量的时间趋势

4）有兼任连锁董事的上市公司数量的时间趋势分析

为进一步分析有兼任连锁董事的上市公司数量的时间趋势，将上市公司调查样本分为上市公司中无兼任连锁董事与上市公司中至少有一位兼任连锁董事两类，并按照年度进行汇总，绘制柱状时间趋势图，如图4-15所示。具体特征如下：①从两类调查样本的数量差异来看，大多数上市公司中的连锁董事不会在董事会内部兼任董事长或者总经理。2009年至少有一位兼任连锁董事的上市公司为25家，无兼任连锁董事的上市公司为941家，大约是至少有一位兼任连锁董事的上市公司数量的38倍；2020年至少有一位兼任连锁董事的上市公司为54家，无兼任连锁董事的上市公司为

3302 家，大约是至少有一位兼任连锁董事的上市公司数量的 61 倍。无论在哪一年，至少有一位兼任连锁董事的上市公司数量均远小于无兼任连锁董事的上市公司数量。②从时间趋势来看，无兼任连锁董事的上市公司数量呈现出快速增长的趋势，而至少有一位兼任连锁董事的上市公司稳定在 30 家左右，甚至出现了负增长的情况。具体来说，无兼任连锁董事的上市公司从 2009 年的 941 家增加至 2020 年的 3302 家，数量差值达 2361 家，差异明显。相对而言，至少有一位兼任连锁董事的上市公司从 2009 年的 25 家，逐步增至 2020 年的 54 家，仅增长了 29 家，数量差异不明显，且在 2011—2013 年、2015—2016 年与 2017—2018 年至少有一位兼任连锁董事的上市公司数量在减少，减少程度最大的区间是 2017—2018 年，减少了 15 家。总之，在样本研究期间上市公司中连锁董事普遍不会在董事会中兼任董事长或者总经理，且随着时间的推移无兼任连锁董事的上市公司数量越来越多，连锁董事在董事会中不兼任董事长或者总经理的普遍性是形成连锁董事网络的重要特质。

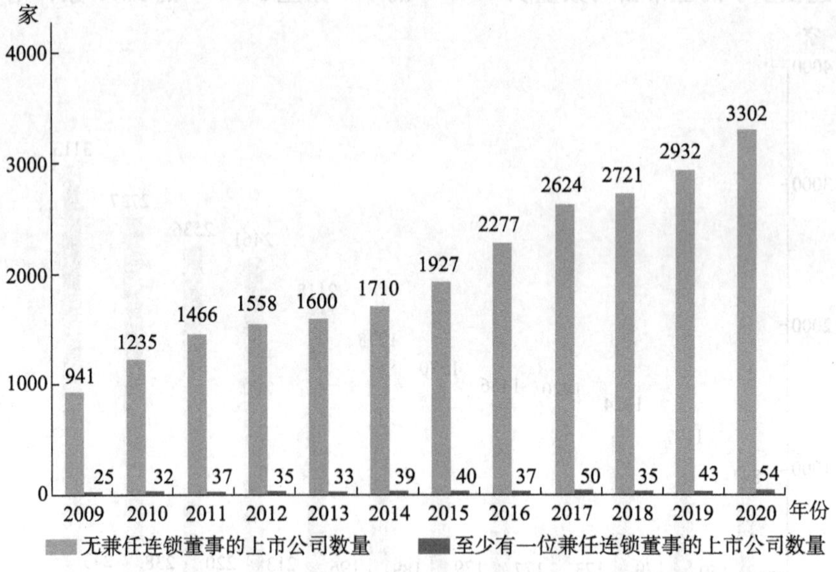

图 4-15　有兼任连锁董事的上市公司数量的时间趋势

5）有学历为研究生及以上连锁董事的上市公司数量的时间趋势分析

为进一步分析有学历为研究生及以上连锁董事的上市公司数量的时间趋势，将上市公司样本分为上市公司中至少有一位研究生及以上学历连锁董事与上市公司中无研究生及以上学历连锁董事两类，并按照年度进行汇总，绘制柱状时间趋势图，如图 4-16 示。具体特征如下：①大多数上市公司至少有一位研究生及以上学历连锁董事。2009 年无研究生及以上学历连锁董事的上市公司为 125 家，至少有一位研究生及以上学历连锁董事的上市公司为 841 家，大约是无研究生及以上学历连锁董事的上市公司数量的 7 倍；2020 年无研究生及以上学历连锁董事的上市公司为 243 家，有至少一位研究生及以上学历连锁董事的上市公司为 3113 家，大约是无研究生及以上学历连锁董事的上市公司数量的 13 倍；无论在哪一年，无研究生及以上学历连锁董事的上市公司数量均远小于至少有一位研究生及以上学历连锁董事的上市公司数量。②从时间趋势来看，至少有一位研究生及以上学历连锁董事的上市公司数量呈现出快速增长的趋势，而无研究生及以上学历连锁董事的上市公司数量则呈现出小幅度增长趋势。具体来说，无研究生及以上学历连锁董事的上市公司从 2009 年的 125 家增至 2020 年的 243 家，差值为 118 家，差异不明显。相对而言，至少有一位研究生及以上学历连锁董事的上市公司数量从 2009 年的 841 家至 2020 年的 3113 家，增长

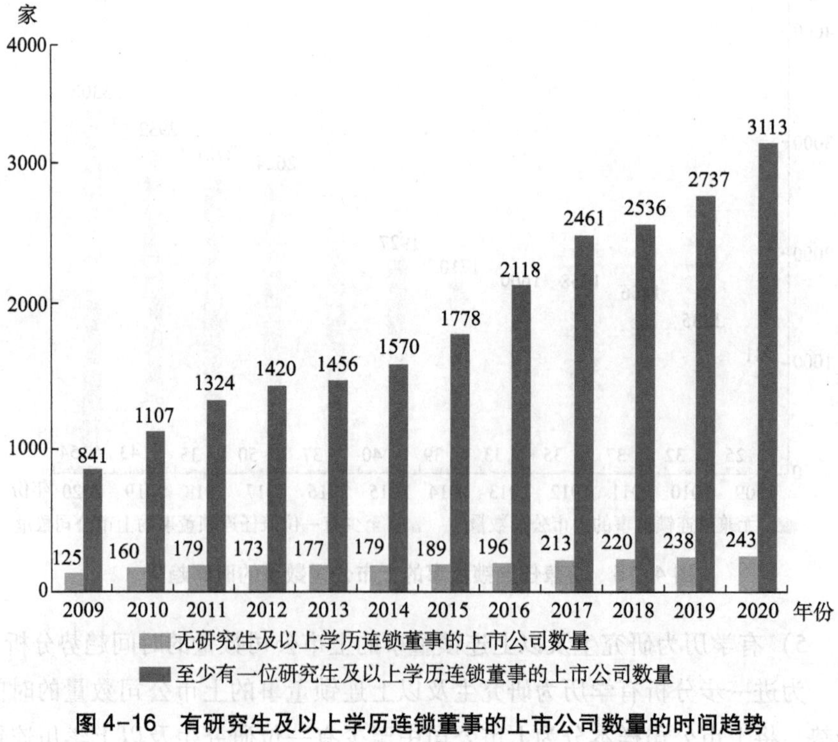

图 4-16　有研究生及以上学历连锁董事的上市公司数量的时间趋势

了2272家，数量差异明显。总而言之，在样本研究期间上市公司的董事会中连锁董事普遍都是高学历，且学历集中在研究生及以上。学历成为连锁董事经验、资源与良好能力的间接证明，这也从侧面反映出连锁董事网络所具有的良好联动作用。

4.5 本章小结

本章首先回顾了连锁董事制度的发展历程，阐释了连锁董事的概念特征，确定连锁董事样本的选择依据、数据来源及测量方法。随后，基于连锁董事个人特征和所在公司特征进行了综合评价。研究发现中国上市公司的连锁董事具有以下特点：

从连锁董事个人特征分析来说，2009—2020年上市公司董事会中的连锁董事人数在不断增长，连锁董事个人特质表现为工作经验丰富，学历高、普遍为本科以上学历，男性独立董事的比例远大于女性，连锁董事大多数是独立的且未在上市公司内部兼任董事长或者总经理等职务。这说明，我国的独立董事制度逐步健全，同时，连锁董事丰富的经验、学识以及其自身拥有的资源也将对企业社会责任行为的扩散起到积极作用。

从连锁董事所在公司特征分析来说，基于直方图的统计特征分析，连锁董事总人数与所在公司总数集中分布于1~5与1~10，公司联结的连锁董事人数与所在公司数已形成巨大的连锁董事网络规模，资源等各类要素在连锁董事网络中的传递条件日益成熟。从时间趋势的分析来看，连锁董事所联结的公司网络越来越大，女性连锁董事、独立连锁董事、非兼任连锁董事、研究生及以上学历连锁董事能联结更多的公司，更能发挥连锁董事的网络效应。

5

企业社会责任的履行状况与评价

本章主要对中国企业社会责任履行现状进行科学评价，首先，针对企业社会责任的制度背景，从思想渊源、国际发展、国内发展三个角度进行了分析；其次，对企业社会责任的概念特征进行了提炼与概括；再次，利用上市公司数据，从整体维度，以及股东责任、员工责任、供应商和客户及消费者权益责任、环境责任、社会责任各分维度对企业社会责任进行了客观评价。

5.1 企业社会责任的制度背景

(1) 思想渊源

早在18世纪中后期英国完成第一次工业革命后，现代意义上的企业就有了充分发展，但企业社会责任观念尚未出现，实践中的企业社会责任受限于业主个人的道德行为。企业社会责任思想的起源是亚当·斯密（Adam Smith）的“看不见的手”。古典经济学理论认为，一个社会通过市场能够较好地确定其需要，如果企业尽可能高效率地使用资源以提供社会需要的产品和服务，并以消费者愿意支付的价格销售它们，企业就尽到了自身的社会责任。

18世纪末期，西方企业的社会责任观开始发生微妙变化，小企业的业主们经常资助学校、教堂和穷人。

进入19世纪，两次工业革命的成果带来了社会生产力的飞跃，企业在数量和规模上有了较大程度的发展。这个时期受“社会达尔文主义”思潮的影响，人们对企业的社会责任观是持消极态度的，许多企业并不主动承担社会责任，而是对与企业有密切关系的供应商和员工等极尽盘剥，以求尽快变成社会竞争的强者，这种理念随着工业的大力发展产生了许多负面影响。

与此同时，19世纪中后期企业制度逐渐完善，劳动阶层维护自身权益的要求不断高涨，加之美国政府接连出台《反托拉斯法》和《消费者保护法》以抑制企业不良行为，客观上对企业履行社会责任提出了新的要求，企业社会责任观念的出现成为历史必然。

（2）国际社会责任的发展

随着经济和社会的进步，企业不仅要对盈利负责，而且要对环境负责，并承担相应的社会责任。国际社会责任的发展经历了以下几个阶段。

1）盈利至上阶段

此阶段为20世纪50—70年代。1970年，诺贝尔奖获得者、经济学家米尔顿·弗里德曼在《纽约时报》刊登题为《企业的社会责任是增加利润》的文章，指出“公司主管人员除为股东尽量赚钱之外应承担社会责任”“企业的一项也是唯一的社会责任是在比赛规则范围内增加利润”。社会经济观认为，利润最大化是企业的第二目标，企业的第一目标是保证自身生存。为实现这一点，它们必须承担社会责任以及由此产生的社会成本。它们必须以不污染、不歧视、不从事欺骗性广告宣传等方式来保护社会福利，它们必须融入自己所在的社区及资助慈善组织，从而在改善社会中扮演积极的角色。

1976年，经济合作与发展组织（OECD）制定了跨国公司行为准则，这是迄今为止唯一由政府签署并承诺执行的多边、综合性跨国公司行为准则。该准则虽然对任何国家或公司都没有约束力，但要求更加保护利害相关人士和股东的权利，提高透明度，并加强问责制。2000年，该准则重新修订，进一步强调了签署国政府在促进和执行准则方面的责任。

2）关注环境阶段

此阶段为20世纪80—90年代。20世纪80年代，企业社会责任运动开始在欧美发达国家逐渐兴起，包括环保、劳工和人权等方面的内容，由此导致消费者的关注点由仅关心产品质量，转向关心产品质量、环境、职业健康、劳动保障等多个方面。一些涉及绿色和平、环保、社会责任、人权等方面的非政府组织以及舆论也不断呼吁，要求社会责任与贸易挂钩。迫于日益增大的压力和自身发展需要，很多欧美跨国公司纷纷制定对社会做出必要承诺的责任守则（包括社会责任），通过环境、职业健康、社会责任认证等内容适应不同利益团体的需要。

3）社会责任运动阶段

此阶段为20世纪90年代至今。20世纪90年代初期，美国劳工及人权组织针对成衣业和制鞋业发动“反血汗工厂运动”。利用“血汗工厂”制度生产产品的美国服装制造商Levi-Strauss被新闻媒体曝光后，为挽救其公众形象，制定了第一份公司生产守则。在劳工和人权组织等非政府组织（NGO）和消费者的压力下，许多知名品牌公司也相继建立了生产守则，后演变为“企业生产守则运动”，又称“企业行动规范运动”或“工厂守则运动”。企业生产守则运动的直接目的是促使企业履行社会责任。

然而，这种跨国公司自己制定的生产守则有着明显的商业目的，而且其实施状况也无法得到社会监督。在劳工组织、人权组织等NGO的推动下，企业生产守则运动由跨国公司“自我约束”（self-regulation）的“内部生产守则”逐步转变为“社会约束”（social regulation）的“外部生产守则”。

到2000年，全球共有246个生产守则，其中除118个是由跨国公司制定的外，其余皆由商贸协会、多边组织和国际机构制定，即所谓的“社会约束”生产守则。2000年7月，全球契约论坛第一次高级别会议召开，参加会议的50多家跨国公司代表承诺：在建立全球化市场的同时，要以全球契约为框架，改善工人工作环境，提高环保水平。

2001年2月，全球工人社会联盟公布了一份长达106页的由耐克公司资助完成的报告。报告的内容是关于印尼9家耐克合约工厂的劳工调查。这份报告的新意在于它是由耐克出资完成并公布的。耐克对这些问题的反映将会为服装公司设立新的基准。2002年2月，在纽约召开的世界经济峰会上，36位首席执行官呼吁企业履行其社会责任，其理论依据：企业社会责任“并非多此一举”，而是核心业务运作中至关重要的一部分。2002年，联合国正式推出联合国全球协约（UN Global Compact）。协约共有9条原则，联合国恳请企业在对待其员工和供货商时都要尊重这9条原则。

(3）中国企业社会责任的发展

企业社会责任作为解决社会问题的有效途径，是一个涉及社会学、伦理学、法学、管理学等多领域的复杂主题，其发展与推行离不开社会培育与制度规范。在中国特色社会主义的制度背景下，我国企业社会责任的发展也具备中国独有的特点。我国制度的发展与企业社会责任的发展相互融合，企业社会责任的发展体现着我国制度要求，我国的制度环境也是企业社会责任发展的基础。我国的企业社会责任起步较晚但发展迅速，主要分为非经济责任阶段、企业社会责任探索阶段与企业社会责任整合阶段。

在非经济责任阶段，我国计划经济制度下所规定的生产性经营组织是由政府对其进行管理，因此企业社会责任承担不具备发展条件。在进入社会主义市场经济时代后，大量私营和国内外合资企业的成立为企业社会责任发展奠定了良好的基础。

随着我国加入世界贸易组织（WTO），国际对企业社会责任的要求使得企业对社会责任的承担开始进入中国视野，企业社会责任理念在我国逐步发展起来。在此期间，为适应国际法律法规，我国商务部于 2004 年发布公告，要求我国出口企业要关注 SA8000 相关规定。于是我国企业为保持与国外企业的同步，开启了一项工厂守则运动，要求出口加工企业以及跨国公司维护劳工的基本权益。例如，SA8000 针对劳动者明确规定，“公司不可雇佣或支持雇佣童工的行为”“公司不可雇佣或支持雇佣强迫性劳工的行为”。随着我国市场经济体制的深化，中国企业转向多种所有制并存；但这个阶段由于我国经济环境、制度环境等层面的建设相对薄弱，企业更多地追求暂时的生存而不是长期的发展，表现出较强的短视性，只注重自身的经营与发展，突出对股东责任的重视、对管理层的关注，而忽视对社会和环境等责任的承担（赵连荣，2005）。另外，着眼于我国产业结构，我国的生产资料单一，供产销的商品、服务等在全球供应链中处于低端地位，国内劳动密集型企业众多。企业为达到既定利润目标，实现自身利益的最大化，压榨员工、劳资纠纷等劳工权益问题层出不穷，三鹿奶粉等各类社会事件频发，社会反响较大，使企业不得不关注对社会责任的承担，展现了我国企业承担社会责任的历史性与必然性。

进入企业社会责任整合阶段，企业社会责任的核心由关注股东角色逐步扩展至多利益相关者，具体包括客户、消费者、供应商、政府、社区等。在法律制度层面，政府大力推动与保障企业社会责任的履行。2005 年，我国基于企业发展环境的新变化对《中华人民共和国公司法》进行了修订，该法融合了企业社会责任的理念，它在强调企业价值最大化的同时，也进一步要求企业必须承担社会责任。例如，该法第五条规定公司从事经营活动，必须遵守法律、行政法规，遵守社会公德、商业道德，诚实守信，接受政府和社会公众的监督，承担社会责任。我国社会责任制度的建立依托于我国宪法、劳动法、劳动合同法、公司法、环境保护法、消费者权益保护法、税法、公益事业捐赠法等诸多法治保障手段。例如，现行公司法第十七条规定“公司职工依照《中华人民共和国工会法》组织工会，开展工会活动，维护职工合法权益。公司应当为本公司工会提供必要的活动条件”；宪法第三十三条规定“中华人民共和国公民在法律面前一律平等”；劳动法第十三条规定“妇女享有与男子平等的就业权利”；消费者权益保护法第八条规定“消费者享有知悉其购买、使用的商品或者接受的服务的真实情况的权利”。这些相关法律的规定，从企业股东、员工、供应商、客户、消费者、政府、社会、环境等多个方面入手，将企业社会责任理念嵌入我国制度建设过程中，实现了社会整体的和谐与统一。从企业社会责任信息披露角度来看，企业社会责任信息的有效披露是企业社会责任建设的重要内容，也是中国推行企业社会责任特色路径之一。2006 年 9 月，深交所颁布了《深圳证券交易所上市公司社会责任指引》（已失效），要求上市公司应当根据其对环境的影响程度制定整体环境保护政策。随后在 2008 年 5 月，上交所也同步鼓励上市公司在披露公司年度报告时披露本公司的社会责任报告，包括企业的环境信息等。2018 年，证监会在《上市公司治理准则》中将环境、社会和公司治理（ESG）信息披露框架加入我国企业治理框架架构中。现阶段，我国企业社会责任的承担已经成为社会的共识和企业生存与发展的硬性要求，承担视角并不仅限于股东、员工、供应商等企业内部利益相关者，还包括企业对社会就业、社区服务、环境污染等各个方面的承担。

2021 年 3 月，我国发布的《关于国民经济和社会发展第十四个五年规划和 2035 年远景目标纲要的决议》也多次强调企业社会责任的承担与履行，此项决议明确要求我国要全面推动民营企业守法合规经营，鼓励民营企业积极履行社会责任、参与社会公益和慈善事业等。我国企业对社会责任的承担现已成为我国企业高质量发展的核心要素，融合我国创新、协调、绿色、开放、共享的五大新发展理念，在顶层制度设计全面规划下扩大社会责任的履行范围并提升质量，这无疑对企业承担社会责任提出更高要求。如何进一步推动企业承担社会责任成为企业面临的时代主题与社会希冀，这也正是本书写作与研究的实践意义。

表 5-1 为我国企业社会责任制度变迁的相关文件及论述。

表 5-1 中国企业社会责任制度变迁

日期	文件	企业社会责任论述
2003 年	《关于企业环境信息公开的公告》	污染严重企业名单上的公司应公布环保信息，包括环保方针、污染物排放总量、环境污染治理、环保守法和环境管理五类信息
2006 年	《深圳证券交易所上市公司社会责任指引》	鼓励公司根据本指引的要求建立社会责任制度，定期检查和评价公司社会责任制度的执行情况和存在问题，形成社会责任报告
2007 年	《环境信息公开办法（试行）》	环保部门应当在职责权限范围内向社会主动公开发生重大、特大环境污染事故或者事件的企业名单
2008 年	《关于中央企业履行社会责任的指导意见》	规定有条件的中央企业需定期发布企业社会责任报告
	《关于加强上市公司环境保护监督管理工作的指导意见》	发生可能对上市公司证券及衍生品种交易价格产生较大影响且与环境保护相关的重大事件，投资者尚未得知时，上市公司应当立即披露，说明事件的起因、目前的状态和可能产生的影响
	《上海证券交易所上市公司环境信息披露指引》	公司被国家环保部门列入污染严重企业名单的应当自该事件发生之日起两日内及时披露事件情况及对公司经营以及利益相关者可能产生的影响
	《上海证券交易所关于做好上市公司 2008 年年度报告工作的通知》	在本所上市的“上证公司治理板块”样本公司、发行境外上市外资股的公司及金融类公司，应在 2008 年年报披露的同时披露公司履行社会责任的报告
2010 年	《上市公司环境信息披露指南（征求意见稿）》	上市公司应在环境保护部网站和公司网站上同时发布年度环境报告，在环保部网站、中国环境报和公司网站上同时发布临时环境报告
2014 年	《中华人民共和国环境保护法》（2014 年修订）	重点排污单位应当如实向社会公开其主要污染物的名称、排放方式、排放浓度和总量、超标排放情况，以及防治污染设施的建设和运行情况，接受社会监督
2015 年	《生态文明体制改革总体方案》	全面推进大气和水等环境信息公开、排污单位环境信息公开、监管部门环境信息公开，健全建设项目环境影响评价信息公开机制
2016 年	《关于构建绿色金融体系的指导意见》	逐步建立和完善上市公司和发债企业强制性环境信息披露制度
2018 年	《上市公司治理准则》（2018 年修订）	上市公司应当依照法律法规和有关部门的要求，披露环境信息以及履行扶贫等社会责任相关情况

续表

日期	文件	企业社会责任论述
2019 年	《中国银保监会关于推动银行业和保险业高质量发展的指导意见》	银行业机构应建立健全环境与社会风险管理体系，将 ESG 管理因素纳入授信决策全流程，强化 ESG 信息的披露以及与利益相关者的交流互动
2020 年	《深圳证券交易所上市公司规范运作指引（2020 年修订）》	上市公司应当积极履行社会责任，定期评估公司社会责任的履行情况，自愿披露公司社会责任报告
	《深圳证券交易所上市公司业务办理指南第 2 号——定期报告披露相关事宜》	纳入“深证 100 指数”的上市公司，应当单独披露社会责任报告，并鼓励其他公司披露社会责任报告
	《深圳证券交易所上市公司信息披露工作考核办法（2020 年修订）》	对上市公司信息披露工作的考核内容、标准、实施进行详细规定
	《上海证券交易所上市公司定期报告业务指南》	要求在定期报告中披露企业履行社会责任的具体情况，上交所上市的“上证公司治理板块”样板公司、境内外同时上市的公司以及金融类公司需单独披露社会责任报告，并鼓励其他上市公司披露社会责任报告
	《上海证券交易所科创板上市公司自律监管规则适用指引第 2 号——自愿信息披露》	鼓励科创公司在披露环境保护、社会责任履行情况和公司治理等一般信息的基础上，进一步披露 ESG 方面的个性化信息
	《上海证券交易所科创板股票上市规则（2020 年 12 月修订）》	要求科创板上市公司应当在年度报告中披露履行社会责任的情况，并视情况编制和披露社会责任报告、可持续发展报告、环境责任报告等文件
2021 年	《企业环境信息依法披露管理办法》	明确企业环境信息依法披露的主要内容、形式、时限与监管，规范环境信息依法披露活动
2022 年	《提高央企控股上市公司质量工作方案》	贯彻落实新发展理念，探索建立健全 ESG 体系。中央企业集团公司要进一步完善 ESG 工作机制，提升 ESG 绩效，在资本市场中发挥带头作用；立足于国有企业的实际情况，积极参与构建具有中国特色的 ESG 信息披露规则、ESG 绩效评级和 ESG 投资指引，为中国 ESG 发展贡献力量
	《上市公司投资者关系管理工作指引》	银行保险机构应当防范环境、社会和治理风险，提升自身的环境、社会和治理表现，促进经济社会发展全面绿色转型；应当有效识别、监测、防控业务活动中的环境、社会和治理风险；将环境、社会、治理要求纳入管理流程和全面风险管理体系

续表

日期	文件	企业社会责任论述
2022 年	《银行业保险业绿色金融指引》	ESG 是绿色金融管理的重要支柱，银行保险机构需将 ESG 要求纳入业务管理流程和风险管理体系。在支持实体经济绿色发展的同时实现绿色低碳发展
	《上海证券交易所股票上市规则（2022 年 1 月修订）》	修订中明确了公司应按照规定编制和披露社会责任报告等非财务报告
	《关于做好科创板上市公司 2021 年年度报告披露工作的通知》	要求科创板公司应当在年度报告中披露环境、社会责任和公司治理（ESG）相关信息，并视情况单独编制和披露 ESG 报告、社会责任报告、可持续发展报告、环境责任报告等文件。已披露 ESG 报告的科创 50 指数成份公司应当在年报披露的同时披露社会责任报告。披露 ESG 报告或社会责任报告的公司，应当在报告中重点披露助力“碳达峰碳中和”目标、促进可持续发展的行动情况
2023 年	《首次公开发行股票注册管理办法》	全面实行股票发行注册制，其目标是紧紧围绕“打造一个规范、透明、开放、有活力、有韧性的资本市场”，并坚持建制度、不干预、零容忍，坚持市场化、法治化的改革方向

5.2　企业社会责任的概念特征

企业社会责任的出现最早可以追溯至 20 世纪初，随着人类活动对自然的大肆索取与侵害，人们与各类经济主体逐渐意识到自我活动所引发的外在冲突。针对企业而言，企业的理念逐渐由“股东至上”开始逐步转向关注各利益相关者，如客户、员工、政府、环境、工会等各类群体对企业的要求与希冀。之后学术界对“什么是企业社会责任”的概念性定义展开了激烈的探讨。现阶段，关于企业社会责任的概念，最为经典的是 Carroll 在 1979 年提出的——企业社会责任包括企业对经济组织在内的经济、法律、伦理以及利他行为的各类期望，包括经济责任、法律责任、道德责任、慈善责任。随后在 20 世纪 90 年代，企业社会责任的相关研究大量兴起，也反映出当时社会整体对企业高层次发展的急迫要求。

随着研究的深入与扩充，在利益相关者理论的视角下，学者们将企业社会责任细化为聚焦多利益主体的责任承担，倡导企业不能只追求利润，还要对整个社会的发展负责，力所能及地解决各类社会问题。企业社会责任融合了企业对股东、员工、供应商、客户、消费者、社会层面各类主体的责任，反向促进企业的声誉、市场地位等各类企业经营与决策行为，达到企业与社会的平衡。基于上述概念演化，从整体的角度去衡量企业对社会责任的承担过于笼统与模糊。因此，本书从利益相关者视角出发，分维度探讨企业对社会责任的承担，明确指出企业社会责任的“获益方”，即股东、员工、供应商、客户、消费者、社会层面的各类主体以及环境。

5.3 企业社会责任的数据选取与测算方法

5.3.1 样本选择与数据来源

本章选择2010—2018年中国沪深两市A股上市公司为研究样本，①考虑金融行业会计准则和计量方法的特殊性，删除金融行业公司；②删除上市公司注册地在国外（如开曼群岛）的样本。本章所使用的企业社会责任总体与分维度数据取自和讯网的上市公司人物特征数据库，本章所有数据处理和统计分析均在Stata17.0下完成。

5.3.2 企业社会责任总体与分维度的测量方法

目前，学术界对企业社会责任总体的测量已经有了比较成熟的指标，徐怀伏和张梦婕（2013）总结了现有国内外对企业社会责任的测量方法，包括内容分析法、声誉指数法、专业机构评级法以及KLD指标等。现阶段，我国学术界一般使用的是专业机构评级法，即使用和讯网或者润灵环球等第三方机构针对上市公司的企业社会责任报告的评分进行研究。该方法的主要优势有以下几点：评价体系较为完整，标准统一；评级机构较为独立且权威；评级机构易于被市场接受且客观公正。本章选择和讯网数据对企业社会责任进行总体及分维度评价，主要原因有以下两点：①从数据可得性来看，和讯网披露的企业社会责任数据较为完整，数据缺失量较小；②从数据多样性来看，和讯网披露的企业社会责任数据不仅包括总体的企业社会责任评分，还包括分维度的企业社会责任评分，能够充实且丰富本书的研究内容。

和讯网披露的企业社会责任数据，主要从股东责任、员工责任、供应商和客户及消费者权益责任、环境责任、社会责任五个维度考察，分别设计二级指标与三级指标对各维度的社会责任进行评价，进一步依据不同权重比例计算总体的企业社会责任，权重会根据行业的差异有所调整。具体而言，一般情况下，股东责任权重占30%，员工责任权重占15%，供应商和客户及消费者权益责任权重占15%，环境责任权重占20%，社会责任权重占20%。其中，如果企业处于消费行业，则员工责任权重占10%，供应商和客户及消费者权益责任权重占20%，其他指标权重不变。如果企业处于制造业行业，则环境责任权重占30%，社会责任权重占10%，其他指标权重不变。如果企业处于服务行业，则环境责任权重占10%，社会责任权重占30%，其他指标权重不变，利用上述分行业、分维度责任权重计算企业社会责任总得分。

5.4 企业社会责任整体发展水平的特征分析与综合评价

为分析企业社会责任行为在上市公司中的扩散情况，本章从企业社会责任整体发展水平出发，具体分析其统计特征与时间趋势特征以对其做出客观评价；初步检验本章的测量结果，为实证研究提供数据分析依据。具体而言，首先通过直方图对企业社会责任整体发展水平进行基本统计分析，观察企业社会责任分布状况。其次，加入时间维度，分析在时间趋势下的企业社会责任整体发展水平的扩散状况。

5.4.1 企业社会责任整体发展水平的统计特征分析与综合评价

为全面分析与把握中国上市公司企业社会责任的整体发展水平，本章利用直方图描绘企业社会责任分布与扩散情况，观察企业社会责任发展是否存在异常值与离群值对结果产生干扰，绘制企业社会责任整体发展水平直方图，如图5-1所示。具体特征如下：①企业社会责任整体发展水平与正态分布之间的拟合程度较差。从图中正态分布线与企业社会责任直方图分布对比来看，在60~100区间二者差异较为明显，企业社会责任整体发展水平的频率远高于正态分布下拟合的频率。②企业社会责任整体发展水平分布呈现大小峰的特点。从直方图来看，企业社会责任整体发展水平在25左右分布最多，在60左右分布次之。③大部分企业社会责任整体发展水平处于25左右，少数企业社会责任整体发展水平大于50。这说明现阶段我国企业履行社会责任的整体情况较差，具有较大提升空间。

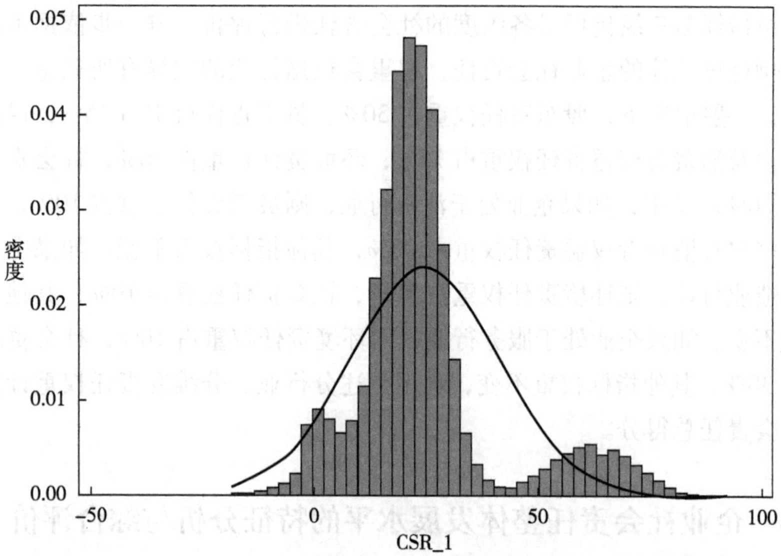

图 5-1 企业社会责任整体发展水平

5.4.2 企业社会责任整体发展水平的时间趋势特征分析与综合评价

为全面分析 2010—2018 年中国上市公司企业社会责任整体发展水平的时间趋势特征，对 24376 个企业社会责任整体发展水平样本按照年度进行汇总处理。为防止异常值对整体时间趋势特征的影响，本章采用均值和中位数两种统计方法对上市公司企业社会责任整体发展指数进行汇总。具体而言，分年度计算企业社会责任整体发展水平的均值与中位数，以此作为反映企业社会责任整体发展水平的依据，具体计算结果如表 5-2 所示。从表中可以看到，无论是均值还是中位数，企业社会责任数值从 2010 年到 2012 年逐年上涨，在 2012 年达到峰值，分别为 30. 20 和 23. 61，随后开始回落。虽然在 2016 年有过短暂的增长，但是整体上呈下降趋势。2018 年，我国上市公司社会责任指标数值的均值下降至 19. 14，较 2012 年下降了 30. 09%，中位数下降至 20. 92，下降了 1. 60%。

首先，下滑趋势说明近年来我国上市公司承担企业社会责任的水平整体上呈下降的趋势。其次，均值大幅度变动，但中位数保持比较小的变动，说明企业社会责任指标数值的均值在近年来出现了一些比较极端的样本数据。进一步地，后文将对企业社会责任整体发展水平从均值与中位数两种统计角度出发，分析上市公司企业社会责任行为的扩散状态。

表 5-2 企业社会责任整体发展水平年度状况

年份	均值	中位数
2010	27.38	21.26
2011	28.85	23.01
2012	30.20	23.61
2013	30.05	23.07
2014	21.39	20.77
2015	22.67	21.10
2016	26.55	22.62
2017	20.37	21.36
2018	19.14	20.92

为分析企业社会责任整体发展水平的时间趋势，本章进一步绘制了企业社会责任整体发展水平的年度均值和中位数的时间趋势图，如图 5-2 所示。企业社会责任整体发展水平的时间趋势呈现出以下特征：①从均值与中位数差异来看，企业社会责任整体的均值与中位数差值或正或负。具体而言，在 2010—2016 年中，企业社会责任整体发展水平的均值均大于中位数，差值在 2013 年达到最大，差值为 6.98，在 2014 年差值最小，差值为 0.62；在 2017 年和 2018 年，企业社会责任整体发展水平的均值小于中位数，差值分别为-0.99 与-1.78。②从均值与中位数的时间趋势来看，企业社会责任整体发展水平均值与中位数随时间变化的趋势较为一致，且均值的数值变化幅度大于中位数的数值变化幅度。无论是从均值还是从中位数角度来看，均值与中位数的时间转折点相同，均为 2012 年、2014 年与 2016 年，时间趋势也接近。均值从 2010 年的 27.38 到 2018 年的 19.14，两者差值达 8.24，中位数从 2010 年的 21.26 到 2018 年的 20.92，两者差值仅为 0.34。均值的数值变化差异明显大于中位数的数值变化差异，这说明企业社会责任整体发展水平的年度衡量中位数相对于均值更为稳定。③从整体时间趋势来看，企业社会责任的整体发展分为四个阶段，分别为 2010—2012 年的初步上升阶段，2013—2014 年的急速下跌阶段，2014—2016 年的转而上升阶段与 2016—2018 年的持续下跌阶段。这说明，我国企业社会责任的整体发展水平波动性较强，呈现出上下低位波动的特点，企业对社会责任的

履行仍存在较大提升空间，与直方图的分析保持一致。

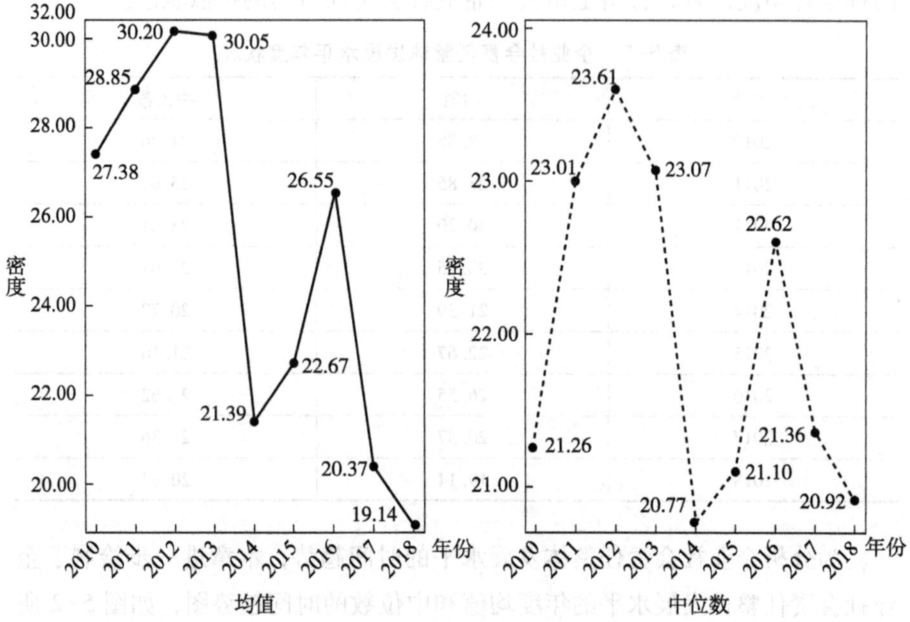

图 5-2　企业社会责任整体发展水平的时间趋势

5.5　企业社会责任分维度发展水平的特征分析与综合评价

为分析中国上市公司企业社会责任分维度发展水平，在上节内容的基础上，本节从企业社会责任的股东责任、员工责任、供应商和客户及消费者权益责任、环境责任、社会责任五个维度出发，分析其统计特征与时间趋势特征，对企业社会责任分维度发展水平做出客观评价，为后续的实证研究提供数据支持。具体而言，首先，本节通过直方图对企业社会责任五个维度的发展水平进行基本统计分析，总结企业社会责任分维度发展水平的分布状况。其次，在进行统计分析的基础上加入时间维度，分析在时间趋势下的企业社会责任分维度发展水平。

5.5.1　企业社会责任分维度发展水平的统计特征分析

(1) 股东责任

为全面分析与把握中国上市公司对股东的履责程度，本节利用直方图分析企业股东责任发展水平的分布与扩散情况，观察是否存在异常值与离群值对结果产生干扰，如图 5-3 所示。具体特征如下：①与正态分布相比，股东责任发展水平的分布在峰值右侧拟合效果较好，左侧拟合效果较差。将图中拟合的正态分布线与企业股东责任发展水平直方图分布对比来看，图中峰值左侧两者的差异较为明显，企业股东责任发展水平的频率远高于拟合正态分布线的频率。②股东责任发展水平分布在左侧尾部存在部分离群值。从直方图来看，股东责任在-2 上下区间存在较多的异常值，股东责任评分低于-2 的数据样本占据总样本的 2.29%，最低达到-13.12，这说明在后续的数据处理过程中需要考虑异常值对结果的影响。③大部分企业股东责任的发展水平处于 7~25，少数企业股东责任的发展水平位于小于 0 与大于 25 的区间。这说明现阶段大部分企业的股东责任发展水平与扩散程度较低，甚至存在股东责任发展水平得分为负的企业，管理者的股东价值观认知与社会意识水平较低。因此，后续章节需进一步分析连锁董事与股东责任扩散的关系，并进行实证检验。

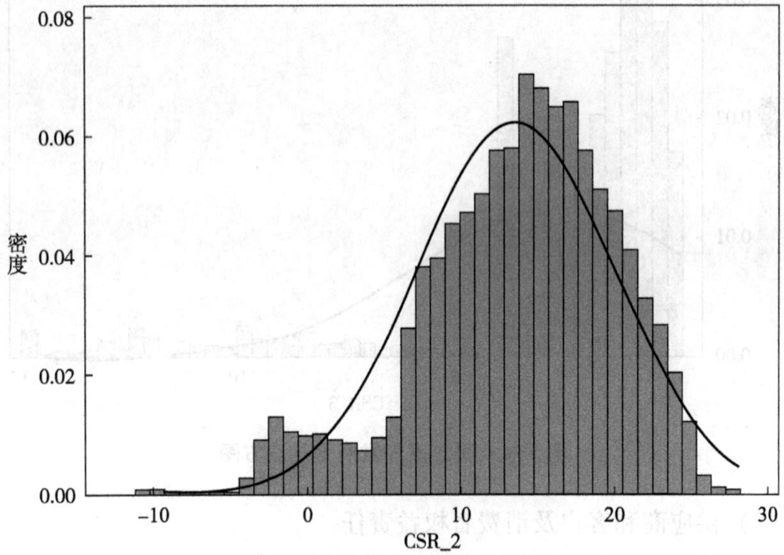

图 5-3 股东责任发展水平直方图

（2）员工责任

员工责任发展水平直方图如图 5-4 所示，具体特征如下：①员工责任发展水平拟合的正态分布效果较差，数据较为分散，呈非对称分布。从图中拟合的正态分布线与企业员工责任发展水平直方图分布对比来看，图中峰值左侧数据分布较为密集，而右侧数据分布较为零星，这说明数据存在严重分布不均的情况。②员工责任发展水平的分布在右侧尾部存在部分离群值的影响。从直方图来看，员工责任发展水平在最大值15左右存在较多离群值的分布，员工责任发展水平评分高于4的数据样本占据总样本的13.00%。最大值为15，远远偏离该指标的样本中位数1.61，这说明数据严重分布不均，对后续的数据处理过程要求较高，需要慎重考虑离群值对结果的影响。③大部分企业的员工责任发展水平处于0~5，少数企业的员工责任发展水平大于5。这说明现阶段大部分企业员工责任的发展水平与扩散程度也相对较低，极少部分企业承担员工责任水平较高，上市公司员工责任的发展水平参差不齐。

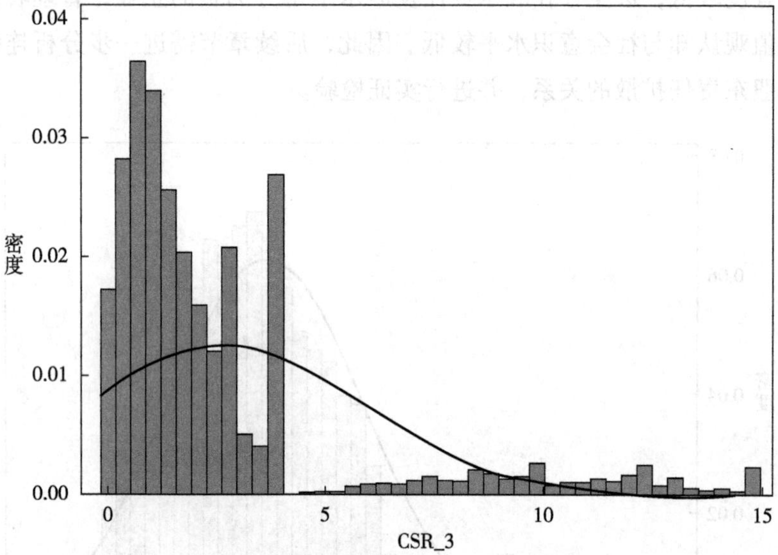

图 5-4　员工责任发展水平直方图

（3）供应商和客户及消费者权益责任

供应商和客户及消费者权益责任发展水平直方图如图 5-5 所示，具体特征如下：①供应商和客户及消费者权益责任发展水平直方图分布与正态分布线存在较大差异，数据分布集中，呈现单峰分布状态。从图中拟合的正态分布线与企业的供应商和客户及消费者权益责任发展水平直方图分布对比来看，大多数数值集中分布在0值附近，而在图右侧数据分布较为零星。同时，供应商和客户及消费者权益责任发展水平的最小值为 0，最大值为 20，这说明数据存在严重分布不均的情况。②供应商和客户及消费者权益责任发展水平的分布在右侧尾部可能存在部分离群值或异常值的影响。从直方图来看，供应商和客户及消费者权益责任的发展水平在 19~20 存在较多离群值或异常值，这说明数据分布的严重不均对后续的数据处理过程要求较高，以此排除离群值与异常值的影响。③多数企业的供应商和客户及消费者权益责任的发展水平处于 0~1，少数企业的供应商和客户及消费者权益责任的发展水平大于 4。这说明现阶段大部分企业未承担供应商和客户及消费者权益责任或未披露供应商和客户及消费者权益责任的相关信息。整体而言，企业的供应商和客户及消费者权益责任的发展水平与扩散程度较低，极少部分企业承担供应商和客户及消费者权益责任水平较高，上市公司的供应商和客户及消费者权益责任的发展水平极度不平衡。

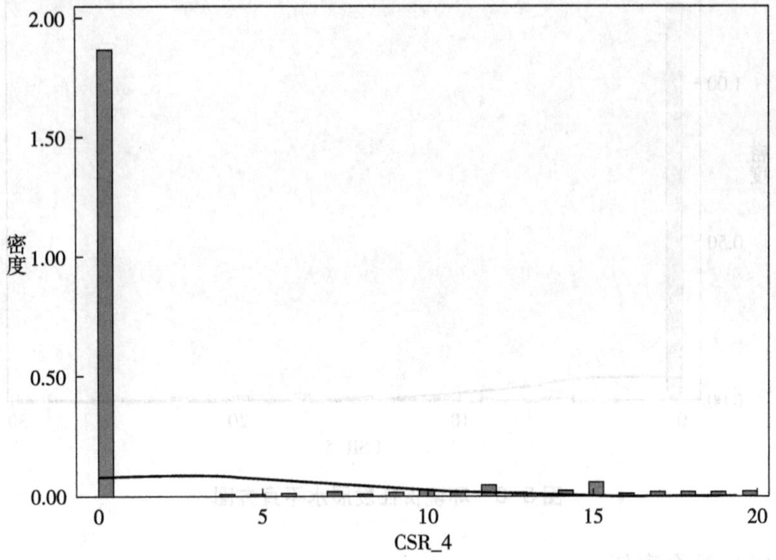

图 5-5　供应商和客户及消费者权益责任发展水平直方图

（4）环境责任

环境责任发展水平直方图如图 5-6 所示，具体特征如下：①环境责任直方图分布与正态分布线存在较大差异，数据分布集中，呈现单峰状态。从图中拟合的正态分布线与企业环境责任发展水平直方图分布对比来看，大多数数据集中分布在0值附近，而在图右侧数据分布较为零星。同时，环境责任发展水平的最小值为0，最大值为30，这说明数据存在严重分布不均的情况。②环境责任发展水平的分布在右侧尾部可能存在部分离群值或异常值的影响。从直方图来看，环境责任在20~30可能存在较多离群值或异常值，这说明数据分布的严重不均对后续的数据处理过程要求较高，以此排除离群值或异常值的影响。③多数企业环境责任的发展水平处于0~1，少数企业环境责任的发展水平大于3。这说明大部分企业未承担环境责任或未披露环境责任的相关信息。整体而言，企业环境责任的发展水平与扩散程度较低，极少部分企业承担环境责任水平远超平均水平，上市公司环境责任的发展水平极度不平衡，且大多数企业仍处于0值阶段。

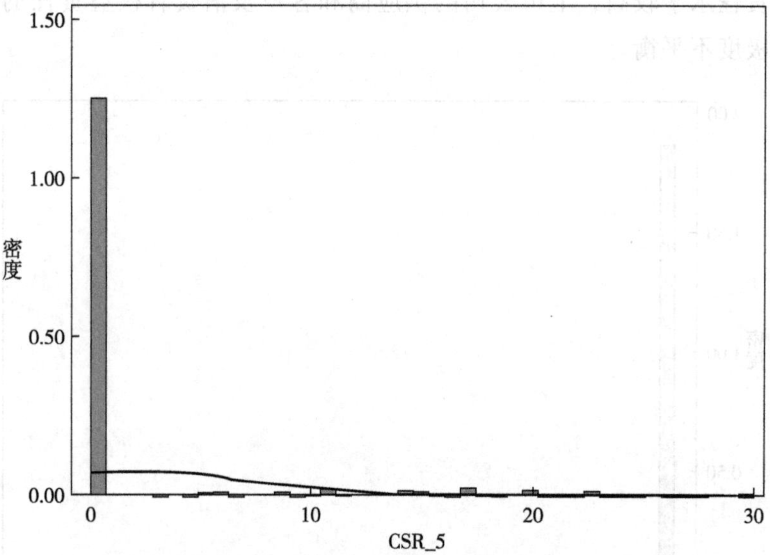

图5-6 环境责任发展水平直方图

（5）社会责任

分维度视角下，社会责任发展水平直方图如图5-7所示，具体特征如下：①社会责任直方图分布与正态分布线存在较小差异，数据分布较为对称，峰值较为突出。从图中拟合的正态分布线与企业社会责任发展水平直方图分布对比来看，大多数数据集中分布在0~10，小部分数据处于其余区间。②社会责任发展水平在峰值左侧尾部的分布可能存在部分离群值或异常值的影响。从直方图来看，社会责任发展水平在-20～-10区间可能存在较多离群值或异常值，社会责任发展水平指标数值的最小值为-15，最大值为30，异常的数据分布对后续的数据处理过程要求较高，以求排除离群值或异常值的影响。③多数企业社会责任的发展水平处于0～10，甚至少数企业社会责任的发展水平低于0。这说明大部分企业对社会责任的承担是认可的，其扩散规模初显。整体而言，企业社会责任的发展水平与扩散程度较高，但仍存在极少部分企业的社会责任发展水平为负的情况，上市公司承担社会责任的意识较高，但仍有较大的进步与扩散空间。

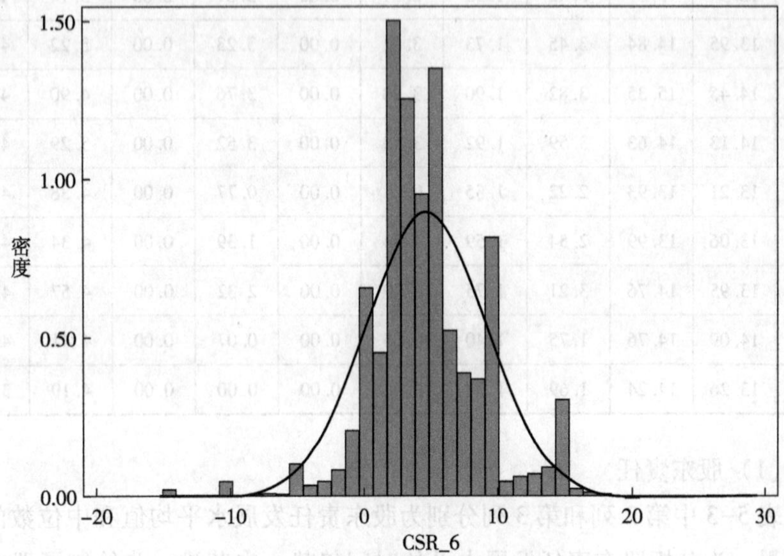

图 5-7　社会责任发展水平

5.5.2　企业社会责任分维度发展水平的时间趋势特征分析与综合评价

为详细分析2010—2018年中国上市公司企业社会责任分维度，即股东责任、员工责任、供应商和客户及消费者权益责任、环境责任、社会责任五个维度发展水平的时间趋势特征，对24376个企业社会责任分维度发展水平样本按照年度进行汇总处理。为防止异常值对整体时间趋势特征的影响，本章采用均值和中位数两种统计方法对上市公司企业社会责任分维度发展指数进行汇总。具体而言，分年度计算股东责任、员工责任、供应商和客户及消费者权益责任、环境责任、社会责任发展水平的均值与中位数，以此反映各维度企业社会责任的发展水平，具体统计结果如表5-3所示。后文将针对企业社会责任分维度发展水平，从均值与中位数两种统计角度出发，分析上市公司股东责任、员工责任、供应商和客户及消费者权益责任、环境责任、社会责任的扩散状态。

表5-3 企业社会责任分维度发展水平年度状况

年份	股东责任		员工责任		供应商和客户及消费者权益责任		环境责任		社会责任	
	均值	中位数	均值	中位数	均值	中位数	均值	中位数	均值	中位数
2010	12.94	13.57	3.42	1.95	2.81	0.00	3.07	0.00	5.14	4.28
2011	13.95	14.84	3.45	1.73	3.01	0.00	3.23	0.00	5.22	4.52
2012	14.45	15.35	3.82	1.90	3.28	0.00	3.76	0.00	4.90	4.38
2013	14.13	14.63	3.59	1.92	3.53	0.00	3.52	0.00	5.29	4.54
2014	13.21	13.93	2.22	1.55	0.81	0.00	0.77	0.00	4.38	4.03
2015	13.06	13.99	2.54	1.59	1.34	0.00	1.39	0.00	4.34	4.00
2016	13.95	14.76	3.21	1.75	2.49	0.00	2.32	0.00	4.57	4.14
2017	14.09	14.76	1.75	1.40	0.05	0.00	0.07	0.00	4.41	4.01
2018	13.26	14.24	1.69	1.37	0.00	0.00	0.00	0.00	4.19	3.97

（1）股东责任

表5-3中第2列和第3列分别为股东责任发展水平均值和中位数的统计结果。为分析股东责任发展水平的时间趋势，本节进一步绘制了股东责任发展水平的年度均值和中位数的时间趋势图，如图5-8所示，具体特征如下：①从均值与中位数差异来看，股东责任发展水平的均值小于中位数且两者差异不明显。具体而言，股东责任发展水平的均值与中位数最大差值为0.98，最小差值为0.50，相对均值与中位数量纲差异，两者差异可以忽略不计。②从均值与中位数的时间趋势差异来看，股东责任发展水平均值与中位数随着时间变化的趋势较为一致，且中位数的数值变化的幅度大于均值的数值变化幅度。均值与中位数的时间转折点相同，均为2012年、2015年与2017年。时间趋势也接近，均值从2010年的12.94到2018年的13.26，两者差值达0.32，中位数从2010年的13.57到2018年的14.24，两者差值为0.67，中位数的数值变化差异明显大于均值的数值变化差异，

这说明股东责任发展水平的年度均值相对于中位数衡量结果更为稳健。③从整体时间趋势来看，股东责任的扩散分为四个阶段，分别为2010—2012年的急速上升阶段，2012—2015年的反向下跌阶段，2015—2017年的缓慢上升阶段与2017—2018年的继续下跌阶段。进一步地，从均值看，股东责任指标数值的最大值为2012年的14.45，最小值为2010年的12.94，在2015年为13.06，几乎回落至最低水平。从2010年到2018年，股东责任指标数值总体增幅为2.47%。从中位数看，股东责任指标数值的最大值为2012年的15.35，最小值为2010年的13.57，在2014年为13.93，几乎回落至最低水平。从2010年到2018年，股东责任指标数值总体增幅为4.94%。由此可以看出，我国企业股东责任的发展水平存在较大波动，但整体上呈现出波动式小幅上升趋势，企业股东责任的发展水平存在着较大且稳定的上升与扩散空间。

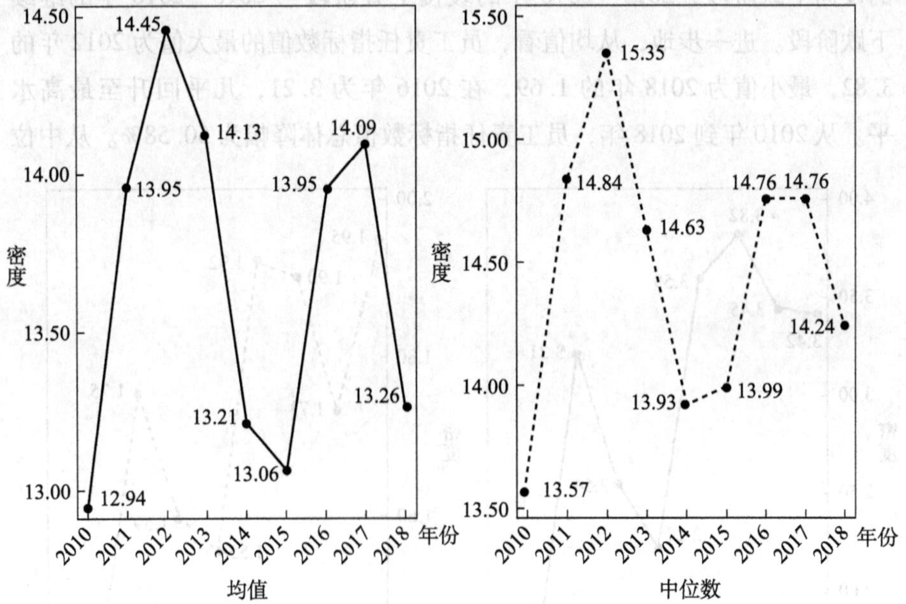

图5-8　股东责任发展水平的时间趋势

（2）员工责任

表5-3中第4列和第5列分别为员工责任发展水平均值和中位数的统计结果。为分析员工责任发展水平的时间趋势，本节进一步绘制了员工责任发展水平的年度均值和中位数的时间趋势图，如图5-9所示，具体特征

如下：①从均值与中位数差异来看，员工责任发展水平的均值大于中位数且两者差异较大。具体而言，均值与中位数在2011年差异最大，差值为1.72，在2018年差异最小，差值为0.32，均值与中位数的差异随着时间的推移也在减小。②从均值与中位数的时间趋势差异来看，员工责任发展水平均值与中位数在2010—2013年时间趋势差异较大，但在2013—2018年两者的时间趋势较为一致，且均值的变化幅度大于中位数的变化幅度。员工责任发展水平均值从2010年的3.42到2018年的1.69，两者差值达1.73，降幅为50.58%，中位数从2010年的1.95到2018年的1.37，两者差值为0.58，降幅仅为29.74%，低于均值降幅。中位数的数值变化差异明显小于均值的数值变化差异，这说明员工责任发展水平的年度中位数相对于均值衡量的结果更为稳健。③从整体时间趋势来看，员工责任的扩散分为四个阶段，分别为2010—2012年的波动式上升阶段，2012—2014年的反向下跌阶段，2014—2016年的缓慢上升阶段与2016—2018年的继续下跌阶段。进一步地，从均值看，员工责任指标数值的最大值为2012年的3.82，最小值为2018年的1.69，在2016年为3.21，几乎回升至最高水平。从2010年到2018年，员工责任指标数值总体降幅为50.58%。从中位

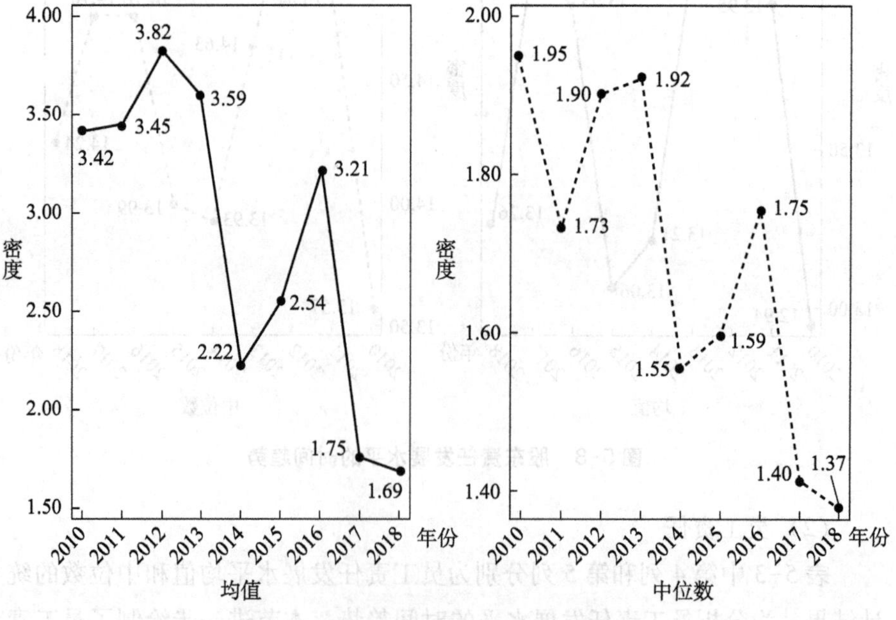

图5-9 员工责任发展水平的时间趋势

数看，员工责任指标数值的最大值为 2010 年的 1.95，最小值为 2018 年的 1.37，在 2013 年为 1.92，几乎回升至最高水平。从 2010 年到 2018 年，员工责任指标数值总体降幅为 29.74%。由此可以看出，我国企业员工责任的发展水平存在较大波动，但从整体来看呈现出波动式小幅下降趋势，这说明现阶段企业对员工责任的承担需要受到更多的关注与推动。

（3）供应商和客户及消费者权益责任

表 5-3 中第 6 列和第 7 列分别为供应商和客户及消费者权益责任发展水平均值和中位数的统计结果。为分析供应商和客户及消费者权益责任发展水平的时间趋势，本节进一步绘制了供应商和客户及消费者权益责任发展水平年度均值和中位数的时间趋势图，如图 5-10 所示，具体特征如下：①从均值与中位数差异来看，供应商和客户及消费者权益责任发展水平均值大于中位数且两者差异较大。具体而言，供应商和客户及消费者权益责任发展水平均值与中位数在 2013 年差异最大，差值为 3.53，在 2018 年差异最小，最小值为 0，均值与中位数的差异随着时间的推移也在降低。②从均值与中位数的时间趋势差异来看，供应商和客户及消费者权益责任发展水平均值与中位数时间趋势差异较大，中位数均保持在 0 处，而均值数值波动变化较大。由于大部分企业未披露供应商和客户及消费者权益责任指标数值，因此中位数的统计结果几乎无效。仅从均值统计方式来看，供应商和客户及消费者权益责任从 2010 年的 2.81 减少至 2018 年的 0，相差 2.81，同时在后续数据处理中，需要慎重考虑供应商和客户及消费者权益责任中样本数据的大量缺失对分析结果造成的影响。③从整体时间趋势来看，供应商和客户及消费者权益责任发展水平均值在时间趋势维度下呈波动式下跌。进一步地，供应商和客户及消费者权益责任指标数值的最大值为 2013 年的 3.53，最小值为 2018 年的 0，在 2016 年为 2.49，略有回升。由于中位数受到样本数据大量缺失的影响，仅利用均值来判断供应商和客户及消费者权益责任的时间趋势。综上所述，从均值角度来看，2010—2018 年企业供应商和客户及消费者权益责任的发展水平在逐年波动式下滑，需要更多企业与相关主体的关注。

（4）环境责任

表 5-3 中第 8 列和第 9 列分别为环境责任发展水平均值和中位数的统计结果。为了分析环境责任发展水平的时间趋势，本节绘制了环境责任发展水平年度均值和中位数的时间趋势图，如图 5-11 所示，具体特征如下：

①从均值与中位数差异来看，环境责任发展水平的均值大于中位数且两者差异较大。具体而言，环境责任发展水平均值与中位数在 2012 年差异最大，差值为 3. 76，在 2018 年差异最小，差值为 0，均值与中位数的差异随着时间的推移也在减小。②从均值与中位数的时间趋势差异来看，环境责任发展水平均值与中位数时间趋势差异较大，中位数均保持在 0 处，而均值数值波动变化较大。由于大部分企业未披露环境责任指标，因此中位数的统计结果几乎无效。仅从均值统计方式来看，环境责任发展水平的均值从 2010 年的 3. 07 减少至 2018 年的 0，差值高达 3. 07，同时在后续数据处理中，需要慎重考虑环境责任样本数据的大量缺失对分析结果造成的影响。③从整体时间趋势来看，环境责任发展水平的均值随着时间的推移呈波动式下跌。进一步地，环境责任指标数值的最大值为 2012 年的 3. 76，最小值为 2018 年的 0，在 2016 年为 2. 32，略有回升。由于中位数受到样本数据大量缺失的影响，仅利用均值来判断环境责任的时间趋势。综上所述，从均值角度来看，2010—2018 年企业环境责任的发展水平与披露环境责任的信息含量在逐年波动式下滑，企业对环境责任的承担仍有较大的发展与扩散空间。

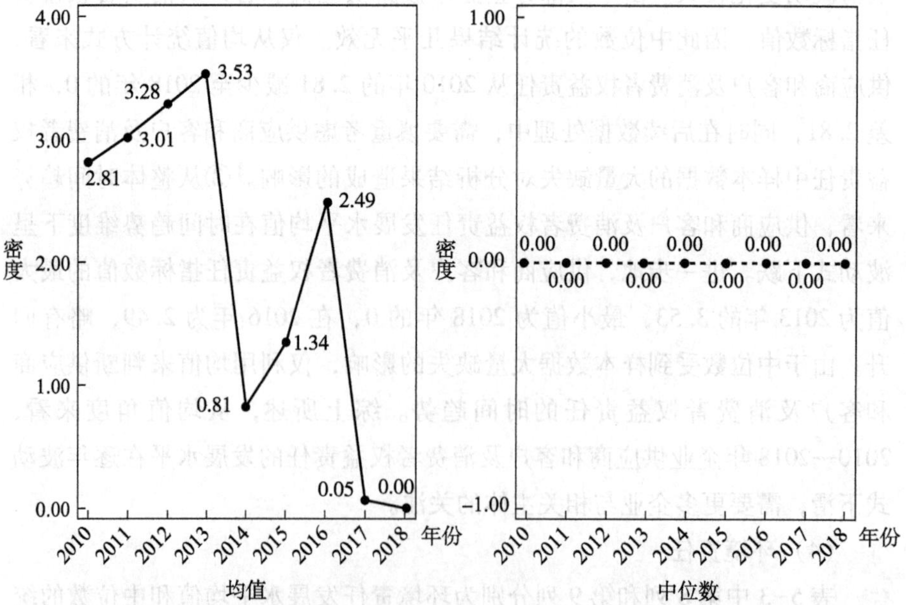

图 5-10　供应商和客户及消费者权益责任发展水平的时间趋势

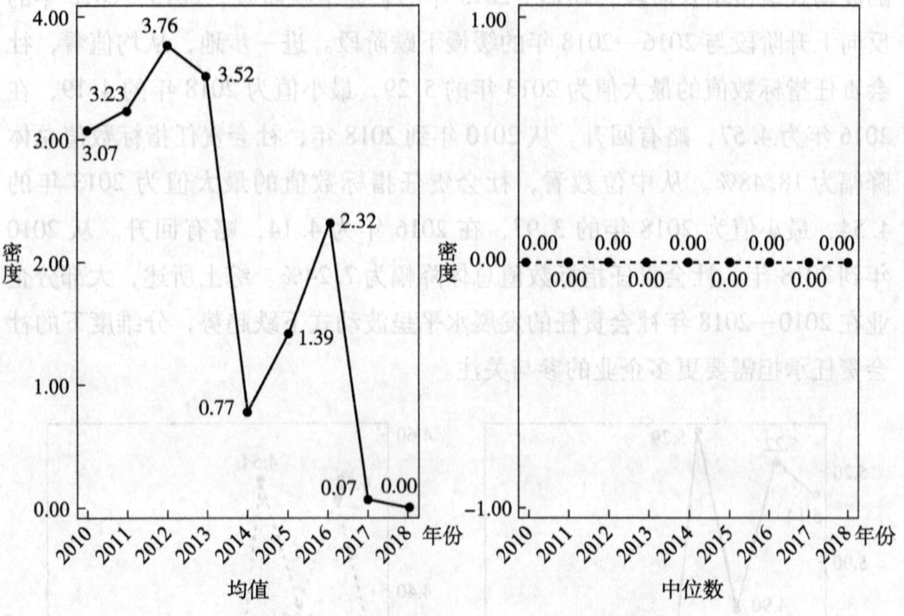

图 5-11　环境责任发展水平的时间趋势

（5）社会责任

表 5-3 中第 10 列和第 11 列分别为分维度社会责任发展水平均值和中位数的统计结果。为了分析社会责任发展水平的时间趋势，本节绘制了社会责任发展水平年度均值和中位数的时间趋势图，如图 5-12 所示。分维度社会责任发展水平的时间趋势呈现出以下特征：①从均值与中位数差异来看，社会责任发展水平的均值大于中位数且两者差异较小，几乎可忽略不计。具体而言，社会责任发展水平均值与中位数在 2010 年差异最大，差值为 0. 86，在 2018 年差异最小，差值为 0. 22。无论是差异的最大值还是最小值，相较于均值与中位数数值略小，其差异影响亦可忽略。②从均值与中位数的时间趋势差异来看，社会责任发展水平的均值与中位数时间趋势差异较小，但中位数变化幅度略小于均值变化幅度。社会责任发展水平的均值从 2010 年的 5. 14 减小至 2018 年的 4. 19，两者差值达 0. 95；中位数从 2010 年的 4. 28 减小至 2018 年的 3. 97，两者差值为 0. 31。中位数的数值变化差异明显小于均值的数值变化差异，说明社会责任发展水平的年度中位数相对于均值衡量的结果更为稳健。③从整体时间趋势来看，社会责任发展水平的均值与中位数的时间趋势可分为四个阶段：2010—2013 年

的波动式缓慢增长阶段，2013—2015 年的急速下跌阶段，2015—2016 年的反向上升阶段与 2016—2018 年的缓慢下跌阶段。进一步地，从均值看，社会责任指标数值的最大值为 2013 年的 5.29，最小值为 2018 年的 4.19，在 2016 年为 4.57，略有回升。从 2010 年到 2018 年，社会责任指标数值总体降幅为 18.48%。从中位数看，社会责任指标数值的最大值为 2013 年的 4.54，最小值为 2018 年的 3.97，在 2016 年为 4.14，略有回升。从 2010 年到 2018 年，社会责任指标数值总体降幅为 7.24%。综上所述，大部分企业在 2010—2018 年社会责任的发展水平呈波动式下跌趋势，分维度下的社会责任承担需要更多企业的参与关注。

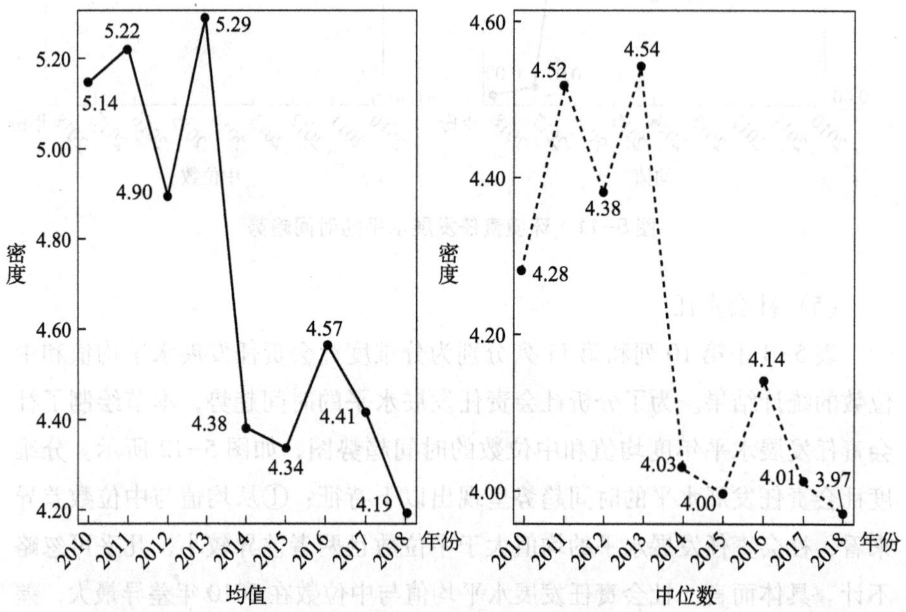

图 5-12 社会责任发展水平的时间趋势

5.6 本章小结

本章在回顾企业社会责任的制度背景的前提下，明确企业社会责任整体与分维度概念特征，确定了数据选取与测算方法，进而从统计特征与时间趋势特征两个层面对企业社会责任整体发展水平与企业社会责任分维度发展水平进行了综合评价，发现中国上市公司企业社会责任整体发展水平与企业社会责任分维度发展水平具有以下特征：

在直方图的统计特征层面，无论是企业社会责任整体履行状况，还是企业社会责任分维度承担情况，大多数企业的社会责任表现均处于较低水平，现阶段上市公司总体与分维度的社会责任的履行都急需提高。

在时间趋势特征层面，企业社会责任整体发展水平与股东责任、员工责任和社会责任发展水平的均值与中位数的时间趋势较为一致，且企业社会责任整体发展水平、员工责任发展水平与社会责任分维度发展水平在样本研究期间的时间趋势呈波动式下滑趋势，股东责任发展水平在样本研究期间的时间趋势呈波动式缓慢上升趋势。供应商和客户及消费者权益责任发展水平与环境责任发展水平受样本数据大量缺失的影响，忽略其中位数的时间趋势特征，即在样本研究期间内，供应商和客户及消费者权益责任发展水平与环境责任发展水平随着时间的推移同样呈波动式下滑趋势。这进一步证明了我国上市公司在总体与分维度企业社会责任的履行过程中缺乏核心动力。企业社会责任作为企业高质量发展的关键因素，其承担与扩散还存在较大的发展空间。

6

连锁董事对企业社会责任的扩散影响

第 3 章为本章奠定了理论基础，第 4 章、第 5 章科学测度了实证研究的解释变量和被解释变量。本章主要采用实证研究的方法，对所提出的假设进行检验。具体内容包括：首先，提出连锁董事对企业社会责任影响的主假设，以及内部控制水平、市场化程度调节作用的假设；其次，进行研究设计，包括样本选择、数据来源、变量定义和模型设计；再次，对实证结果进行分析，包括描述性统计、相关性分析、回归结果分析；又次，从连锁董事个人特征以及目标企业特征出发，进行异质性分析；复次，为保证实证结果的可靠性，分别采用更换解释变量、滞后一期解释变量以及聚类稳健标准误进行稳健性检验；最后，得出本章的研究结论。

6.1 连锁董事影响企业社会责任扩散的理论分析与研究假设

连锁董事影响企业社会责任的作用机理包括学习效应、声誉效应和同群效应，作用机理的发挥离不开企业所处的内外部环境。在新兴转轨的制度背景下，中国的制度环境与西方成熟经济体存在较大差异，突出表现为制度环境的不平衡性。因此，内部控制水平、市场化程度对企业社会责任的扩散影响往往更加复杂。

6.1.1 连锁董事对企业社会责任的影响

制度理论的观点认为，企业为获得合法性，会遵从法律条文等强制性压力，趋同于行业准则等规范性压力以及社会认知等文化压力（DiMaggio and

Powell, 1983)。企业为在复杂的制度环境中生存下去，需要采取符合外部利益相关者认同的战略决策及行为方式，而企业社会责任报告为企业提供了机会（赵小玥等，2022）。

企业通过连锁董事这一途径，嵌入由连锁企业关联构成的制度环境之中（衣凤鹏等，2018）。根据制度理论，企业在面对不确定因素时，最明智的做法就是模仿，这也是导致制度同构的主要原因。模仿同形是企业间“制度同形”的机制之一（DiMaggio and Powell，1983）。董事兼任使得连锁企业处在同一组织领域中，拥有相同的制度压力，因而受到政府及社会第三方的关注也更多。为满足不同利益相关者的需要，获取更多合法性，企业会效仿其所在领域中的其他企业履行社会责任的行为。同时，社会责任制度的制定方也会向企业施加压力。企业主动承担社会责任能够获得更多合法性。基于各方的制度压力以及为得到利益相关者的认可，企业在承担社会责任方面也会表现得更为积极。

此外，连锁董事可以提供更多的信息获取渠道，帮助企业缩小信息差距。已有研究指出，连锁董事在企业应对制度要求时可以提供有效的信息渠道（Krause et al.，2018）。由连锁董事所形成的董事网络是一种企业间常见的社会网络，其之所以能够更有效地发挥渠道作用，是由于董事网络具有先天的信息传递功能和资源流动功能（韩洁等，2014）。具体而言，连锁董事为企业提供了一个方便的渠道，企业通过连锁董事获取信息并向其他企业学习。资源依赖理论认为，连锁董事通过促进稀缺的外部无形资源向企业转移而产生收益（Mizruchi and Stearns，1988）。连锁董事在企业和外部环境之间建立了联系，他们为管理者提供关键资源，如专业知识、技能、信息、建议和影响力，这些资源对企业的社会责任绩效具有战略意义。已有研究表明，董事会通常认为相较于其他来源，通过连锁董事获得的信息更突出、更可靠（Ding et al.，2022）。此外，连锁董事是很好的顾问和监督者，并且能够协助管理人员采取可以提高企业社会责任价值的做法（Amin et al.，2020）。因此，我们提出如下假设：

H6-1：连锁董事有助于企业履行社会责任。

6.1.2 内部控制水平对连锁董事影响企业社会责任的调节效应

作为企业治理的制度基础，内部控制能够直接影响企业社会责任的水平（张学志、柯婵，2022），并且能够保障管理层站在股东和企业的角度为企业谋发展，更注重企业长期利益而非短期利益。因此，企业会在履行社会责任上投入更多的资源。此外，内部控制要素本身就包含企业社会责任，内部控制水平的提高在一定程度上意味着企业社会责任水平的上升。内部控制的目标中也蕴含对企业社会责任行为的要求，能够对企业的社会责任行为起到正向改善作用（Ferrell et al.，2016）。企业的管理者可以通过完善企业内部控制系统，提高资源和信息的传递效率，增强企业对社会责任的履行（Haleblian and Finkelstein，1993）。因此，良好的内部控制是企业履行社会责任的必要前提。

内部控制水平方面的差异会影响连锁董事作用的实现。首先，高质量的内部控制意味着有效的信息沟通。连锁董事的位置优势能够为企业带来丰富的隐性信息（周雪峰等，2020）。连锁董事通过对内部信息的有效沟通和传递，能够帮助管理者及时掌握与分析信息和异质性知识，进而提升其对知识的消化和吸收能力（马永强、路媛媛，2019）。其次，高质量的内部控制意味着有效的激励和监督。连锁董事的位置优势能够为企业带来丰富的核心资源。有效的激励和监督能够减少代理成本，有助于为企业提供用于构建网络关系的专用性支出，从而强化董事网络对企业社会责任的承担（周雪峰等，2020）。因此，我们提出如下假设：

H6-2：内部控制水平越高，连锁董事对企业社会责任的正向影响越显著。

6.1.3 市场化程度对连锁董事影响企业社会责任的调节效应

企业是在特定的外部制度环境约束下经营和发展的，其中市场化程度已经成为企业实现利益最大化和可持续发展的重要影响因素（张正勇、戴泽伟，2017）。在市场化程度较低的地区，经济发展较为缓慢，从而导致企业忽视甚至根本不履行社会责任，进而对企业的发展产生不利影响。与之相反的是，在市场化程度较高的地区，信用水平较高，企业诚信经营，欺诈现象较少。企业的诚信经营有助于企业与利益相关者之间建立良好的关系。因此，企业更倾向于披露社会责任信息，这有助于解决管理层与股东之间的代理问题，抑制企业的信息操纵行为。

企业所面临的制度环境通常包括企业所在地区的法律环境、经济环境、政府与市场的关系等。一般来说，在企业制度环境较为成熟的地区，市场化程度更高，法律制度较为完善，政府对市场的干预也较弱，这有利于发挥市场在资源配置中的重要作用（唐亮等，2018）。在面对激烈的市场竞争时，为实现竞争力的提升，企业会更有动力通过连锁董事网络获取信息和资源。连锁董事具有的信息及资源获取功能会得到更有效的发挥，降低不确定性，促进企业积极履行社会责任，披露相关信息，推动企业持续发展。在市场化发展程度较高的地区，占据连锁网络中心位置的企业虽然会承受来自利益相关者更高的预期和更大的压力，但其社会责任行为也能够更容易、更快捷地被更广泛的利益相关者所了解（鲍丰华等，2018）。因此，我们提出如下假设：

H6-3：市场化程度越高，连锁董事对企业社会责任的正向影响越显著。

6.2 研究设计

6.2.1 样本选择和数据来源

为研究连锁董事对企业社会责任的扩散影响，本章以2010—2018年上海证券交易所和深圳证券交易所上市公司为初始样本，剔除金融行业上市公司、交易状态异常（ST、PT）公司、未发布独立企业社会责任报告的公司，同时剔除变量值缺失的公司，最终得到12050个样本观测值。此外本章对所有连续变量进行了1%Winsorize处理以消除异常值对回归结果的影响。

本章数据来源如下：①企业社会责任的数据来源于和讯网；②连锁董事信息、财务数据均来源于国泰安（CSMAR）数据库；③企业内部控制水平数据来源于深圳迪博数据库（DIB）。另外，本章运用Stata 17.0软件对数据进行处理，完成实证检验。

6.2.2 变量定义

（1）被解释变量：企业社会责任评分

本章主要参考阳镇等（2021）基于第三方企业社会责任评级指数，即和讯网企业社会责任评价指数，对企业社会责任表现进行衡量，以有限规避基于企业财务维度的利益相关者表现衡量方式的内生性问题，以及规避单纯基于慈善捐赠进行衡量的维度单一性与过度显性化的弊端。在进一步研究中，本章还选取了和讯网对企业社会责任的分维度表现，研究连锁董事对企业社会责任行为的扩散影响。

（2）解释变量：连锁董事人数、连锁董事所连锁的企业数

连锁董事的测量方法有很多种，臧秀清和于江珍（2014）、徐婧媛（2017）用连锁董事的存在性对连锁董事进行衡量，即判断企业中是否存在连锁董事，当企业中存在连锁董事时记为1，否则记为0；彭正银和廖天野（2008）、徐二明和衣凤鹏（2014）、雷辉和黄小宝（2016）、邹海亮等（2018）等用连锁董事人数占董事会人数的比例来衡量董事会层面的连锁关系。考虑到连锁董事的影响力会随着连锁企业数量的多少而改变，本章借鉴 Haunschild 和 Beckman（1998）、杨宁宁（2015）、王理想和姚小涛（2017）等相关研究，采用各连锁董事连锁企业数量的总和对自变量进行测量，即一家企业中每名连锁董事所联结企业数量的累加和，而不采用将连锁董事人数直接相加的方法。例如，一家企业中有 A、B、C 三名连锁董事，A 董事连锁 3 家企业，B 董事连锁 6 家企业，C 董事连锁 9 家企业，则该企业连锁董事人数为 18。

（3）调节变量：内部控制水平、市场化程度

本章的调节变量为内部控制水平和市场化程度。

内部控制水平运用迪博指数作为其衡量指标，记为 *IC*。该指数能够综合反映公司内部控制水平和风险管控能力，指数越大，表明企业内部控制水平越好。

市场化程度利用王小鲁、樊纲、余静文在《中国分省份市场化指数报告（2016）》中所构建的地区市场化指数来衡量，记为 *MARKET*。该指数由五个分项指标构成，分别为政府与市场的关系、非国有经济的发展、产品市场的发育程度、要素市场的发育程度、市场中介组织发育和法律制度环境。市场化指数越大，表明地区市场化程度越高。

（4）控制变量

本章选取的控制变量包括：企业规模（*SIZE*）、总资产收益率（*ROA*）、资产负债率（*LEV*）、企业成长能力（*GROW*）、上市年限（*AGE*）、业务复杂度（*COMPLEX*）、企业价值（*TQ*）、股权集中度（*FIRST*）、两职合一（*DUAL*）、董事会规模（*BOARD*）、高管持股比例（*MANSHR*）、产权性质（*NATURE*）、地区虚拟变量（*RegDums*）和年度虚拟变量（*YearDums*）。为防止内生性问题的出现，文本对控制变量做滞后一期处理。

企业规模（*SIZE*）：规模大的企业往往面临着更大的制度压力，需要通

过承担环境责任和提高自身声誉来改善企业形象。企业规模越大，披露社会责任信息的意愿越高。本章用年末企业总资产的自然对数衡量此变量。

总资产收益率（*ROA*）：一般来说，盈利能力较强的企业，更有精力关注其在社会责任方面的表现，同时希望通过承担社会责任提升企业形象。也有研究指出，企业可能因为承担社会责任而进行资金投入，但这降低了企业的盈利能力。本章选用企业年末的净利润与资产总额之比衡量此变量。

资产负债率（*LEV*）：该控制变量体现了企业的财务风险，当企业财务风险较大时，管理层需要通过承担社会责任这一行为向外界传递向好信号，获取债权人信任。本章用总负债除以总资产衡量此变量。

企业成长能力（*GROW*）：企业所处阶段越成熟，其现金流越趋于稳定，财务状况良好，企业履行社会责任的意愿更为强烈。本章用营业收入增长率来衡量此变量，即期末营业收入与期初营业收入的差除以期初营业收入。

上市年限（*AGE*）：一般情况下，对企业社会责任的关注度会随着企业成立时间的增加而增加。本章用样本统计日期减上市日期取整后加 1 的方式衡量此变量。

业务复杂度（*COMPLEX*）：一般而言，企业的业务复杂程度越高，企业承担社会责任的能力越强。本章用年末应收账款净额与年末存货净额的总和除以年末总资产来衡量此变量。

企业价值（*TQ*）：虽然关于企业价值与企业社会责任之间的关系没有统一结论，但企业价值对企业社会责任的影响是不可忽视的，本章用企业托宾 *Q* 值，即企业市值与总资产之比来衡量此变量。

股权集中度（*FIRST*）：企业大股东占比越大，其话语权越大，对企业的控制程度越高，大股东从企业长远发展的角度出发，往往更加重视社会责任的承担。本章采用企业第一大股东的持股比例来衡量此变量。

两职合一（*DUAL*）：兼任董事长的总经理会获取更大的权力，两职合一的企业的总经理被更换的可能性往往不尽相同。总经理任期越长，企业对总经理能力的了解越多，从而进一步影响总经理变更的可能性。总经理的行为影响企业决策，对企业履行社会责任也会产生影响。本章中对总经理兼任董事长记为 1，反之记为 0。

董事会规模（*BOARD*）：董事会可以对企业行为进行监督，董事会人数的增加，代表着更广泛的利益相关者，企业社会责任的关注度也会提升。然而也有文献指出，过大规模的董事会将在一定程度上降低董事会成员的积极性。本章利用董事会人数的自然对数来衡量此变量。

高管持股比例（*MANSHR*）：对管理者进行股权激励有利于规避管理者的短视行为，从而提高管理者对企业社会责任的重视程度。本章以企业高级管理人员持股数量与总股数之比来衡量此变量。

产权性质（*NATURE*）：国有企业既要追求经济目标，也要实现非经济目标（黄速建、余菁，2006）。因此，与民营企业相比，国有企业因其特殊的性质与经营目标会更加重视履行企业社会责任。本章中对国有企业记为1，民营企业记为0。

本章控制变量中同时设置了地区虚拟变量（*RegDums*）与年度虚拟变量（*YearDums*），以控制企业所在地区和所处年度对企业社会责任的影响。具体变量定义可参见表6-1。

表6-1　连锁董事对企业社会责任的扩散影响变量

变量类型	变量名称	表示符号	变量说明
被解释变量	企业社会责任	*CSR_1*	和讯网企业社会责任评价指数
解释变量	连锁董事人数	*ID_1*	连锁董事的人数
	连锁董事所连锁的企业数	*ID_2*	每名连锁董事所联结企业数量的累加和
调节变量	内部控制水平	*IC*	迪博内部控制指数得分
	市场化程度	*MARKET*	市场化指数，取值范围为0~10，数值越大，市场化程度越高
控制变量	企业规模	*SIZE*	总资产的自然对数
	总资产收益率	*ROA*	净利润÷资产总额
	资产负债率	*LEV*	总负债÷总资产
	企业成长能力	*GROW*	营业收入增长率
	上市年限	*AGE*	统计日期减上市日期取整后加1
	业务复杂度	*COMPLEX*	（应收账款净额+存货净额）÷总资产
	企业价值	*TQ*	托宾*Q*值
	股权集中度	*FIRST*	第一大股东持股比例
	两职合一	*DUAL*	总经理兼任董事长记为1，否则记为0
	董事会规模	*BOARD*	董事会人数的自然对数
	高管持股比例	*MANSHR*	高级管理人员持股数量÷总股数
	产权性质	*NATURE*	国有企业记为1，民营企业记为0
	地区虚拟变量	*RegDums*	31个省份，20个地区虚拟变量
	年度虚拟变量	*YearDums*	2010—2018年，9个年度虚拟变量

6.2.3 研究模型

为分析连锁董事对企业社会责任的影响，本章以连锁董事人数（*ID*）为自变量，以企业社会责任（*CSR*_1）为因变量，建立模型（6-1）用于验证假设 H6-1。根据假设笔者预测连锁董事人数对企业社会责任有显著的正向作用，即 α_1 为正。

$$CSR\_1_{i,t}=\alpha_0+\alpha_1 ID\_1_{i,t}+\alpha_2 CONTROLS+RegDums+YearDums+\varepsilon_{i,t} \quad (6-1)$$

其中，$CSR\_1_{i,t}$ 表示企业社会责任指数；$ID\_1_{i,t}$ 表示企业连锁董事人数；*CONTROLS* 表示影响企业社会责任的控制变量，具体包括公司特征、财务特征和治理特征三类变量；*RegDums* 表示地区效应，*YearDums* 表示年度效应。各变量的定义如表 6-1 所示。

根据研究假设，连锁董事人数会对企业社会责任的扩散产生正向影响。因此，本章预测以上模型中连锁董事人数的系数显著为正。α_0 为常数项，α_1 和 α_2 为自变量及控制变量的回归系数，ε 为随机误差项。

本章用分组回归的方式检验内部控制水平和市场化程度对连锁董事与企业社会责任间关系的调节作用。具体而言，本章分年度计算公司内部控制水平的中位数，将样本分为内部控制水平高组与内部控制水平低组并进行回归，以检验内部控制水平的调节作用；分年度计算市场化程度的中位数，将样本分为市场化程度高组与市场化程度低组并进行回归，以检验市场化程度的调节作用。

6.3 实证结果分析

6.3.1 描述性统计

表 6-2 为主要变量的描述性统计结果，主要包括样本数量、均值、标准差、最小值等。可以发现，在解释变量中，连锁董事人数（*ID*_1）的均值为 2.1423，标准差为 1.1882，最小值为 1.0003，最大值为 10.0005，说明不同企业的连锁董事人数具有较大差异性。被解释变量中，企业社会责任（*CSR*_1）的均值为 25.2413，标准差为 17.2965，最小值为-18.4503，最大值为 90.8702，说明企业社会责任表现程度不一，整体上处于中等水平。在调节变量中，内部控制水平（*IC*）的均值为 6.4156，标准差为

1.3504，最小值为0，最大值为9.8563，说明企业的内部控制水平具有较大差异性，存在部分企业几乎没有内部控制的情况；市场化程度（*MARKET*）均值为8.1365，标准差为1.7361，最小值为-0.2304，最大值为10.0002，说明不同企业所处地区的市场化程度具有较大差异。在企业特征类控制变量中，样本企业间的规模、财务特征以及企业治理特征同样存在差异，可能会对企业社会责任产生影响。

表 6-2 主要变量描述性统计

变量名称	样本数量	均值	标准差	最小值	P25	中位数	P75	最大值
CSR_1	12050	25.2413	17.2965	-18.4503	16.240	22.070	28.180	90.8702
ID_1	12050	2.1423	1.1882	1.0003	1.0001	2.0003	3.0003	10.0005
IC	12050	6.4156	1.3504	0.0000	6.1937	6.6744	7.0413	9.8563
MARKET	12050	8.1365	1.7361	-0.2304	6.9808	8.8903	9.6136	10.0002
SIZE	12050	22.1542	1.2993	19.8125	21.2102	21.9772	22.8813	26.1713
ROA	12050	0.0433	0.0466	-0.1071	0.0163	0.0385	0.0666	0.1915
LEV	12050	0.4283	0.2083	0.0516	0.2605	0.4223	0.5883	0.8803
GROW	12050	0.2425	0.5827	-0.4962	0.0012	0.1315	0.3096	4.3105
AGE	12050	11.4843	6.7216	2.0000	6.0001	10.0003	17.0001	29.0003
COMPLEX	12050	0.2707	0.1692	0.0062	0.1443	0.2482	0.3684	0.7542
TQ	12050	2.1637	1.3819	0.9385	1.3064	1.7126	2.4805	8.9893
FIRST	12050	35.4116	15.1754	8.4401	23.2405	33.5203	45.7006	75.3906
DUAL	12050	0.2583	0.4385	0.0002	0.0002	0.0006	1.0002	1.0007
BOARD	12050	2.2604	0.1757	1.7921	2.1973	2.3032	2.3035	2.7733
MANSHR	12050	0.0667	0.1342	0.0001	0.0003	0.0004	0.0483	0.6042
NATURE	12050	0.3732	0.4842	0.0003	0.0005	0.0006	1.0006	1.0009

6.3.2 相关性分析

表 6-3 提供了连锁董事对企业社会责任扩散影响的主要变量之间的 Pearson 相关系数矩阵。由表中数据可以看出，连锁董事人数与企业社会责任评分的相关系数为0.0894，在1%的水平上显著；上对角线为 Spearman 相关系数，连锁董事人数与企业社会责任为0.0782，在1%的水平上显著。单变量相关系数的分析结果表明连锁董事和企业社会责任显著正相关，即连锁董事会提升企业自身的社会责任表现。

表 6-3 主要变量之间的相关性分析

变量	CSR_1	ID_1	IC	MARKET	ROA	LEV	FIRST	NATURE
CSR_1		0.0782***	0.2912***	0.0256***	0.4555***	0.0284***	0.1744***	0.1193***
ID_1	0.0894***		0.0390***	0.0513***	0.0130	0.0812***	-0.0075	0.0604***
IC	0.2441***	0.0431***		0.0767***	0.1773***	-0.0045	0.0906***	0.0406***
MARKET	-0.0142	0.0463***	0.0892***		0.0888***	0.1079***	0.0097	0.1874***
ROA	0.3072***	0.0144	0.1683***	0.0684***		0.4196***	0.1013***	0.1583***
LEV	0.0347***	0.0911***	-0.0041	0.1112***	0.3853***		0.0785***	0.3335***
FIRST	0.1518***	-0.0052	0.0925***	0.0106	0.1084***	0.0824***		0.2446***
NATURE	0.1624***	0.0799***	0.0400***	0.1690***	0.1285***	0.3342***	0.2426***	

注：***代表在 1%的水平上显著。

企业社会责任与调节变量之间的相关性分析显示：在下对角线为 Pearson 相关系数的计算结果中，企业社会责任与内部控制水平的相关系数为 0.2441，在 1%的水平上显著，但其与市场化程度的相关性不显著，表明内部控制水平越高，企业的社会责任表现越好，而企业所处地区的市场化程度与其社会责任评分没有显著的相关性。企业社会责任与内部控制水平的 Spearman 相关系数的计算结果与 Pearson 相关系数一致，与此同时，企业社会责任与市场化程度的相关系数为 0.0256，在 1%的水平上显著，说明市场化程度也在某种程度上提升了企业的社会责任表现。

企业社会责任与控制变量之间的相关性分析显示：在下对角线为 Pearson 相关系数的计算结果中，企业社会责任与总资产收益率的相关系数为 0.3072，与资产负债率的相关系数为 0.0347，均在 1%的水平上显著，表明总资产收益率越高、资产负债率越高的企业其社会责任表现越好。企业社会责任与股权集中度的相关系数为 0.1518，与产权性质的相关系数为 0.1624，均在 1%的水平上显著为正，表明股权集中度较小的企业其社会责任表现较差，相较于其他企业，国有企业的社会责任表现更好。除资产负债率以外，Spearman 相关系数的计算结果与 Pearson 相关系数基本一致。总体而言，企业社会责任与控制变量间的相关系数符号基本符合理论预期，多数具有统计意义上的显著性。

所有自变量之间的相关性分析显示：首先，连锁董事人数与其他自变量之间的相关系数均在 0.1 以下，表明关键解释变量和其他控制变量之间不存在高度的相关性，回归分析中多重共线性的问题会大大降低；其次，虽然多数控制变量之间的相关系数具有统计显著性，但是未有变量之间的相关系数超过0.5，这表明控制变量之间的相关性较低，这些较低的相关性表明本章的回归结果不会受到严重的共线性干扰。

6.3.3 回归结果分析

（1）主效应的回归结果分析

为检验假设H6-1，本章对模型（6-1）进行了多元回归分析，结果如表6-4所示。结果（1）中未加入任何控制变量，企业社会责任与连锁董事人数的回归系数为1.3014，在1%的显著性水平上正相关，表明连锁董事人数对企业承担社会责任有显著的正向影响，即企业中连锁董事人数的增加会推动企业社会责任的承担。结果（2）中加入了控制变量，企业社会责任与连锁董事人数的回归系数为0.4142，在1%的显著性水平上正相关，表明在控制其他因素的情况下，连锁董事人数的增加能够提升企业社会责任表现。为控制宏观经济变量的影响，结果（3）中进一步控制了年度效应和地区效应，企业社会责任与连锁董事人数的回归系数为0.4345，在1%的显著性水平上正相关，与前述结果保持一致。在逐渐加入控制变量后，模型的拟合优度有所上升，模型的解释能力增强。

控制变量方面：企业规模与企业社会责任的回归系数在1%的显著性水平上正相关，说明在控制其他因素的情况下，企业规模的扩大会提升企业的社会责任承担水平；总资产收益率与企业社会责任的回归系数在1%的显著性水平上正相关，说明企业的盈利能力越强，社会责任承担水平越高；企业资产负债率与企业社会责任的回归系数在1%的显著性水平上负相关，说明随着企业风险的增加，企业的社会责任承担水平呈下降趋势；上市年限与企业社会责任没有显著相关关系，这是因为企业上市年限或正向影响或负向影响评价企业社会责任的不同维度；托宾Q值与企业社会责任的回归系数显著为正，说明企业价值越高，其社会责任表现越好；第一大股东持股比例与企业社会责任没有显著相关关系，原因与企业上市年限类似；两职合一仅对企业社会责任有显著负向影响；董事会规模的回归系数并不显著，这可能是因为董事会规模对企业社会责任不同维度的影响方向不同；高管持股比例与企业社会责任在10%的水平上显著正相关，产权性质与企业社会责任显著正相关。控制变量的回归结果与预期基本一致。

概言之，上述回归结果表明连锁董事人数是影响企业社会责任表现的重要因素，连锁董事人数越多，企业的社会责任表现越好，从而验证了本章的假设 H6-1。

表 6-4 连锁董事对企业社会责任的影响

变量	(1)	(2)	(3)
ID_1	1.3014*** (9.1724)	0.4142*** (3.4830)	0.4345*** (3.6515)
SIZE		5.0799*** (29.3959)	5.0309*** (28.8109)
ROA		106.6810*** (29.1909)	103.3586*** (28.1791)
LEV		−7.4612*** (−8.0219)	−8.3665*** (−8.9200)
GROW		−0.6058*** (−2.5824)	−0.6330*** (−2.6967)
AGE		0.0375 (1.4863)	−0.0332 (−1.2811)
COMPLEX		4.6848*** (5.3043)	2.2367** (2.2553)
TQ		0.7030*** (5.6301)	0.8071*** (6.4028)
FIRST		0.0128 (1.2881)	0.0023 (0.2331)
DUAL		−0.7531** (−2.3352)	−0.6651** (−2.0632)
BOARD		−1.2344 (−1.4856)	−1.0413 (−1.2621)
MANSHR		1.8987* (1.7888)	2.0364* (1.9273)
NATURE		1.6584*** (4.4985)	1.8985*** (5.1270)
_cons	22.4534*** (68.2807)	−82.9492*** (−21.2232)	−85.2788*** (−20.6926)
观测值数	12050	12050	12050
Adj. R^2	0.0079	0.2989	0.3110
F	84.1335	196.3923	111.9826

注：小括号内数值为稳健 T 统计量；***、**、* 分别表示在 1%、5%和 10%的水平上显著。

(2) 调节效应的回归结果分析

内部控制是实现企业治理的基础设施建设（杨雄胜，2005），企业治理通过内部控制作用于企业行为，内部控制具有直接促进组织决策规范和治理的功能，因此，良好的内部控制水平能够对积极履行社会责任这一有利于企业长足发展的行为具有积极的正向影响。市场化程度高的地区，经济较为发达、法治化水平较高，具有社会责任理念的企业更多，基于竞争压力，企业会更多地承担社会责任。因此，市场化程度较高意味着面对利益相关者对企业承担社会责任的要求，企业会进一步规范自身行为，签署新的社会契约，承担企业社会责任。

表 6-5 为内部控制水平和市场化程度两个调节变量调节效应的回归结果，本章通过分组回归对其进行检验。首先，分年度计算内部控制水平的中位数，将样本分为内部控制水平高组与内部控制水平低组并进行回归。结果（1）和结果（2）为内部控制水平这一调节效应的回归结果，连锁董事人数系数在内部控制水平高组为 0.4655，在 1%的水平上显著，大于其在内部控制水平低组的 0.3216（在 10%的水平上显著）。其次，分年度计算市场化程度的中位数，将样本分为市场化程度高组与市场化程度低组并进行回归。结果（3）和结果（4）为市场化程度这一调节效应的回归结果，连锁董事人数系数在市场化程度高组为 0.4229，在 1%水平上显著，而在市场化程度低组没有显著性关系。调节效应系数与主效应系数方向一致，即内部控制水平越高、市场化程度越高，连锁董事人数对企业履行社会责任的促进作用越明显，从而本章假设 H6-2、H6-3 得到验证。

表 6-5　内部控制水平和市场化程度调节效应的回归结果

变量	(1)	(2)	(3)	(4)
	内部控制水平高组	内部控制水平低组	市场化程度高组	市场化程度低组
ID_1	0.4655*** (2.8214)	0.3216* (1.9406)	0.4229*** (3.3067)	0.2785 (0.8886)
SIZE	5.1461*** (22.6703)	3.5357*** (13.1916)	5.0669*** (26.6102)	4.9473*** (11.2325)
ROA	88.0013*** (16.6936)	102.7897*** (20.7131)	104.3756*** (25.9627)	90.3928*** (10.1347)
LEV	−7.3901*** (−5.2971)	−7.6319*** (−6.1456)	−7.9846*** (−7.6889)	−10.0257*** (−4.4632)

续表

变量	(1)	(2)	(3)	(4)
	内部控制水平高组	内部控制水平低组	市场化程度高组	市场化程度低组
GROW	-1.0543*** (-3.1318)	-0.3552 (-1.0956)	-0.6145** (-2.3063)	-0.3409 (-0.7098)
AGE	-0.0589 (-1.5923)	0.0448 (1.2520)	-0.0423 (-1.4758)	0.0757 (1.1487)
COMPLEX	1.2610 (0.8821)	1.2373 (0.9219)	2.6956** (2.4438)	-0.0423 (-0.0187)
TQ	1.0233*** (5.5505)	0.2653 (1.5572)	0.8104*** (5.9258)	1.1458*** (3.5960)
FIRST	-0.0314** (-2.2881)	0.0329** (2.3134)	-0.0023 (-0.2149)	0.0251 (0.9141)
DUAL	-0.4242 (-0.9303)	-0.7784* (-1.7513)	-0.7387** (-2.1268)	0.0339 (0.0394)
BOARD	-0.7431 (-0.6305)	-1.0697 (-0.9658)	-1.5185* (-1.7047)	3.0573 (1.3624)
MANSHR	0.1970 (0.1371)	2.2484 (1.4833)	2.2569** (2.0284)	-3.9738 (-1.1852)
NATURE	1.7342*** (3.2874)	1.7406*** (3.4038)	2.6295*** (6.3060)	-0.6041 (-0.7010)
_cons	-82.0988*** (-14.2465)	-56.7267*** (-9.4844)	-86.2333*** (-19.1515)	-90.9930*** (-9.0555)
观测值数	6026	6024	10046	2004
Adj. R^2	0.3448	0.2296	0.3222	0.2793
F	72.1239	39.2957	98.9132	19.1403

注：小括号内数值为稳健 T 统计量；***、**、*分别表示在 1%、5%和 10%的水平上显著。

6.4 异质性分析

6.4.1 连锁董事个人特征的异质性分析

(1) 女性连锁董事

性别是连锁董事个人特征中最容易获取的信息。随着女性社会地位的提高，女性就业人数越来越多，在工作中女性连锁董事和非女性连锁董事在促进企业承担社会责任方面是否存在差异？基于此，本章在异质性分析中引入连锁董事的性别特征进行分组检验。

分组检验结果见表6-6，在非女性连锁董事组中连锁董事人数的回归系数为0.4765，在5%的水平上显著，而女性连锁董事组中的连锁董事人数与企业社会责任之间并不存在显著性关系。首先，受性别差异及民族文化的影响，女性在工作中更加审慎，相较于男性可能更缺乏冒险性，这就会导致其在工作上的绩效差异。其次，由于社会资本的不平等以及社会对女性的刻板印象，导致女性连锁董事在董事会中的话语权比不上男性，进一步导致知识和资源并不能很好地通过女性董事流动起来。最后，由于女性通常扮演着生儿育女和照顾家庭的主要角色，因此女性的缺勤率往往也会高于男性。由此导致在非女性连锁董事占比更高的企业，连锁董事人数越多越能够促进其企业社会责任的履行。

表6-6 连锁董事个人特征的异质性检验：女性连锁董事

变量	(1)	(2)
	女性连锁董事	非女性连锁董事
ID_1	0.2009 (0.7051)	0.4765** (2.2914)
SIZE	5.7567*** (16.0128)	4.7835*** (23.7471)
ROA	108.6737*** (12.8623)	101.2215*** (24.8636)
LEV	-12.2002*** (-5.6193)	-7.2578*** (-6.9607)
GROW	-1.1340** (-2.2411)	-0.4708* (-1.7692)
AGE	0.0480 (0.8773)	-0.0583** (-1.9674)
COMPLEX	4.3317* (1.9520)	1.4408 (1.3036)
TQ	1.6034*** (4.4420)	0.6150*** (4.5903)
FIRST	0.0179 (0.7925)	-0.0020 (-0.1763)

续表

变量	(1)	(2)
	女性连锁董事	非女性连锁董事
DUAL	0.1416 (0.1786)	−0.8724** (−2.4983)
BOARD	−0.7617 (−0.3811)	−1.1721 (−1.3006)
MANSHR	−1.7970 (−0.6084)	2.6966** (2.4048)
NATURE	1.2793 (1.6403)	2.0175*** (4.7885)
_cons	−94.7800*** (−10.2438)	−80.3374*** (−17.0268)
观测值数	2733	9317
Adj. R^2	0.3551	0.2917
F	35.5325	78.8043

注：小括号内数值为稳健T统计量；***、**、*分别表示在1%、5%和10%的水平上显著。

(2) 独立连锁董事

根据资源依赖理论，独立连锁董事网络的形成大大提高了其获取和分配资源的能力，可以更好地发挥桥梁作用，帮助企业获取经营资源，提升企业绩效，履行社会责任，但同时身兼数职的独立连锁董事在某种程度上与多家企业建立了非正式联结，在一定程度上降低了独立连锁董事的独立性，不利于其监督职能的发挥。此外，由于我国企业治理环境的不健全，外部的声誉约束机制尚不能有效发挥作用，故而独立连锁董事占比高对于促进连锁董事影响企业社会责任的扩散并不明显，反而是非独立连锁董事能够更好维持其独立性，发挥好监督治理作用。分组检验结果见表6-7，在非独立连锁董事组中连锁董事人数的回归系数为0.5716，在1%的水平上显著，而独立连锁董事组中的连锁董事人数与企业社会责任之间并不存在显著性关系，说明在非独立连锁董事占比更高的企业，连锁董事人数的增多能够促进企业社会责任的表现。

表 6-7 连锁董事个人特征的异质性检验：独立连锁董事

变量	(1)	(2)
	独立连锁董事	非独立连锁董事
ID_1	0. 1361 (0. 5138)	0. 5716*** (3. 1364)
SIZE	5. 7603*** (16. 9839)	4. 7374*** (23. 1598)
ROA	109. 1291*** (14. 4555)	101. 4586*** (24. 0655)
LEV	-10. 0635*** (-5. 4000)	-7. 7402*** (-7. 1205)
GROW	-0. 3321 (-0. 6558)	-0. 7710*** (-2. 9482)
AGE	-0. 0377 (-0. 6973)	-0. 0296 (-0. 9968)
COMPLEX	2. 9228 (1. 5105)	2. 0486* (1. 7682)
TQ	1. 2151*** (4. 1370)	0. 6904*** (4. 9210)
FIRST	0. 0156 (0. 7611)	-0. 0038 (-0. 3336)
DUAL	-0. 8014 (-1. 1944)	-0. 6456* (-1. 7505)
BOARD	-0. 4766 (-0. 2729)	-1. 4751 (-1. 5743)
MANSHR	0. 4110 (0. 1975)	2. 7669** (2. 2494)
NATURE	1. 8375** (2. 5232)	1. 9143*** (4. 4345)
_cons	-102. 2445*** (-12. 9385)	-78. 8268*** (-16. 2837)
观测值数	3254	8796
Adj. R^2	0. 3375	0. 2970
F	39. 2033	74. 8353

注：小括号内数值为稳健 T 统计量；***、**、*分别表示在 1%、5%和 10%的水平上显著。

(3) 兼任连锁董事

两职合一往往意味着总经理自己监督自己，这会使董事会的独立性受到影响，降低董事会监督有效性，也增加了总经理利用职务权力侵占股东利益的可能性（Finkelstein and Daveni，1994）。总经理在做决策时会更倾向于追求短期的经济绩效。

分组检验结果见表 6-8，在非兼任连锁董事组中连锁董事人数的回归系数为 0.3626，在 1%的水平上显著，而在兼任连锁董事组中，二者之间并不存在显著性关系，说明在非兼任连锁董事占比更高的企业，连锁董事人数的增多能够促进其企业社会责任的表现。

表 6-8　连锁董事个人特征的异质性检验：兼任连锁董事

变量	(1)	(2)
	兼任连锁董事	非兼任连锁董事
ID_1	0.8449 (1.2745)	0.3626*** (2.9663)
SIZE	6.5000*** (5.9047)	4.9819*** (28.1741)
ROA	109.5481*** (3.1412)	103.1416*** (27.8871)
LEV	-21.3073*** (-2.7583)	-8.2774*** (-8.7607)
GROW	-0.4083 (-0.2347)	-0.6261*** (-2.6301)
AGE	0.0375 (0.1392)	-0.0369 (-1.4127)
COMPLEX	19.6345* (1.9549)	2.1266** (2.1337)
TQ	-0.6606 (-0.6495)	0.8313*** (6.5209)
FIRST	0.1283 (1.1296)	0.0014 (0.1401)
DUAL	-3.5239 (-0.6818)	-0.9639*** (-2.9322)
BOARD	-6.9592 (-0.7871)	-1.0325 (-1.2443)
MANSHR	1.4992 (0.1656)	1.8011* (1.7075)

续表

变量	(1)	(2)
	兼任连锁董事	非兼任连锁董事
NATURE	5.7585 (1.4686)	1.9060*** (5.1205)
_*cons*	-117.1316*** (-3.8614)	-84.1333*** (-20.2245)
观测值数	238	11812
Adj. R^2	0.4101	0.3094
F	8.5190	108.1011

注：小括号内数值为稳健 T 统计量；***、**、* 分别表示在 1%、5%和 10%的水平上显著。

(4) 学历为研究生及以上的连锁董事

连锁董事的研究生及以上学历表明连锁董事接受过严谨的学术训练，其在逻辑和行为上更加审慎（Francis et al.，2015）；同时，学术经历也使连锁董事更具有自律性，从而具备更高的社会道德标准和社会责任意识（Cho et al.，2017）。

分组检验结果见表 6-9，在研究生及以上学历组，连锁董事人数的回归系数为 0.3741，在 1%的水平上显著，而在非研究生及以上学历组，连锁董事人数与企业社会责任之间并不存在显著性关系，说明在研究生及以上学历连锁董事占比更高的企业，其社会责任履行状况更好。

表 6-9 连锁董事个人特征的异质性检验：学历为研究生及以上的连锁董事

变量	(1)	(2)
	研究生及以上学历	非研究生及以上学历
*ID*_1	0.3741*** (3.0195)	-0.4399 (-0.7336)
SIZE	5.0142*** (27.4286)	5.1867*** (8.0781)
ROA	103.9063*** (26.9065)	90.5656*** (7.5334)
LEV	-8.3947*** (-8.5119)	-8.3506*** (-2.6818)
GROW	-0.5534** (-2.2354)	-1.7958** (-2.3560)

续表

变量	(1)	(2)
	研究生及以上学历	非研究生及以上学历
AGE	-0.0417 (-1.5414)	-0.0273 (-0.2787)
COMPLEX	2.4762** (2.3834)	-1.0131 (-0.2936)
TQ	0.8361*** (6.3286)	0.2862 (0.6779)
FIRST	0.0014 (0.1293)	-0.0035 (-0.1093)
DUAL	-0.6867** (-2.0223)	-0.0568 (-0.0558)
BOARD	-0.5399 (-0.6163)	-6.0812** (-2.3645)
MANSHR	1.4721 (1.3219)	6.6267** (1.9739)
NATURE	1.8755*** (4.8690)	1.9182 (1.2853)
_*cons*	-84.9940*** (-19.7964)	-82.4388*** (-5.3581)
观测值数	10975	1075
Adj. R^2	0.3152	0.2684
F	105.5460	—

注：小括号内数值为稳健T统计量；***、**分别表示在1%、5%的水平上显著。

6.4.2 目标企业特征的异质性分析

产权环境是个人职能得到发挥的环境基础，国有产权可能会对连锁董事的履职意愿有所抑制（彭凯等，2018）；与非国有企业相比，国有企业的组织冗余程度也会负向影响连锁董事网络对企业创新的投入（严若森等，2018），进而影响企业的经营绩效与社会责任承担水平。在非国有企业中，连锁董事能以更加自由且有效率的方式去获取和支配资源。

分组检验结果见表6-10，在非国有企业样本组中，连锁董事人数的回归系数为0.4299，在1%的水平上显著，而在国有企业样本组中，连锁董事人数与企业社会责任之间并不存在显著性关系，说明在非国有企业中，连锁董事人数的增加能够促进其企业社会责任的表现。

表 6-10　目标企业特征的异质性检验：产权性质

变量	(1)	(2)
	国有企业	非国有企业
ID_1	0.2511 (1.2600)	0.4299*** (3.0866)
SIZE	5.6357*** (21.0655)	4.2277*** (17.4187)
ROA	115.6972*** (15.0757)	97.6436*** (24.0620)
LEV	-14.1116*** (-7.7781)	-4.6149*** (-4.2667)
GROW	-0.3363 (-0.7457)	-0.8711*** (-3.2660)
AGE	-0.0255 (-0.5432)	0.0047 (0.1457)
COMPLEX	6.4490*** (3.4992)	-0.2466 (-0.2149)
TQ	1.0652*** (3.8158)	0.5095*** (3.4945)
FIRST	-0.0136 (-0.7330)	0.0106 (0.8834)
DUAL	-0.4695 (-0.5827)	-0.9375*** (-2.7291)
BOARD	-0.7118 (-0.4861)	-0.5840 (-0.6128)
MANSHR	-8.7877 (-0.6878)	2.6839** (2.4986)
_cons	-99.4792*** (-15.5347)	-66.7866*** (-11.6241)
观测值数	4492	7558
Adj. R^2	0.3524	0.2565
F	64.8514	56.5020

注：小括号内数值为稳健 T 统计量；***、**分别表示在 1%、5%的水平上显著。

6.5 稳健性检验

为保证研究结论的可靠性，本章进行了一系列稳健性检验。具体包括更换解释变量、滞后一期解释变量和聚类稳健标准误检验。

6.5.1 更换解释变量

连锁董事作为本章的解释变量，衡量的准确性会影响研究结论的可靠性。用目标企业中连锁董事连锁企业数量代替研究模型（6-1）中连锁董事人数对企业社会责任的影响，这样的做法可以更准确地衡量连锁董事所掌握的资源数量。

（1）主效应

表6-11为连锁董事连锁企业数量对企业社会责任的多元回归结果。在控制了其他相关变量以及地区、年度效应后，连锁董事连锁企业数量与企业社会责任的相关系数为0.1990，在1%的显著性水平上为正。这表明更换了解释变量后，估计结果未发生变化，即连锁董事连锁企业数量的增加会显著提高其所在企业的社会责任表现，该稳健性检验结果支持了本章的假设H6-1。

表6-11 连锁董事连锁企业数量对企业社会责任的影响

变量	(1)	(2)	(3)
ID_2	0.4785*** (7.1955)	0.2059*** (3.6854)	0.1990*** (3.5678)
SIZE		5.0829*** (29.4179)	5.0419*** (28.8858)
ROA		106.5800*** (29.1424)	103.2903*** (28.1461)
LEV		-7.4424*** (-8.0044)	-8.3437*** (-8.8991)
GROW		-0.6055*** (-2.5772)	-0.6325*** (-2.6907)
AGE		0.0392 (1.5530)	-0.0314 (-1.2101)

续表

变量	(1)	(2)	(3)
COMPLEX		4.5696*** (5.1764)	2.1058** (2.1235)
TQ		0.7070*** (5.6572)	0.8115*** (6.4307)
FIRST		0.0127 (1.2802)	0.0023 (0.2310)
DUAL		-0.7530** (-2.3339)	-0.6671** (-2.0684)
BOARD		-1.1255 (-1.3628)	-0.8970 (-1.0940)
MANSHR		1.8465* (1.7391)	1.9755* (1.8689)
NATURE		1.6707*** (4.5337)	1.9158*** (5.1764)
_cons	23.4273*** (80.8409)	-83.1069*** (-21.2740)	-85.6255*** (-20.7947)
观测值数	12050	12050	12050
Adj. R^2	0.0046	0.2989	0.3109
F	51.7755	196.1621	111.7529

注：小括号内数值为稳健T统计量；***、**、*分别表示在1%、5%和10%的水平上显著。

（2）调节效应

表6-12为更换解释变量后内部控制水平和市场化程度两个调节变量调节效应的回归结果。结果（1）和结果（2）为内部控制水平这一调节效应的回归结果，连锁董事连锁企业数量系数在内部控制水平高组为0.1702，在5%的水平上显著，小于其在内部控制水平低组的0.1745（在5%的水平上显著）。虽然结果与主效应略有不同，但是后者在内部控制水平高组和低组并无较大差异。结果（3）和结果（4）为市场化程度这一调节效应的回归结果，连锁董事连锁企业数量系数在市场化程度高组为0.1955，在1%的水平上显著，而在市场化程度低组无显著性关系。调节效应系数与主效应系数方向一致，即市场化程度越高，连锁董事连锁企业数量对企业社会责任的促进作用越明显。

表 6-12 内部控制水平、市场化程度调节效应的回归结果

变量	(1)	(2)	(3)	(4)
	内部控制水平高组	内部控制水平低组	市场化程度高组	市场化程度低组
ID_2	0.1702** (2.2453)	0.1745** (2.1779)	0.1955*** (3.2591)	0.0751 (0.4986)
SIZE	5.1688*** (22.7703)	3.5324*** (13.2019)	5.0803*** (26.6986)	4.9526*** (11.2433)
ROA	87.9643*** (16.6640)	102.7136*** (20.7014)	104.2948*** (25.9257)	90.5730*** (10.1553)
LEV	-7.3887*** (-5.2962)	-7.5860*** (-6.1118)	-7.9722*** (-7.6785)	-9.9756*** (-4.4511)
GROW	-1.0473*** (-3.1057)	-0.3614 (-1.1139)	-0.6095** (-2.2808)	-0.3502 (-0.7298)
AGE	-0.0560 (-1.5136)	0.0456 (1.2750)	-0.0413 (-1.4420)	0.0786 (1.1923)
COMPLEX	1.1315 (0.7920)	1.1180 (0.8327)	2.5582** (2.3203)	-0.0544 (-0.0240)
TQ	1.0278*** (5.5573)	0.2667 (1.5666)	0.8170*** (5.9696)	1.1420*** (3.5801)
FIRST	-0.0316** (-2.3060)	0.0329** (2.3171)	-0.0021 (-0.1968)	0.0246 (0.8970)
DUAL	-0.4222 (-0.9254)	-0.7783* (-1.7506)	-0.7432** (-2.1393)	0.0344 (0.0399)
BOARD	-0.4948 (-0.4229)	-1.0029 (-0.9106)	-1.3828 (-1.5627)	3.1869 (1.4259)
MANSHR	0.1062 (0.0739)	2.2139 (1.4599)	2.2028** (1.9792)	-3.9984 (-1.1927)
NATURE	1.7477*** (3.3144)	1.7541*** (3.4302)	2.6536*** (6.3668)	-0.6124 (-0.7106)
_cons	-82.7826*** (-14.3701)	-56.7298*** (-9.5064)	-86.6814*** (-19.2738)	-91.0825*** (-9.0596)
观测值数	6026	6024	10046	2004
Adj. R^2	0.3444	0.2298	0.3222	0.2791
F	71.8122	39.3183	98.8242	18.9441

注：小括号内数值为稳健 T 统计量；***、**、* 分别表示在 1%、5%和 10%的水平上显著。

（3）异质性分析

表6-13为更换解释变量后女性连锁董事的异质性检验回归结果。在分组回归中，非女性连锁董事组中连锁董事连锁企业数量的回归系数为0.1550，在10%的水平上显著，而女性连锁董事组中连锁董事连锁企业数量与企业社会责任之间并不存在显著性关系，与前文结果保持一致，同时也进一步说明了在非女性连锁董事占比更高的企业，连锁董事连锁企业数量的增加能够促进所在企业的社会责任表现。

表6-13　连锁董事个人特征的异质性检验：女性连锁董事

变量	(1)	(2)
	女性连锁董事	非女性连锁董事
ID_2	0.1669 (1.4051)	0.1550* (1.9306)
SIZE	5.7369*** (15.9461)	4.7859*** (23.7580)
ROA	108.5309*** (12.8436)	101.1813*** (24.8537)
LEV	-12.1411*** (-5.5944)	-7.2358*** (-6.9430)
GROW	-1.1281** (-2.2202)	-0.4697* (-1.7638)
AGE	0.0496 (0.9093)	-0.0576* (-1.9431)
COMPLEX	4.2781* (1.9264)	1.3538 (1.2224)
TQ	1.5983*** (4.4301)	0.6157*** (4.5921)
FIRST	0.0185 (0.8222)	-0.0020 (-0.1782)
DUAL	0.1316 (0.1662)	-0.8731** (-2.4998)
BOARD	-0.7321 (-0.3764)	-1.1180 (-1.2412)
MANSHR	-1.8085 (-0.6129)	2.6672** (2.3788)

续表

变量	(1)	(2)
	女性连锁董事	非女性连锁董事
NATURE	1.3060* (1.6736)	2.0309*** (4.8246)
_cons	-94.7107*** (-10.2616)	-80.1394*** (-16.9667)
观测值数	2733	9317
Adj. R^2	0.3555	0.2915
F	35.5536	78.6908

注：小括号内数值为稳健T统计量；***、**、*分别表示在1%、5%和10%的水平上显著。

表6-14为更换解释变量后独立连锁董事的异质性检验回归结果。在分组回归中，非独立连锁董事组中连锁董事连锁企业数量的回归系数为0.2272，在1%的水平上显著，而独立连锁董事组中连锁董事连锁企业数量与企业社会责任之间并不存在显著性关系，与前文结果保持一致，同时也进一步说明了在非独立连锁董事占比更高的企业，连锁董事连锁企业数量的增加能够促进所在企业的社会责任表现。

表6-14　连锁董事个人特征的异质性检验：独立连锁董事

变量	(1)	(2)
	独立连锁董事	非独立连锁董事
ID_2	0.1173 (1.0427)	0.2272*** (2.7492)
SIZE	5.7435*** (16.9120)	4.7560*** (23.2712)
ROA	108.9411*** (14.4281)	101.4772*** (24.0568)
LEV	-10.0591*** (-5.3991)	-7.6914*** (-7.0809)
GROW	-0.3287 (-0.6477)	-0.7740*** (-2.9600)
AGE	-0.0365 (-0.6754)	-0.0278 (-0.9378)
COMPLEX	2.8897 (1.4943)	1.8632 (1.6094)

续表

变量	(1)	(2)
	独立连锁董事	非独立连锁董事
TQ	1.2118*** (4.1348)	0.6970*** (4.9555)
FIRST	0.0162 (0.7881)	-0.0043 (-0.3774)
DUAL	-0.7961 (-1.1867)	-0.6584* (-1.7834)
BOARD	-0.4846 (-0.2832)	-1.3306 (-1.4242)
MANSHR	0.4279 (0.2063)	2.6825** (2.1799)
NATURE	1.8533** (2.5430)	1.9343*** (4.4853)
_cons	-102.0142*** (-12.9368)	-79.2383*** (-16.3751)
观测值数	3254	8796
Adj. R^2	0.3376	0.2967
F	39.1622	74.6408

注：小括号内数值为稳健T统计量；***、**、*分别表示在1%、5%和10%的水平上显著。

表6-15为更换解释变量后兼任连锁董事的异质性检验回归结果。在分组回归中，非兼任连锁董事组中连锁董事连锁企业数量的回归系数为0.1912，在1%的水平上显著，而兼任连锁董事组中连锁董事连锁企业数量与企业社会责任之间并不存在显著性关系，与前文结果保持一致，同时也进一步说明在非兼任连锁董事占比更高的企业，连锁董事连锁企业数量越多其所在企业的社会责任表现越好。

表6-15　连锁董事个人特征的异质性检验：兼任连锁董事

变量	(1)	(2)
	兼任连锁董事	非兼任连锁董事
*ID*_2	0.1664 (0.5025)	0.1912*** (3.3698)
SIZE	6.5681*** (5.8965)	4.9840*** (28.2096)

续表

变量	(1)	(2)
	兼任连锁董事	非兼任连锁董事
ROA	111.0711*** (3.1779)	103.0074*** (27.8409)
LEV	-22.1919*** (-2.8864)	-8.2702*** (-8.7584)
GROW	-0.3579 (-0.2021)	-0.6234*** (-2.6153)
AGE	0.0040 (0.0147)	-0.0349 (-1.3374)
COMPLEX	16.7590* (1.7154)	2.0198** (2.0266)
TQ	-0.5845 (-0.5783)	0.8348*** (6.5445)
FIRST	0.1117 (0.9876)	0.0016 (0.1554)
DUAL	-4.7305 (-0.9192)	-0.9829*** (-2.9918)
BOARD	-5.5658 (-0.6365)	-0.9643 (-1.1696)
MANSHR	-0.2380 (-0.0269)	1.7737* (1.6812)
NATURE	5.8333 (1.4697)	1.9219*** (5.1653)
_*cons*	-118.4112*** (-3.8461)	-84.2271*** (-20.2784)
观测值数	238	11812
Adj. R^2	0.4068	0.3096
F	8.4846	108.0076

注：小括号内数值为稳健T统计量；***、**、*分别表示在1%、5%和10%的水平上显著。

表6-16为更换解释变量后学历为研究生及以上的连锁董事的异质性检验回归结果。在分组回归中，研究生及以上学历组中连锁董事连锁企业数量的回归系数为0.1703，在1%的水平上显著，而非研究生及以上学历

组中连锁董事连锁企业数量与企业社会责任之间并不存在显著性关系，与前文结果保持一致，进一步说明了研究生及以上学历的连锁董事占比越高，企业的社会责任表现越好。

表 6-16　连锁董事个人特征的异质性检验：学历为研究生及以上的连锁董事

变量	(1)	(2)
	研究生及以上学历	非研究生及以上学历
ID_2	0.1703*** (2.9273)	-0.0982 (-0.3709)
SIZE	5.0239*** (27.4874)	5.1767*** (8.0424)
ROA	103.8358*** (26.8762)	90.4934*** (7.5418)
LEV	-8.3764*** (-8.4963)	-8.4387*** (-2.7266)
GROW	-0.5519** (-2.2263)	-1.7811** (-2.3382)
AGE	-0.0400 (-1.4761)	-0.0240 (-0.2450)
COMPLEX	2.3649** (2.2769)	-0.8871 (-0.2574)
TQ	0.8387*** (6.3423)	0.2750 (0.6471)
FIRST	0.0014 (0.1296)	-0.0035 (-0.1106)
DUAL	-0.6911** (-2.0343)	-0.0613 (-0.0603)
BOARD	-0.4054 (-0.4661)	-6.1195** (-2.3801)
MANSHR	1.4219 (1.2766)	6.7020** (1.9939)
NATURE	1.8893*** (4.9070)	1.9097 (1.2819)
_cons	-85.3100*** (-19.8922)	-82.4788*** (-5.3434)
观测值数	10975	1075

续表

变量	(1)	(2)
	研究生及以上学历	非研究生及以上学历
Adj. R^2	0.3151	0.2682
F	105.3256	—

注：小括号内数值为稳健T统计量；***、**分别表示在1%、5%的水平上显著。

表6-17为更换解释变量后产权性质的异质性检验回归结果。在非国有企业样本组中连锁董事连锁企业数量的回归系数为0.1932，在1%的水平上显著，而国有企业样本组中连锁董事连锁企业数量与企业社会责任之间并不存在显著性关系，与前文结果保持一致，同时也进一步说明了在非国有企业，连锁董事连锁企业数量越多其所在企业的社会责任表现越好。

表6-17　目标企业特征的异质性检验：产权性质

变量	(1)	(2)
	国有企业	非国有企业
ID_2	0.1314 (1.3265)	0.1932*** (3.0471)
SIZE	5.6430*** (21.1405)	4.2247*** (17.4173)
ROA	115.5960*** (15.0576)	97.6535*** (24.0579)
LEV	-14.1277*** (-7.7887)	-4.5529*** (-4.2128)
GROW	-0.3346 (-0.7421)	-0.8734*** (-3.2687)
AGE	-0.0239 (-0.5084)	0.0069 (0.2170)
COMPLEX	6.3974*** (3.4755)	-0.3915 (-0.3413)
TQ	1.0654*** (3.8123)	0.5109*** (3.5028)
FIRST	-0.0134 (-0.7193)	0.0104 (0.8743)

续表

变量	(1)	(2)
	国有企业	非国有企业
DUAL	-0.4832 (-0.5993)	-0.9347*** (-2.7198)
BOARD	-0.6357 (-0.4370)	-0.4532 (-0.4795)
MANSHR	-8.6074 (-0.6729)	2.6050** (2.4255)
_*cons*	-99.6981*** (-15.6151)	-66.8323*** (-11.6454)
观测值数	4492	7558
Adj. R^2	0.3524	0.2565
F	64.6864	56.4553

注：小括号内数值为稳健T统计量；***、**分别表示在1%、5%的水平上显著。

6.5.2 滞后一期解释变量

为控制因连锁董事与企业社会责任在理论上可能存在互为因果关系而导致的内生性问题，本章利用连锁董事人数和企业社会责任因果关系中时间上的连续性，采用滞后一期解释变量的方法克服内生性问题。企业前期的连锁董事人数可能会影响当期的企业社会责任表现，但当期的企业社会责任表现无法影响前期连锁董事人数。因此本章采用连锁董事人数的滞后项作为解释变量，对上文设定的模型进行重新检验以控制内生性问题。

（1）主效应

表6-18为连锁董事人数影响企业社会责任的多元回归结果。结果（1）中未添加控制变量，结果（2）中加入控制变量，结果（3）中进一步引入了地区和年度虚拟变量。从表中我们可以看到，连锁董事人数影响企业社会责任的回归系数在加入控制变量后有所下降，从1.0355下降至0.3482；在同时加入控制变量以及地区、年度虚拟变量后发现回归系数也有所下降，从1.0355下降至0.3863，但显著性水平未发生变化，均在1%的显著性水平上为正。将这些结果与表6-4进行对比后发现，在滞后一期连锁董事人数解释变量之后，连锁董事人数对企业社会责任的影响没有显著变化。这表明连锁董事人数的增加会显著提高企业的社会责任表现，该稳健性检验结果支持了本章的假设H6-1。

表 6-18　连锁董事人数对企业社会责任的影响

变量	(1)	(2)	(3)
ID_1	1. 0355*** (6. 3174)	0. 3482** (2. 5331)	0. 3863*** (2. 7962)
SIZE		4. 6524*** (23. 0496)	4. 6105*** (22. 5808)
ROA		107. 9472*** (25. 8433)	103. 9858*** (24. 8927)
LEV		−7. 2347*** (−6. 5922)	−8. 5550*** (−7. 7404)
GROW		−0. 6000** (−2. 2235)	−0. 6741** (−2. 5147)
AGE		0. 0994*** (3. 3725)	0. 0213 (0. 7035)
COMPLEX		4. 1402*** (4. 0141)	1. 0609 (0. 9024)
TQ		0. 7523*** (5. 1079)	0. 8452*** (5. 6442)
FIRST		0. 0170 (1. 4684)	0. 0039 (0. 3377)
DUAL		−0. 6767* (−1. 7721)	−0. 5578 (−1. 4615)
BOARD		−1. 6331 (−1. 6284)	−1. 3645 (−1. 3743)
MANSHR		1. 9631 (1. 4761)	2. 3079* (1. 7334)
NATURE		1. 4478*** (3. 3884)	1. 7327*** (4. 0386)
_cons	22. 6631*** (57. 6467)	−71. 4136*** (−15. 4344)	−72. 4817*** (−14. 7979)
观测值数	8594	8594	8594
Adj. R^2	0. 0052	0. 3032	0. 3175
F	39. 9090	146. 5280	82. 5928

注：小括号内数值为稳健 T 统计量；***、**、* 分别表示在 1%、5%和 10%的水平上显著。

（2）调节效应

表 6-19 为内部控制水平和市场化程度两个调节变量调节效应的回归结果。结果（1）和结果（2）为内部控制水平这一调节效应的回归结果，连锁董事人数系数在内部控制水平高组为 0.6106，在 1%的水平上显著，在内部控制水平低组，连锁董事人数与企业社会责任不具有显著性关系。结果（3）和结果（4）为市场化程度这一调节效应的回归结果，连锁董事人数系数在市场化程度高组为 0.3064，在 5%的水平上显著，而在市场化程度低组二者没有显著性关系。将这些结果与表 6-5 进行对比后发现，在滞后一期连锁董事人数解释变量之后，调节效应没有显著变化。这表明在内部控制水平高、市场化程度高的样本中，连锁董事对企业社会责任的影响更明显，该稳健性检验结果进一步支持了本章的假设 H6-2、H6-3。

表 6-19 内部控制水平和市场化程度调节效应的回归结果

变量	(1)	(2)	(3)	(4)
	内部控制水平高组	内部控制水平低组	市场化程度高组	市场化程度低组
*ID*_1	0.6106*** (3.2807)	0.0881 (0.4494)	0.3064** (2.0560)	0.4806 (1.3425)
SIZE	4.5829*** (17.6868)	3.5051*** (10.8873)	4.6620*** (20.9657)	4.4544*** (8.4848)
ROA	88.6661*** (14.8714)	105.7572*** (18.5309)	104.6008*** (22.9269)	94.9577*** (9.0789)
LEV	-7.1221*** (-4.4169)	-8.2538*** (-5.5669)	-7.9000*** (-6.4812)	-10.9624*** (-4.0554)
GROW	-0.7127* (-1.8746)	-0.6978* (-1.9177)	-0.7288** (-2.3238)	-0.1789 (-0.3450)
AGE	-0.0090 (-0.2125)	0.0975** (2.2772)	0.0228 (0.6778)	0.1319* (1.6803)
COMPLEX	0.2994 (0.1798)	-0.0117 (-0.0072)	1.1346 (0.8683)	0.0207 (0.0077)
TQ	0.9995*** (4.6727)	0.4303** (2.1043)	0.9219*** (5.7756)	0.7195* (1.7580)
FIRST	-0.0421*** (-2.6903)	0.0521*** (3.0514)	-0.0019 (-0.1472)	0.0348 (1.1078)

续表

变量	(1) 内部控制水平高组	(2) 内部控制水平低组	(3) 市场化程度高组	(4) 市场化程度低组
DUAL	-0.2742 (-0.5191)	-0.8294 (-1.5352)	-0.6120 (-1.5026)	-0.1240 (-0.1166)
BOARD	-0.5820 (-0.4185)	-2.0648 (-1.5067)	-1.8396* (-1.7228)	2.5527 (0.9365)
MANSHR	1.5003 (0.8427)	1.6508 (0.8475)	2.3151* (1.6621)	-2.1707 (-0.4556)
NATURE	1.6800*** (2.8163)	1.3880** (2.2890)	2.3810*** (4.9455)	-0.7084 (-0.6933)
_cons	-75.0302*** (-11.0255)	-57.9112*** (-7.6809)	-82.3386*** (-15.0553)	-75.2101*** (-6.3188)
观测值数	4348	4246	7187	1407
Adj. R^2	0.3484	0.2495	0.3286	0.2858
F	51.8869	30.7154	73.0243	—

注：小括号内数值为稳健T统计量；***、**、*分别表示在1%、5%和10%的水平上显著。

(3) 异质性分析

表6-20为女性连锁董事的异质性检验回归结果。在分组回归中，无论是女性连锁董事组还是非女性连锁董事组，连锁董事人数与企业社会责任都不具有显著性关系，说明连锁董事性别特征对连锁董事人数影响企业社会责任的调节作用并不稳健。

表6-20 连锁董事个人特征的异质性检验：女性连锁董事

变量	(1) 女性连锁董事	(2) 非女性连锁董事
ID_1	0.3824 (1.4734)	0.2194 (1.0879)
SIZE	5.3002*** (13.2993)	4.3533*** (18.0656)
ROA	100.8234*** (10.6860)	103.8533*** (22.2802)
LEV	-13.5067*** (-5.6578)	-7.0439*** (-5.6095)

续表

变量	(1)	(2)
	女性连锁董事	非女性连锁董事
GROW	-0.7402 (-1.4188)	-0.5920* (-1.8920)
AGE	0.1080* (1.7765)	-0.0095 (-0.2689)
COMPLEX	4.6966* (1.8625)	-0.1345 (-0.1015)
TQ	1.7030*** (4.0354)	0.6360*** (3.9762)
FIRST	0.0269 (1.0616)	-0.0023 (-0.1761)
DUAL	0.1360 (0.1503)	-0.7215* (-1.7285)
BOARD	-0.9905 (-0.4229)	-1.5678 (-1.4463)
MANSHR	-2.5557 (-0.7216)	3.0165** (2.1083)
NATURE	0.8995 (1.0495)	1.9690*** (3.9641)
_*cons*	-91.1786*** (-8.4810)	-67.6377*** (-11.9170)
观测值数	2135	6459
Adj. R^2	0.3575	0.2963
F	27.6350	56.9335

注：小括号内数值为稳健T统计量；***、**、*分别表示在1%、5%和10%的水平上显著。

表6-21为独立连锁董事的异质性检验回归结果。在分组回归中，非独立连锁董事组中的连锁董事人数回归系数为0.4602，在5%的水平上显著，而独立连锁董事组中连锁董事人数与企业社会责任之间并不存在显著性关系，将这些结果与表6-7进行对比后发现，在滞后一期连锁董事人数解释变量之后，连锁董事对企业社会责任的影响没有显著变化。同时也进一步说明了在非独立连锁董事占比更高的企业，连锁董事对企业社会责任的扩散影响更明显。

表 6-21 连锁董事个人特征的异质性检验：独立连锁董事

变量	(1)	(2)
	独立连锁董事	非独立连锁董事
ID_1	0.1269 (0.4789)	0.4602** (2.5015)
SIZE	5.2701*** (13.4040)	4.3796*** (18.1977)
ROA	103.7111*** (12.1575)	103.8604*** (21.5745)
LEV	-11.5073*** (-5.1983)	-7.6327*** (-5.9783)
GROW	-0.5286 (-0.9442)	-0.7140** (-2.3016)
AGE	-0.0210 (-0.3433)	0.0334 (0.9524)
COMPLEX	2.5628 (1.1207)	0.4653 (0.3371)
TQ	1.2383*** (3.5260)	0.7731*** (4.6375)
FIRST	0.0328 (1.3370)	-0.0078 (-0.5916)
DUAL	-0.4436 (-0.5497)	-0.5929 (-1.3599)
BOARD	-0.5750 (-0.2587)	-1.7946 (-1.6179)
MANSHR	0.6626 (0.2494)	2.9198* (1.8925)
NATURE	1.4710* (1.7551)	1.9106*** (3.7915)
_cons	-96.1573*** (-10.0244)	-66.6826*** (-11.4702)
观测值数	2288	6306
Adj. R^2	0.3365	0.3078
F	26.4044	57.6674

注：小括号内数值为稳健 T 统计量；***、**、*分别表示在 1%、5%和 10%的水平上显著。

表 6-22 为兼任连锁董事的异质性检验回归结果。在分组回归中，非

兼任连锁董事组中的连锁董事人数回归系数为 0.3460，在 5%的水平上显著，而兼任连锁董事组中连锁董事人数与企业社会责任之间并不存在显著性关系，将这些结果与表 6-8 进行对比后发现，在滞后一期连锁董事人数解释变量之后，连锁董事对企业社会责任的扩散影响没有显著变化。同时也进一步说明在非兼任连锁董事占比更高的企业，连锁董事对企业社会责任的扩散影响更明显。

表 6-22 连锁董事个人特征的异质性检验：兼任连锁董事

变量	(1)	(2)
	兼任连锁董事	非兼任连锁董事
ID_1	1.2144 (1.3638)	0.3460** (2.4546)
SIZE	6.9579*** (5.1647)	4.5432*** (21.9759)
ROA	93.9153** (2.2944)	103.9756*** (24.6659)
LEV	-18.6714** (-2.3027)	-8.4844*** (-7.6199)
GROW	-0.6009 (-0.4386)	-0.6697** (-2.4444)
AGE	0.1053 (0.3113)	0.0166 (0.5437)
COMPLEX	25.8369** (2.0314)	0.8774 (0.7425)
TQ	-0.0598 (-0.0443)	0.8589*** (5.6746)
FIRST	0.2108 (1.5633)	0.0024 (0.2073)
DUAL	-1.1549 (-0.2157)	-0.8095** (-2.0748)
BOARD	-10.4877 (-0.9909)	-1.2632 (-1.2620)
MANSHR	0.6612 (0.0598)	1.9966 (1.5024)
NATURE	4.8900 (0.9741)	1.7783*** (4.1292)
_cons	-97.3463*** (-2.7219)	-71.0569*** (-14.3490)

续表

变量	(1)	(2)
	兼任连锁董事	非兼任连锁董事
观测值数	181	8413
Adj. R^2	0.4404	0.3160
F	—	79.9238

注：小括号内数值为稳健T统计量；***、**分别表示在1%、5%的水平上显著。

表6-23为研究生及以上学历连锁董事人数的异质性检验回归结果。在分组回归中，研究生及以上学历组中的连锁董事人数回归系数为0.3442，在5%的水平上显著，而非研究生及以上学历组中连锁董事人数与企业社会责任之间并不存在显著性关系，将这些结果与表6-9进行对比后发现，在滞后一期连锁董事人数解释变量之后，连锁董事对企业社会责任的扩散影响没有显著变化。同时也进一步说明在研究生及以上学历连锁董事占比更高的企业，连锁董事对企业社会责任的扩散影响更明显。

表6-23 连锁董事个人特征的异质性检验：学历为研究生及以上的连锁董事

变量	(1)	(2)
	研究生及以上学历	非研究生及以上学历
*ID*_1	0.3442** (2.3991)	0.0862 (0.1362)
SIZE	4.5291*** (21.2956)	5.0353*** (6.3357)
ROA	105.9766*** (24.3186)	75.8984*** (5.1508)
LEV	−8.3345*** (−7.2144)	−9.9257** (−2.5823)
GROW	−0.6102** (−2.1665)	−1.8618** (−2.2160)
AGE	0.0109 (0.3477)	0.0761 (0.5948)
COMPLEX	1.7000 (1.3929)	−6.4851 (−1.4270)
TQ	0.8366*** (5.4168)	0.3960 (0.6414)

续表

变量	(1)	(2)
	研究生及以上学历	非研究生及以上学历
FIRST	0.0055 (0.4457)	-0.0306 (-0.8160)
DUAL	-0.6127 (-1.5301)	0.5280 (0.4185)
BOARD	-1.0522 (-1.0051)	-3.8935 (-1.1525)
MANSHR	1.3399 (0.9649)	10.3047** (2.1831)
NATURE	1.7512*** (3.9420)	1.4568 (0.7178)
_*cons*	-78.7670*** (-15.1024)	-84.5555*** (-4.1683)
观测值数	7900	694
Adj. R^2	0.3214	0.2756
F	77.7464	—

注：小括号内数值为稳健T统计量；***、**分别表示在1%、5%的水平上显著。

表6-24为产权性质的异质性检验回归结果。在分组回归中，非国有企业组中的连锁董事人数回归系数为0.2870，在10%的水平上显著，而国有企业组中连锁董事人数与企业社会责任之间并不存在显著性关系，将这些结果与表6-10进行对比后发现，在滞后一期连锁董事人数解释变量之后，连锁董事对企业社会责任的扩散影响没有显著变化。同时也进一步说明了在非国有企业样本中，连锁董事对企业社会责任的扩散影响更明显。

表6-24　目标公司特征的异质性检验：产权性质

变量	(1)	(2)
	国有企业	非国有企业
*ID*_1	0.3718 (1.6360)	0.2870* (1.7579)
SIZE	4.9287*** (16.0491)	4.1562*** (14.2473)
ROA	118.2357*** (13.7226)	96.0177*** (20.7468)

续表

变量	(1)	(2)
	国有企业	非国有企业
LEV	−13.3010*** (−6.3648)	−5.0318*** (−3.8664)
GROW	−0.2180 (−0.3938)	−1.0580*** (−3.6098)
AGE	0.0002 (0.0029)	0.0692* (1.8834)
COMPLEX	5.6720*** (2.6099)	−1.8082 (−1.3308)
TQ	1.3191*** (3.6618)	0.6016*** (3.5366)
FIRST	−0.0135 (−0.6292)	0.0138 (0.9830)
DUAL	−0.2874 (−0.3090)	−0.8663** (−2.1166)
BOARD	−0.8086 (−0.4675)	−0.9490 (−0.8126)
MANSHR	−9.4653 (−0.6861)	3.1415** (2.3191)
_cons	−81.1342*** (−10.7629)	−68.5786*** (−9.5678)
观测值数	3283	5311
Adj. R^2	0.3578	0.2647
F	47.2719	43.2461

注：小括号内数值为稳健T统计量；***、**、*分别表示在1%、5%和10%的水平上显著。

6.5.3 聚类稳健标准误

本章所采用的是2010—2018年上市公司的面板数据。从横截面上看，不同企业之间可能存在较大差异，这会在一定程度上导致异方差问题。从时间序列上看，同一家企业在不同年度之间的数据可能存在某种关联，这会在一定程度上导致序列相关问题。无论是横截面上的异方差问题，还是时间序列上的序列相关问题，都会影响回归分析中对标准误的计算，进而影响统计推断。对于横截面上的异方差问题，本章在对企业个体层面进行聚类标准误调整的基础上，利用调整后的标准误进行统计推断。

（1）主效应

表 6-25 为连锁董事人数对企业社会责任影响的检验结果，结果（1）中未加入任何控制变量，结果（2）中加入了控制变量，结果（3）中加入了地区和年度虚拟变量。聚类稳健标准误只调整标准误的计算方法，并不影响对回归系数的估计，所以连锁董事人数的系数与表 6-4 的结果保持一致。对比标准误的大小后发现，与表 6-4 相比结果（1）、结果（2）和结果（3）中的标准误均有所降低，均在 1%的显著性水平上为正。这表明在控制企业个体时间层面上的聚类之后，连锁董事对企业社会责任的扩散影响依然存在，该稳健性检验结果支持了本章的假设 H6-1。

表 6-25　连锁董事人数对企业社会责任的影响

变量	(1)	(2)	(3)
ID_1	1.3014*** (3.8499)	0.4142*** (3.3169)	0.4345*** (3.4799)
SIZE		5.0799*** (4.2191)	5.0309*** (4.1605)
ROA		106.6810*** (14.0763)	103.3586*** (13.3283)
LEV		-7.4612*** (-4.7297)	-8.3665*** (-5.5155)
GROW		-0.6058** (-2.2471)	-0.6330** (-2.4609)
AGE		0.0375 (0.7657)	-0.0332 (-0.6731)
COMPLEX		4.6848*** (3.8213)	2.2367 (1.6374)
TQ		0.7030* (1.7780)	0.8071** (1.9957)
FIRST		0.0128 (0.6286)	0.0023 (0.1224)
DUAL		-0.7531 (-1.5531)	-0.6651 (-1.3781)
BOARD		-1.2344 (-1.1853)	-1.0413 (-1.0211)
MANSHR		1.8987 (1.5656)	2.0364* (1.6606)

续表

变量	(1)	(2)	(3)
NATURE		1.6584*** (2.6285)	1.8985*** (2.9258)
_cons	22.4534*** (16.4794)	-82.9492*** (-3.1630)	-85.2788*** (-3.2158)
观测值数	12050	12050	12050
Adj. R^2	0.0079	0.2989	0.3110
F	12.9680	670.7202	1404.7087

注：小括号内数值为稳健T统计量；***、**、*分别表示在1%、5%和10%的水平上显著。

（2）调节效应

表6-26为内部控制水平和市场化程度两个调节变量调节效应的回归结果，结果（1）和结果（2）为内部控制水平调节效应的检验结果，结果（3）和结果（4）为市场化程度调节效应的检验结果。聚类稳健标准误只调整标准误的计算方法，并不影响回归系数的估计，因此连锁董事人数的系数与表6-5保持一致。对比标准误的大小发现，结果（1）中的标准误与表6-5相比有所上升，结果（2）、结果（3）和结果（4）中的标准误与表6-5相比均有所降低，显著性水平与表6-5保持一致。这表明在控制企业个体时间层面上的聚类之后，内部控制水平越高、市场化程度越高，连锁董事对企业社会责任的扩散影响也越明显，该稳健性检验结果支持了本章的假设H6-2、H6-3。

表6-26　内部控制和市场化程度调节效应的回归结果

变量	(1)	(2)	(3)	(4)
	内部控制水平高组	内部控制水平低组	市场化程度高组	市场化程度低组
ID_1	0.4655*** (2.9601)	0.3216* (1.7879)	0.4229*** (3.0060)	0.2785 (0.8395)
SIZE	5.1461*** (4.0414)	3.5357*** (3.7869)	5.0669*** (4.0896)	4.9473*** (4.2964)
ROA	88.0013*** (15.8283)	102.7897*** (12.2969)	104.3756*** (14.4191)	90.3928*** (6.1875)
LEV	-7.3901*** (-3.1696)	-7.6319*** (-6.4968)	-7.9846*** (-5.6100)	-10.0257*** (-3.4133)

续表

变量	(1)	(2)	(3)	(4)
	内部控制水平高组	内部控制水平低组	市场化程度高组	市场化程度低组
GROW	-1.0543** (-1.9861)	-0.3552*** (-3.9310)	-0.6145** (-2.2682)	-0.3409 (-0.6743)
AGE	-0.0589 (-1.0805)	0.0448 (1.0691)	-0.0423 (-0.8393)	0.0757 (0.7959)
COMPLEX	1.2610 (0.6379)	1.2373 (0.8466)	2.6956* (1.7477)	-0.0423 (-0.0154)
TQ	1.0233** (2.1367)	0.2653 (0.9348)	0.8104* (1.8500)	1.1458*** (2.7032)
FIRST	-0.0314 (-1.4203)	0.0329* (1.7000)	-0.0023 (-0.1165)	0.0251 (0.6859)
DUAL	-0.4242 (-0.7622)	-0.7784 (-1.4164)	-0.7387 (-1.4216)	0.0339 (0.0453)
BOARD	-0.7431 (-0.5949)	-1.0697 (-0.8386)	-1.5185 (-1.4036)	3.0573 (1.0800)
MANSHR	0.1970 (0.1304)	2.2484 (1.3369)	2.2569* (1.8556)	-3.9738 (-0.9976)
NATURE	1.7342** (2.4098)	1.7406** (2.4530)	2.6295*** (3.8754)	-0.6041 (-0.4521)
_*cons*	-82.0988*** (-2.8242)	-56.7267*** (-2.9554)	-86.2333*** (-3.2235)	-90.9930*** (3.3211)
观测值数	6026	6024	10046	2004
Adj. R^2	0.3448	0.2296	0.3222	0.2793
F	354.9568	36.0638	61.8986	206.1720

注：小括号内数值为稳健T统计量；***、**、*分别表示在1%、5%和10%的水平上显著。

(3) 异质性分析

表6-27为女性连锁董事的异质性检验结果。结果（1）是女性连锁董事的回归结果，结果（2）是非女性连锁董事的回归结果，聚类稳健标准误只调整标准误的计算方法，并不影响回归系数的估计，所以连锁董事人数的系数与表6-6保持一致。对比标准误的大小发现，结果（1）和结果（2）中的标准误与表6-6相比均有所降低。虽然非女性连锁董事和女性连锁董事回归系数的显著性水平发生了变化，但是非女性连锁董事的回归系数仍然大于女性连锁董事，所以结果还是具有一定的稳健性。

表 6-27 连锁董事个人特征的异质性检验：女性连锁董事

变量	(1)	(2)
	女性连锁董事	非女性连锁董事
ID_1	0.2009 (0.5277)	0.4765 (1.4693)
SIZE	5.7567*** (3.7726)	4.7835*** (4.3276)
ROA	108.6737*** (14.6218)	101.2215*** (11.8742)
LEV	-12.2002*** (-4.5481)	-7.2578*** (-4.8416)
GROW	-1.1340 (-1.4736)	-0.4708** (-2.5205)
AGE	0.0480 (0.6950)	-0.0583 (-1.0309)
COMPLEX	4.3317* (1.8753)	1.4408 (1.0677)
TQ	1.6034*** (2.6118)	0.6150* (1.7365)
FIRST	0.0179 (0.6616)	-0.0020 (-0.0886)
DUAL	0.1416 (0.1673)	-0.8724 (-1.5479)
BOARD	-0.7617 (-0.3120)	-1.1721 (-1.0575)
MANSHR	-1.7970 (-0.5533)	2.6966** (2.0123)
NATURE	1.2793 (1.6023)	2.0175*** (2.6040)
_cons	-94.7800*** (-3.0745)	-80.3374*** (-3.3309)
观测值数	2733	9317
Adj. R^2	0.3551	0.2917
F	58.2111	728.5976

注：小括号内数值为稳健T统计量；***、**、*分别表示在1%、5%和10%的水平上显著。

表 6-28 为独立连锁董事的异质性检验结果。结果（1）是独立连锁董事的回归结果，结果（2）是非独立连锁董事的回归结果，聚类稳健标准误只调整标准误的计算方法，并不影响回归系数的估计，所以连锁董事人数的系数与表 6-7 保持一致。对比标准误的大小发现，结果（1）和结果（2）中的标准误与表 6-7 相比均有所降低。这表明在控制企业个体时间层面上的聚类之后，企业中非独立连锁董事的占比越高，连锁董事对企业社会责任的扩散影响越明显这一现象依然存在。

表 6-28　连锁董事个人特征的异质性检验：独立连锁董事

变量	(1)	(2)
	独立连锁董事	非独立连锁董事
ID_1	0.1361 (0.3609)	0.5716** (2.1146)
SIZE	5.7603*** (4.0733)	4.7374*** (3.9981)
ROA	109.1291*** (9.3322)	101.4586*** (11.6649)
LEV	-10.0635*** (-5.1276)	-7.7402*** (-5.5386)
GROW	-0.3321 (-0.9532)	-0.7710*** (-2.9252)
AGE	-0.0377 (-0.5608)	-0.0296 (-0.5441)
COMPLEX	2.9228 (1.3625)	2.0486 (1.5389)
TQ	1.2151** (2.2915)	0.6904* (1.7980)
FIRST	0.0156 (0.5418)	-0.0038 (-0.1832)
DUAL	-0.8014 (-0.9211)	-0.6456 (-1.3784)
BOARD	-0.4766 (-0.2389)	-1.4751 (-1.4818)
MANSHR	0.4110 (0.2186)	2.7669** (2.1686)
NATURE	1.8375** (2.4468)	1.9143** (2.4209)

续表

变量	(1)	(2)
	独立连锁董事	非独立连锁董事
_cons	-102.2445*** (-3.3815)	-78.8268*** (-2.9986)
观测值数	3254	8796
Adj. R^2	0.3375	0.2970
F	25.5492	39.5221

注：小括号内数值为稳健T统计量；***、**、*分别表示在1%、5%和10%的水平上显著。

表6-29为兼任连锁董事的异质性检验结果。结果（1）是兼任连锁董事的回归结果，结果（2）是非兼任连锁董事的回归结果，聚类稳健标准误只调整标准误的计算方法，并不影响回归系数的估计，所以连锁董事人数的系数与表6-8保持一致。对比标准误的大小发现，结果（1）中的标准误与表6-8相比有所上升，结果（2）中的标准误与表6-8相比有所降低，连锁董事人数的系数在非兼任连锁董事组中均保持在1%的水平上显著为正。这表明在控制企业个体时间层面上的聚类之后，企业中非兼任连锁董事占比越高，连锁董事对企业社会责任的扩散影响越明显。

表6-29 连锁董事个人特征的异质性检验：兼任连锁董事

变量	(1)	(2)
	兼任连锁董事	非兼任连锁董事
ID_1	0.8449* (1.7893)	0.3626*** (2.9081)
SIZE	6.5000*** (6.5407)	4.9819*** (4.1309)
ROA	109.5481*** (4.0604)	103.1416*** (13.5273)
LEV	-21.3073*** (-3.7982)	-8.2774*** (-5.2655)
GROW	-0.4083 (-0.2904)	-0.6261*** (-2.6191)
AGE	0.0375 (0.1370)	-0.0369 (-0.7439)

续表

变量	(1)	(2)
	兼任连锁董事	非兼任连锁董事
COMPLEX	19.6345 (1.6094)	2.1266 (1.5299)
TQ	-0.6606 (-0.6257)	0.8313** (2.0209)
FIRST	0.1283 (1.0717)	0.0014 (0.0718)
DUAL	-3.5239 (-1.4967)	-0.9639* (-1.8720)
BOARD	-6.9592 (-0.7688)	-1.0325 (-1.0125)
MANSHR	1.4992 (0.1733)	1.8011 (1.4545)
NATURE	5.7585 (1.3915)	1.9060*** (2.9687)
_cons	-117.1316*** (-4.1318)	-84.1333*** (-3.1839)
观测值数	238	11812
Adj. R^2	0.4101	0.3094
F	3.5710	1858.3102

注：小括号内数值为稳健T统计量；***、**、*分别表示在1%、5%和10%的水平上显著。

表6-30为研究生及以上学历连锁董事的检验结果。结果（1）是研究生及以上学历连锁董事的回归结果，结果（2）是非研究生及以上学历连锁董事的回归结果，聚类稳健标准误只调整标准误的计算方法，并不影响回归系数的估计，所以连锁董事人数的系数与表6-9保持一致。对比标准误的大小发现，结果（1）和结果（2）中的标准误与表6-9相比均有所降低。这表明在控制企业个体时间层面上的聚类之后，企业中学历为研究生及以上的连锁董事占比越高，连锁董事对企业社会责任的扩散影响越明显。

表 6-30 连锁董事个人特征的异质性检验：学历为研究生及以上的连锁董事

变量	(1)	(2)
	研究生及以上学历	非研究生及以上学历
ID_1	0.3741*** (2.9861)	-0.4399 (-0.7265)
SIZE	5.0142*** (4.0523)	5.1867*** (4.0968)
ROA	103.9063*** (12.9863)	90.5656*** (6.9316)
LEV	-8.3947*** (-5.1442)	-8.3506*** (-2.9531)
GROW	-0.5534* (-1.8850)	-1.7958*** (-3.0671)
AGE	-0.0417 (-0.8819)	-0.0273 (-0.1865)
COMPLEX	2.4762* (1.7146)	-1.0131 (-0.3134)
TQ	0.8361* (1.9496)	0.2862 (0.5719)
FIRST	0.0014 (0.0701)	-0.0035 (-0.0792)
DUAL	-0.6867 (-1.5005)	-0.0568 (-0.0515)
BOARD	-0.5399 (-0.5187)	-6.0812** (-2.2900)
MANSHR	1.4721 (1.2531)	6.6267* (1.6536)
NATURE	1.8755*** (2.8226)	1.9182 (1.0259)
_cons	-84.9940*** (-3.1652)	-82.4388*** (-3.0311)
观测值数	10975	1075
Adj. R^2	0.3152	0.2684
F	10810.3849	36.2470

注：小括号内数值为稳健T统计量；***、**、*分别表示在1%、5%和10%的水平上显著。

表6-31为产权性质的异质性检验结果。结果（1）是国有企业样本的回归结果，结果（2）是非国有企业样本的回归结果，聚类稳健标准误只调整标准误的计算方法，并不影响回归系数的估计，因此连锁董事人数的系数与表6-10保持一致。对比标准误的大小发现，结果（1）中的标准误与表6-10相比有所降低，结果（2）中的标准误与表6-10相比有所提高。这表明在控制企业个体时间层面上的聚类之后，在非国有企业中，连锁董事对企业社会责任的扩散影响更明显。

表6-31　目标公司特征的异质性检验：产权性质

变量	(1)	(2)
	国有企业	非国有企业
ID_1	0.2511 (1.1727)	0.4299*** (3.1493)
SIZE	5.6357*** (4.5643)	4.2277*** (3.6599)
ROA	115.6972*** (10.2636)	97.6436*** (12.3786)
LEV	-14.1116*** (-4.9126)	-4.6149*** (-3.5608)
GROW	-0.3363 (-0.6405)	-0.8711*** (-2.8177)
AGE	-0.0255 (-0.4553)	0.0047 (0.0772)
COMPLEX	6.4490*** (2.6153)	-0.2466 (-0.1667)
TQ	1.0652* (1.8053)	0.5095* (1.9073)
FIRST	-0.0136 (-0.4809)	0.0106 (0.5198)
DUAL	-0.4695 (-0.4532)	-0.9375** (-2.0376)
BOARD	-0.7118 (-0.4559)	-0.5840 (-0.4540)
MANSHR	-8.7877 (-0.5962)	2.6839* (1.8136)

续表

变量	(1)	(2)
	国有企业	非国有企业
_cons	-99.4792 *** (-3.3683)	-66.7866 *** (-2.8551)
观测值数	4492	7558
Adj. R^2	0.3524	0.2565
F	9.2659	29.5874

注：小括号内数值为稳健T统计量；***、**、*分别表示在1%、5%和10%的水平上显著。

6.6 本章小结

关系网络是企业发展的重要手段，也是企业社会责任行为的重要制约与塑造因素。连锁董事的出现，使得关系网络与企业社会责任的关系更为复杂。连锁董事的存在构成了企业间可靠且成本较低的信息传导机制。随着企业对社会责任重视程度的日益增强，连锁董事的影响作用也成为不可忽视的一环。本章以2010—2018年中国沪深两市A股上市公司为样本，利用多元回归模型进行实证检验，研究发现：

连锁董事对企业社会责任的扩散存在正向影响。作为上市公司普遍存在的连锁董事，他们之间的联结在企业之间形成了一张无形的网，连锁董事人数越多，意味着企业之间的联结越密切，对社会责任的扩散影响越大。

在内部控制水平越高、市场化程度越高的情况下，连锁董事对企业社会责任的扩散影响越明显。内部控制水平体现了企业内部制度建设情况，市场化程度体现了企业所处的外部环境，内外部环境越好，社会责任扩散的渠道越畅通，连锁董事对企业社会责任的扩散作用也越明显。

异质性检验结果发现，在非女性连锁董事占比高、非独立连锁董事占比高、非兼任连锁董事占比高、学历为研究生及以上的连锁董事占比高的情况下，连锁董事对企业社会责任的扩散影响更明显，非国有企业中连锁董事对企业社会责任的扩散影响比国有企业更明显。

为保证研究结论的稳健性，本章又进行了一系列稳健性检验，具体包括更换解释变量、滞后一期解释变量和聚类稳健标准误检验，研究结论基本保持不变。

7 连锁董事对企业社会责任分维度的扩散影响

本章在第6章的基础上，分别从股东责任、员工责任、供应商和客户及消费者权益责任、环境责任维度，实证检验连锁董事与企业社会责任分维度的关系。为保证实证结果的可靠性与稳健性，本章分别进行了异质性分析及稳健性检验。

7.1 连锁董事影响企业社会责任分维度扩散的理论分析与研究假设

履行社会责任是组织管理的道德要求，是组织的自愿行为。2022年，股票上市规则进行了修订，明确规定公司应披露社会责任报告等非财务信息，2022年在《关于做好科创板上市公司2021年年度报告披露工作的通知》中，也要求上市公司披露ESG相关信息或者社会责任报告，重点披露助力“双碳”目标实现、促进可持续发展的信息。可见，监管部门要求企业进行信息披露时应考虑到除股东之外的其他利益相关者的需求。同时，碳减排离不开企业社会责任的履行，因此，本章将对企业社会责任的各个维度进行考察。

除实证检验连锁董事对企业社会责任分维度的影响之外，本章引入内部控制水平和市场化程度两个内外部因素，对不同条件下企业社会责任分维度的履行情况进行客观评价。

7.1.1 连锁董事对企业社会责任分维度的扩散影响

本节分别从股东责任、员工责任、供应商和客户及消费者权益责任、环境责任维度对连锁董事与企业社会责任的关系进行分析，并提出相关研究假设。

(1) 连锁董事对股东责任的影响

企业需履行对股东的责任，股东作为企业的投资者，是企业的实际拥有者与受益人。因此，企业必须为股东的资金安全和投资收益负责，同时也要为股东提供业务发展与融资方面的可靠信息。企业履行股东责任，可以与其保持长期稳定的合作关系，避免机会主义行为，维持企业长远发展，最大程度实现股东资本的保值增值，从而提升企业绩效（朱永明、李婧，2021）。

企业股东最为关注的是企业的治理水平和经济效益。连锁董事作为联结不同企业间的桥梁，可以帮助企业缓解治理缺陷问题，提高企业的治理水平和经营绩效，推动企业更好地履行股东责任（李虹含等，2022）。此外，连锁董事代表着股东的利益，对企业起着战略咨询与监督作用（刘颖等，2015）。这能在一定程度上帮助企业提升治理效率，有利于企业经济效益的提升。因此，我们提出如下假设：

H7-1：连锁董事有助于企业履行股东责任。

(2) 连锁董事对员工责任的影响

随着经济社会的发展，人力资本正逐渐成为经济与社会发展的主要引擎，是经济实体中最主要的资产之一。员工是企业人力资源的重要组成部分，是企业最宝贵的财富。企业履行对员工的责任，关心员工的安全和健康，给予员工更多的成长空间，员工会更加努力地工作以提高企业的效率。企业履行员工责任，如更好的工作环境、更高的福利待遇、促进工作与生活平衡的政策等，可以提高员工的工作效率，吸引和培养优质人才，直接促进企业绩效的提升（朱月乔、周祖城，2020）。

连锁董事对于促进企业履行员工责任有一定的积极意义。一方面，连锁董事参与企业治理，有助于进一步健全企业治理结构，提升企业的管理能力和绩效，推动企业更好地履行员工责任；另一方面，连锁董事可以发挥信息获取优势，更多地关注企业履行员工责任的情况。因此，我们提出如下假设：

H7-2：连锁董事有助于企业履行员工责任。

(3) 连锁董事对供应商和客户及消费者权益责任的影响

实现企业利益最大化目标，关键还是要依靠客户和消费者的购买行为。企业通过提供物美价廉、健康、舒适、耐用的商品和服务来满足客户和消费者的需求，履行相应的责任，能够促使客户和消费者为企业的产品支付溢价，为企业带来利润。同时，企业履行社会责任可以提升消费者对企业的满意度和认同感、培养消费者的品牌忠诚度、稳定客源，从而提高企业绩效（朱永明、李婧，2021）。供应商是企业的关键合作伙伴，他们向企业提供了各种生产所需的物资。企业承担对供应商的责任，供应商也更愿意与企业进行知识共享，给企业带来优质资源。企业履行供应商责任可以帮助企业获得优质、优惠的原材料，从而降低库存成本，压缩生产周期，实现精益生产和敏捷制造，对企业绩效具有积极影响（朱永明、李婧，2021）。连锁董事参与企业的治理，有助于进一步健全企业的治理结构，提升企业的管理能力和经营绩效，推动企业更好地履行供应商、客户和消费者权益责任。因此，我们提出如下假设：

H7-3：连锁董事有助于企业履行供应商和客户及消费者权益责任。

（4）连锁董事对环境责任的影响

已有文献从不同角度研究了连锁董事对企业行为的影响，目标企业会通过连锁董事所传递的信息对连锁企业的行为做出反应。制度理论认为，组织在生产经营过程中，为获取合法性地位，会根据当地制度环境中的特征方向改变自身行为，从而产生“制度同形”（Zucker，1977）。节约资源和环境保护是我国的基本国策之一，在党的十八大报告中，明确提出将生态文明建设放在更加突出的战略地位，努力走向社会主义生态文明新时代。这些社会政策表明建设资源节约型和环境友好型社会已经成为社会的主流思想，企业环境信息的公开已经逐渐被大众所认可，形成了广泛共识（马军，2011）。由此可见，我国已经形成了企业履行环境责任的制度环境，并且对企业产生一定的制度压力。

企业间的关系网络推动了各企业的共同发展，是企业在市场中扩展生存空间的重要渠道之一（严若森等，2018）。连锁董事的存在将企业与外部环境联系起来，促进企业之间的资源交换和信息沟通，形成知识共享机制，增强企业资源获取能力，降低企业交易成本。模仿同形是企业间“制度同形”的机制之一（DiMaggio and Powell，1983）。当企业面对不确定的外界环境时，模仿其他企业的行为则成为一种选择。如果连锁企业开始关注环境责任并采取行动，目标企业会面临合法性压力。为满足连锁企业利益相关者的期望，维护与利益相关者的关系以获得所需资源，减小环境不确定性对企业的影响，目标企业往往会利用连锁董事传递的信息和知识进行组织间的模仿行为，从而开始承担环境责任。因此，我们提出如下假设：

H7-4：连锁董事有助于企业履行环境责任。

7.1.2 内部控制水平对连锁董事与企业社会责任分维度关系的调节效应

企业治理可提高企业履行社会责任的使命感和积极性，是影响企业履行社会责任的最关键因素（Aguinis and Glavas，2012）。为切实保障企业能够履行社会责任，企业必须建立相应的企业治理机制，其中最为重要的是企业的内部控制制度（易开刚，2011）。具体来说，内部控制水平可以促使企业主动回应社会关切，履行更多社会责任，协调企业与员工、环境、社会间的关系，推动自身与社会共同发展。

内部控制能促进企业对投资者、债权人、员工、客户、供应商、环境、纳税等履行更多的社会责任。已有研究证实，企业的内部控制水平能够显著提高企业对政府和股东所履行的社会责任（Wang et al.，2015）。此外，内部控制水平对企业履行股东责任、供应商和客户及消费者权益责任有显著的促进作用（张礼涛、王建玲，2016）。良好的内部控制水平能够增强企业的组织理性，促进企业回应政府、投资者、供应商、员工等利益相关者。在非国有企业中，薄弱的内部控制体系可能是企业不能很好地履行社会责任的重要原因（李志斌，2014）。在内部控制制度的引导下，社会责任作为企业义务的一部分，有助于企业遵守与消费者、供应商、社会环境之间和谐发展的约定。企业在履行社会责任的同时，无形中也提高了企业的社会形象，为企业带来潜在的未来收益（刘芳芳，2012）。

内部控制是企业提升经营效率、管控风险的利器（叶承辉，2021）。从风险管控的角度来看，高水平的内部控制能加强对企业的风险管控，而风险评估能够帮助企业筛选出董事网络中的关键信息（周雪峰等，2020）。连锁董事能更好地发挥其信息传递与监督的作用，通过科学的方法进行评估，帮助企业快速识别风险，遏制有损于企业利益、声誉和形象的行为。这在一定程度上要求企业履行更多环境责任、股东责任、供应商和客户及消费者权益责任、员工责任等，促进企业的发展。

高水平的内部控制意味着有效的激励与监督。有效的激励和监督能够减少代理成本，有助于为企业提供用于构建网络关系的专用性支出，从而强化董事网络对企业社会责任的承担（周雪峰等，2020）。此外，内部控制的这种监督职能要求企业在安全生产、产品质量、环境保护等方面投入更多的关注，这也刚好与企业需履行的社会责任内容相契合（刘芳芳，2012）。内部控制的监督程序能够有效地控制企业履行社会责任，当企业不积极履行社会责任时，内部控制报告将对其进行披露，这有助于企业的自我反思和改善。因此，我们提出如下假设：

H7-5：内部控制水平正向调节连锁董事与企业社会责任分维度的关系。

7.1.3 市场化程度对连锁董事与企业社会责任分维度关系的调节效应

企业作为市场化进程中经济环境的主要参与者，会受到各利益相关者的关注。因此，企业履行社会责任时需要充分考虑利益相关者的预期。具体而言，企业应关注员工的权益，为员工提供良好的生活、工作和发展环境；注重与股东、供应商、政府、社区等外部利益相关者的交流沟通；向客户提供优质产品和服务等（Aguinis and Glavas，2012）。在市场化程度高、政府干预程度低、法律法规制度完善的地区，企业受到的监管会更强，企业履行社会责任的水平会更高（周中胜等，2012）。这是因为市场化程度越高，各方面的要素传导机制越好，企业履行社会责任所产生的内外部效益能够更好地帮助企业获得竞争优势，也能更好地帮助企业向股东、员工、供应商、客户、消费者和政府等利益相关者传递有利信号（许金花等，2019）。

市场化程度越高，企业对风险承担价值的认识越强，越有利于连锁董事信息传递功能和所拥有资源优势的发挥（刘衡、苏坤，2017）。连锁董事在企业决策中的作用越明显，上市公司对提升企业价值的追求也越有利于连锁董事发挥资源优势，进而更好地指导企业积极履行对股东、员工、供应商和客户及消费者、环境的责任。与之相反的是，在市场化程度较低的地区，政府干预程度相对较高，企业的风险承担决策不可避免地会受到较多的外界干预，连锁董事很难发挥实质作用。也就是说，与市场化程度较低的地区相比，连锁董事对企业社会责任分维度的影响在市场化程度较高的地区更为明显。另外，在市场化程度较高的地区，市场经济运行的基础设施更为完善、信息透明度更高，连锁董事网络对企业的关注也更多，因而股东、员工、供应商、客户、消费者和政府等利益相关者对企业的期望也会更高，这也能推动企业积极履行对利益相关者的责任（徐二明、衣凤鹏，2014）。因此，我们提出如下假设：

H7-6：市场化程度正向调节连锁董事与企业社会责任分维度的关系。

7.2 研究设计

7.2.1 样本选择和数据来源

本章所使用的上市公司连锁董事数据、财务数据来源于国泰安（CSMAR）数据库，企业治理数据来源于国泰安（CSMAR）数据库、色诺芬（CCER）数据库和中国研究数据服务平台（CNRDS）数据库，企业社会责任分维度数据来源于和讯网，企业内部控制水平数据来源于深圳迪博数据库（DIB）。本章选择 2010—2018 年中国沪深两市 A 股上市公司非平衡面板数据为研究样本。考虑到金融行业的特殊性，删除金融行业公司，又进一步删除了研究变量缺失的公司，最终得到 12050 个样本公司的年度观测值。此外，为控制异常值对实证研究结果的影响，对文中所有连续性变量均在 1%和 99%分位数进行了缩尾（Winsorize）处理。本章所有数据处理和统计分析均在 Stata17.0 下完成。

7.2.2 变量定义

（1）被解释变量：企业社会责任分维度评价指数

本章被解释变量为企业社会责任分维度评价指数，选择和讯网对企业社会责任分维度的评级结构。和讯网披露企业社会责任主要从股东责任、员工责任、供应商和客户及消费者权益责任、环境责任与社会责任五个维度考察，本章选取前四个维度，即股东责任、员工责任、供应商和客户及消费者权益责任、环境责任，记为 *CSR_n*。

（2）解释变量：连锁董事人数

本章对连锁董事的定义与测量同第 6 章，在此不再赘述。

（3）调节变量：内部控制水平、市场化程度

本章对内部控制水平和市场化程度的定义与测量同第 6 章，在此不再赘述。

（4）控制变量

根据企业社会责任研究的相关文献，企业社会责任主要受到企业财务因素和宏观经济因素的影响。为有效检验连锁董事人数对企业社会责任分维度

的扩散影响，本章在回归模型中控制了企业特征、财务特征和治理特征这三类变量。其中，企业特征包括企业规模、上市年限和产权性质；财务特征包括总资产净利率、资产负债率、营业收入增长率和托宾 Q 值；治理特征包括股权集中度、业务复杂度、两职合一、高管持股比例和董事会规模。

此外，为控制行业差异以及年度因素的影响，本章还控制了行业和年度效应。其中，行业虚拟变量以证监会 2012 年颁布的《上市公司行业分类指引》行业大类为依据。由于制造业上市公司数量众多且内部差异较大，制造业取 2 位行业代码，其他行业按大类取 1 位行业代码，合计 21 个行业设置 20 个虚拟变量，以 *IndustryDums* 表示。为控制宏观经济政策及经济波动的影响，本章对样本区间设置 9 个年度虚拟变量，以 *YearDums* 表示。表 7-1 中简要说明了企业社会责任分维度影响因素中的主要变量。

表 7-1　企业社会责任分维度影响因素中的主要变量

变量类型	变量名称	表示符号	变量说明
被解释变量	企业社会责任分维度评价指数	*CSR_n*	共四个分维度：股东责任、员工责任、供应商和客户及消费者权益责任、环境责任
解释变量	连锁董事人数	*ID_1*	连锁董事的人数
调节变量	内部控制水平	*IC*	迪博内部控制指数得分
	市场化程度	*MARKET*	市场化指数：数值越大，市场化程度越高
控制变量	企业规模	*SIZE*	总资产的自然对数
	上市年限	*AGE*	统计日期减上市日期取整后加 1
	产权性质	*NATURE*	国有企业记为 1，其他记为 0
	总资产净利率	*ROA*	净利润÷资产总额
	资产负债率	*LEV*	总负债÷总资产
	营业收入增长率	*GROW*	本年营业收入增加额÷上年营业收入总额
	托宾 Q 值	*TQ*	公司的市场价值÷资产重置成本
	股权集中度	*FIRST*	第一大股东持股比例
	业务复杂度	*COMPLEX*	（应收账款净额+存货净额）÷总资产
	两职合一	*DUAL*	总经理兼任董事长记为 1，否则记为 0
	高管持股比例	*MANSHR*	高级管理人员持股数量÷总股数
	董事会规模	*BOARD*	董事会人数的自然对数
	行业效应	*IndustryDums*	以证监会 2012 年行业分类代码为依据，制造业取 2 位，其余行业取 1 位，设置 20 个行业虚拟变量
	年度效应	*YearDums*	2010—2018 年，9 个年度虚拟变量

7.2.3 研究模型

为检验连锁董事对企业社会责任分维度的扩散影响，构建以下多元回归模型：

$$CSR\_n_{i,t}=\alpha_0+\alpha_1 ID\_1_{i,t}+\alpha_2 CONTROLS+IndustryDums+YearDums+\varepsilon_{i,t} \tag{7-1}$$

其中，$CSR_n_{i,t}$表示企业社会责任分维度评价指数，即股东责任、员工责任、供应商和客户及消费者权益责任、环境责任分维度评价指数；$ID_1_{i,t}$表示企业连锁董事人数；*CONTROLS* 表示影响企业社会责任分维度的控制变量，具体包括企业特征、财务特征和治理特征三类变量；*IndustryDums* 表示行业效应；*YearDums* 表示年度效应。各变量的定义如表 7-1 所示。根据研究假设，连锁董事人数会对企业社会责任分维度的扩散产生正向影响。因此，本章预期以上模型中连锁董事人数的系数显著为正。

7.3 实证结果分析

7.3.1 描述性统计

表 7-2 提供了对研究样本主要变量的描述性统计，具体包括样本数量、均值、标准差、最小值、P25、中位数、P75、最大值。

首先，对于企业股东责任评分：其均值为 13.7751，中位数为 14.3100，两者差异较小，说明样本公司的股东责任得分不存在严重偏态；其最小值为-11.3100，最大值为 28.1900，样本离差高达 39.5000，标准差为 6.4093，表明样本公司的股东责任得分存在较大差异。

其次，对于企业员工责任评分：其均值为 2.8813，中位数为 1.7000，两者差异较大，说明样本公司的员工责任得分存在一定程度的偏态；其最小值为-0.1600，最大值为 15.0000，样本离差高达 15.1600，标准差为 3.2872，说明样本公司的员工责任得分存在较大差异。

再次，对于供应商和客户及消费者权益责任评分：其均值为 2.7782，中位数为 0.0000，两者的差异较大，说明样本公司的供应商和客户及消费者权益责任得分存在一定程度的偏态；其最小值为 0.0000，最大值为

20.0000，样本离差高达20.0000，标准差为5.8672，说明样本公司的供应商和客户及消费者权益责任得分存在较大差异。

最后，对于环境责任评分：其均值为2.7481，中位数为0.0000，两者差异较大，说明样本公司的环境责任得分存在一定程度的偏态；其最小值为0.0000，最大值为30.0000，样本离差高达30.0000，标准差为6.0743，说明样本公司的环境责任得分存在较大差异。

表7-2只列示了本章被解释变量的结果，解释变量、调节变量及控制变量等已经在第6章表6-2中列示，此处不再赘述。

表7-2　主要变量描述性统计

变量名称	样本数量	均值	标准差	最小值	P25	中位数	P75	最大值
股东责任	12050	13.7751	6.4093	-11.3100	9.8600	14.3100	18.4500	28.1900
员工责任	12050	2.8813	3.2872	-0.1600	0.8600	1.7000	3.3200	15.0000
供应商和客户及消费者权益责任	12050	2.7782	5.8672	0.0000	0.0000	0.0000	0.0000	20.0000
环境责任	12050	2.7481	6.0743	0.0000	0.0000	0.0000	0.0000	30.0000

7.3.2　相关性分析

在进行多元线性回归之前，首先通过相关性分析判定各变量之间的相关性，表7-3展示了企业社会责任分维度间的Pearson相关系数矩阵。由表中数据可以看出，多数变量之间的相关系数都小于0.5，表明各变量之间相关性不强，初步说明模型的多重共线性问题不明显，增加了研究结果的可行性。

其中，供应商和客户及消费者权益责任与环境责任的相关系数较大，可能是由于两者都代表企业对外部承担的社会责任水平，呈现出相似的变动趋势，但这并不影响本章的主要结论。

表7-3　主要变量相关性分析

变量名称	股东责任	员工责任	供应商和客户及消费者权益责任	环境责任
股东责任		0.2481***	0.2012***	0.1912***
员工责任	0.2300***		0.4862***	0.5000***

续表

变量名称	股东责任	员工责任	供应商和客户及消费者权益责任	环境责任
供应商和客户及消费者权益责任	0.1971***	0.6513***		0.9831***
环境责任	0.1662***	0.7100***	0.8774***	

注：***表示在1%的水平上显著。

7.3.3 回归结果分析

(1) 主效应的回归结果分析

为检验假设H7-1至H7-4，本章利用模型（7-1）进行了多元回归分析。为克服异方差的影响，本章采用怀特稳健性标准误进行统计推断，回归结果如表7-4所示，其中，结果（1）为企业股东责任维度，结果（2）为企业员工责任维度，结果（3）为供应商和客户及消费者权益责任维度，结果（4）为企业环境责任维度。回归结果（1）表明：连锁董事人数的系数为正，且在1%的水平上显著，说明连锁董事人数对企业股东责任评分存在显著的正向影响，即连锁董事人数的增加会提升企业股东责任的表现，这一结果验证了假设H7-1。回归结果（2）表明：连锁董事人数的系数在1%的水平上显著为正，说明连锁董事人数对企业员工责任评分存在显著的正向影响，即连锁董事人数的增加会提高企业对员工责任的承担水平，这一结果验证了假设H7-2。回归结果（3）表明：连锁董事人数的系数在1%的水平上显著为正，说明连锁董事人数对供应商和客户及消费者权益责任存在显著的正向影响，即连锁董事人数的增加会提升企业对供应商和客户及消费者权益责任的承担水平，这一结果验证了假设H7-3。回归结果（4）表明：连锁董事人数的系数在5%的水平上显著为正，说明连锁董事人数对环境责任评分存在显著的正向影响，即连锁董事人数的增加会提升企业的环境责任表现，这一结果验证了假设H7-4。

表7-4 连锁董事人数对企业社会责任分维度的扩散影响

变量	(1)	(2)	(3)	(4)
	股东责任	员工责任	供应商和客户及消费者权益责任	环境责任
ID_1	0.1723*** (4.5111)	0.0866*** (3.5635)	0.1465*** (3.1791)	0.1164** (2.4185)

续表

变量	(1) 股东责任	(2) 员工责任	(3) 供应商和客户及消费者权益责任	(4) 环境责任
SIZE	1.2081*** (22.0734)	0.9129*** (25.7141)	1.7013*** (26.0734)	1.7097*** (25.1167)
ROA	75.8223*** (52.6346)	5.6808*** (8.2924)	7.0152*** (5.4782)	4.4862*** (3.4050)
LEV	-4.6809*** (-13.2381)	-0.8635*** (-4.7752)	-2.3206*** (-6.8850)	-1.8159*** (-5.1981)
GROW	-0.2898*** (-3.1484)	-0.0091 (-0.1941)	-0.4348*** (-5.7715)	-0.3645*** (-4.9031)
AGE	-0.0753*** (-8.3413)	0.0004 (0.0768)	0.0439*** (4.3403)	0.0227** (2.2752)
COMPLEX	-0.4552 (-1.2949)	0.4576** (2.3077)	0.6861* (1.9511)	0.4720 (1.3093)
TQ	-0.1223*** (-2.6108)	0.2503*** (10.2710)	0.3874*** (8.2597)	0.2887*** (6.8532)
FIRST	0.0217*** (6.8959)	-0.0073*** (-3.7105)	-0.0121*** (-3.2201)	-0.0141*** (-3.7540)
DUAL	-0.1736 (-1.5221)	-0.1710*** (-2.7246)	0.0042 (0.0339)	-0.0916 (-0.7560)
BOARD	0.5172* (1.8755)	-0.4029** (-2.3636)	-0.2220 (-0.7152)	-0.0158 (-0.0498)
MANSHR	1.2326*** (3.1185)	0.2283 (1.0821)	0.0498 (0.1292)	0.0298 (0.0773)
NATURE	0.1341 (1.1494)	0.6313*** (8.4102)	0.6248*** (4.4496)	0.9482*** (6.6423)
_cons	-17.6342*** (-13.1598)	-15.9062*** (-19.4936)	-31.5147*** (-20.1719)	-33.1269*** (-21.3965)
观测值数	12050	12050	12050	12050
Adj. R^2	0.4390	0.2248	0.1527	0.1618
F	196.8450	66.1695	51.9951	49.7103

注：小括号内数值为稳健T统计量；***、**、*分别表示在1%、5%和10%的水平上显著。

控制变量方面：企业规模与股东责任、员工责任、供应商和客户及消费者权益责任、环境责任的回归系数均在1%的显著性水平上正相关，说明在控制其他因素的情况下，企业规模的增加会提升企业的社会责任承担水平；总资产收益率与四个分维度的回归系数均在1%的显著性水平上正相关，说明企业的盈利能力越强，社会责任的承担水平越高；企业资产负债率与四个分维度的回归系数均在1%的显著性水平上负相关，说明随着企业风险的增加，企业的社会责任承担水平下降；上市年限与股东责任维度的回归系数在1%的显著性水平上负相关，说明随着企业上市年限的增加，股东责任承担水平下降，而上市年限与供应商和客户及消费者权益责任、环境责任维度的回归系数却显著正相关，说明企业上市年限越长，对供应商和客户及消费者权益责任、环境责任的承担水平越高；托宾 Q 值与股东责任维度的回归系数显著为负，与员工责任、供应商和客户及消费者权益责任、环境责任维度的回归系数显著为正，说明企业价值越高，对股东责任的承担水平越低，对员工责任、供应商和客户及消费者权益责任、环境责任的承担水平越高；而第一大股东持股比例与股东责任维度的回归系数显著为正，与员工责任、供应商和客户及消费者权益责任、环境责任的回归系数显著为负，说明企业的股权集中度越高，对股东责任的承担水平越高，对员工责任、供应商和客户及消费者权益责任、环境责任的承担水平越低；两职合一仅对员工责任维度有显著负向影响，高管持股比例的回归系数仅在股东责任维度上显著为正，产权性质与员工责任、供应商和客户及消费者权益责任、环境责任维度显著正相关。这表明控制变量的回归结果与预期基本一致。

概言之，上述回归结果表明企业的连锁董事人数越多，企业在社会责任分维度，即股东责任、员工责任、供应商和客户及消费者权益责任、环境责任的表现越好，连锁董事对企业社会责任分维度的扩散影响越大。

（2）调节效应的回归结果分析

为检验假设 H7-5，本章通过分年度计算内部控制水平的中位数，将样本分为内部控制水平高组与内部控制水平低组，对模型（7-1）进行分组回归。为克服异方差的影响，本章采用怀特稳健性标准误进行统计推断，对内部控制水平的调节效应进行分析，回归结果如表 7-5 和表 7-6 所示。表 7-5中回归结果（1）和（2）为股东责任维度，结果（3）和（4）为员工责任维度；表 7-6 中回归结果（1）和（2）为供应商和客户及消费者权益责任维度，结果（3）和（4）为环境责任维度。

由表 7-5 可知，对于股东责任维度，连锁董事人数的系数在内部控制水平高组于 1%的水平上显著为正，在内部控制水平低组于 5%的水平上显著为正，说明在内部控制制度更为健全的企业中，连锁董事人数对企业股东责任表现的正向影响更明显；对于员工责任维度，连锁董事人数的系数仅在内部控制水平高组于 1%的水平上显著为正，在内部控制水平低组没有产生显著影响，说明连锁董事人数对企业承担员工责任的正向影响仅在内部控制水平较高的情况下产生。由表 7-6 可知，对于供应商和客户及消费者权益责任维度，连锁董事人数的系数仅在内部控制水平高组于 1%的水平上显著为正，在内部控制水平低组不显著，说明只有在内部控制制度完备的企业中，连锁董事人数才对企业承担供应商和客户及消费者权益责任存在正向影响；对于环境责任维度，连锁董事人数的系数仅在内部控制水平高组于 1%的水平上显著为正，在内部控制水平低组没有产生显著影响，说明连锁董事人数对企业环境责任表现的正向影响仅在企业内部控制水平较高的情况下产生。

概言之，通过上述回归结果发现，在内部控制水平较高的条件下，企业连锁董事人数越多，企业在社会责任分维度，即股东责任、员工责任、供应商和客户及消费者权益责任、环境责任的表现越好，连锁董事对企业社会责任分维度的扩散影响越大。即内部控制水平正向调节连锁董事对企业社会责任分维度扩散影响的积极效应，从而证明了本章的假设 H7-5。

表 7-5　内部控制水平调节效应的回归结果（1）

变量	股东责任		员工责任	
	内部控制水平高组	内部控制水平低组	内部控制水平高组	内部控制水平低组
	(1)	(2)	(3)	(4)
ID_1	0.1401*** (3.4129)	0.1574** (2.5553)	0.1120*** (3.2245)	0.0552 (1.6393)
SIZE	1.0479*** (18.0422)	0.7915*** (8.2327)	0.9437*** (19.5169)	0.7651*** (13.8771)
ROA	67.7216*** (40.6403)	75.1572*** (34.1343)	5.2373*** (4.9423)	4.9409*** (5.5174)
LEV	-3.2871*** (-7.9746)	-5.0655*** (-9.9373)	-1.0523*** (-3.6752)	-0.6205*** (-2.6791)
GROW	-0.3266*** (-2.9147)	-0.2926** (-2.2412)	-0.0876 (-1.1531)	0.0462 (0.7977)

续表

变量	股东责任		员工责任	
	内部控制水平高组	内部控制水平低组	内部控制水平高组	内部控制水平低组
	(1)	(2)	(3)	(4)
AGE	-0.0731*** (-7.0461)	-0.0469*** (-3.3554)	-0.0026 (-0.3356)	0.0070 (1.0082)
COMPLEX	-1.2443*** (-3.0867)	-0.6772 (-1.2766)	0.5767* (1.8823)	0.1980 (0.7783)
TQ	-0.0830 (-1.5039)	-0.2523*** (-3.5161)	0.2455*** (6.5275)	0.2181*** (6.7523)
FIRST	0.0117*** (3.3857)	0.0276*** (5.5343)	-0.0108*** (-3.8496)	-0.0036 (-1.3141)
DUAL	-0.0228 (-0.1896)	-0.2688 (-1.5226)	-0.1599* (-1.6586)	-0.1727** (-2.1090)
BOARD	0.5329* (1.7078)	0.6546 (1.5311)	-0.3890 (-1.4827)	-0.3991* (-1.8530)
MANSHR	0.2933 (0.7021)	1.3268** (2.0722)	-0.0747 (-0.2361)	0.4102 (1.4821)
NATURE	-0.1759 (-1.3329)	0.1930 (1.0769)	0.6702*** (5.9606)	0.5811*** (5.7970)
_cons	-11.2345*** (-7.3188)	-10.0844*** (-4.6157)	-16.1365*** (-13.5681)	-13.1181*** (-10.9897)
观测值数	6026	6024	6026	6024
Adj. R^2	0.4896	0.3735	0.2641	0.1595
F	131.7754	73.3057	47.0311	20.8372

注：小括号内数值为稳健T统计量；***、**、*分别表示在1%、5%和10%的水平上显著。

表7-6 内部控制水平调节效应的回归结果（2）

变量	供应商和客户及消费者权益责任		环境责任	
	内部控制水平高组	内部控制水平低组	内部控制水平高组	内部控制水平低组
	(1)	(2)	(3)	(4)
ID_1	0.2166*** (3.1708)	0.0670 (1.1159)	0.1794*** (2.6062)	0.0419 (0.6269)
SIZE	1.8615*** (20.7335)	1.2908*** (13.2916)	1.8321*** (19.7865)	1.4045*** (13.3121)

续表

变量	供应商和客户及消费者权益责任		环境责任	
	内部控制水平高组	内部控制水平低组	内部控制水平高组	内部控制水平低组
	(1)	(2)	(3)	(4)
ROA	7.3304*** (3.6975)	5.0954*** (3.0570)	4.8517** (2.3625)	2.8839* (1.6806)
LEV	-2.5731*** (-4.8278)	-1.8700*** (-4.3047)	-1.9756*** (-3.6799)	-1.5243*** (-3.2793)
GROW	-0.6653*** (-5.7923)	-0.2535** (-2.4668)	-0.5766*** (-4.9975)	-0.2070** (-2.0910)
AGE	0.0444*** (2.9276)	0.0471*** (3.4912)	0.0192 (1.3045)	0.0275** (2.0147)
COMPLEX	0.5936 (1.0886)	0.4141 (0.9151)	0.3713 (0.6736)	0.3490 (0.7352)
TQ	0.4419*** (6.0433)	0.2419*** (3.9771)	0.2875*** (4.5756)	0.2195*** (3.7146)
FIRST	-0.0227*** (-4.2032)	-0.0002 (-0.0446)	-0.0217*** (-4.0643)	-0.0056 (-1.0634)
DUAL	0.1372 (0.7273)	-0.1039 (-0.6462)	-0.0249 (-0.1374)	-0.1501 (-0.9243)
BOARD	-0.4697 (-0.9873)	0.0645 (0.1637)	-0.1390 (-0.2872)	0.1835 (0.4463)
MANSHR	-0.2175 (-0.3895)	0.1262 (0.2392)	-0.3547 (-0.6485)	0.3467 (0.6404)
NATURE	0.6725*** (3.1579)	0.5597*** (3.0366)	0.9534*** (4.4600)	0.9427*** (4.9207)
_cons	-33.2897*** (-14.2316)	-24.2154*** (-11.0158)	-34.9277*** (-15.7613)	-27.6011*** (-11.9398)
观测值数	6026	6024	6026	6024
Adj. R^2	0.1900	0.0985	0.1991	0.1100
F	37.9707	16.2821	34.8853	16.5257

注：小括号内数值为稳健T统计量；***、**、*分别表示在1%、5%和10%的水平上显著。

为检验假设H7-6，本章通过分年度计算市场化程度的中位数，将样本分为市场化程度高组与市场化程度低组，对模型（7-1）进行分组回归。为克服异方差的影响，本章采用怀特稳健性标准误进行统计推断，对市场化程度的调节效应进行分析，回归结果如表7-7和表7-8所示。表7-7中回归结果（1）和（2）为股东责任维度，结果（3）和（4）为员工责任维度；表7-8中回归结果（1）和（2）为供应商和客户及消费者权益责任维度，结果（3）和（4）为环境责任维度。

由表7-7可得，对于股东责任维度，连锁董事人数的系数仅在市场化程度高组于1%的水平上显著为正，说明当市场能更大程度地反映供需关系时，连锁董事人数对企业承担股东责任的正向影响更明显；针对员工责任维度，连锁董事人数的系数同样仅在市场化程度高组于1%的水平上显著为正，在市场化程度低组没有产生显著影响，说明连锁董事人数对企业员工责任表现的正向影响仅在市场化程度较高的情况下产生。由表7-8可得，对于供应商和客户及消费者权益责任维度，连锁董事人数的系数仅在市场化程度高组于1%的水平上显著为正，在市场化程度低组不显著，说明当市场化程度高时，连锁董事人数对企业承担供应商和客户及消费者权益责任存在正向影响；对于环境责任维度，连锁董事人数的系数仅在市场化程度高组于5%的水平上显著为正，在市场化程度低组没有产生显著影响，说明连锁董事人数对企业环境责任表现的正向影响仅在市场化程度较高的情况下产生。

概言之，通过上述回归结果发现，在市场化程度高的条件下，企业连锁董事人数越多，企业在社会责任分维度，即股东责任、员工责任、供应商和客户及消费者权益责任、环境责任的表现越好，连锁董事对企业社会责任分维度的扩散影响越大。即市场化程度正向调节连锁董事人数对企业社会责任分维度扩散影响的积极效应，证明了本章的假设H7-6。

表7-7 市场化程度调节效应的回归结果（1）

变量	股东责任		员工责任	
	市场化程度高组	市场化程度低组	市场化程度高组	市场化程度低组
	(1)	(2)	(3)	(4)
ID_1	0.1691*** (4.1341)	0.0685 (0.6612)	0.0883*** (3.3515)	0.0551 (0.8939)
SIZE	1.2037*** (20.1897)	1.2606*** (8.8405)	0.9123*** (23.3115)	0.9134*** (10.5533)
ROA	75.5155*** (47.0749)	73.1633*** (21.6304)	6.1809*** (8.1890)	1.9676 (1.2189)
LEV	-4.5621*** (-11.5013)	-4.7626*** (-5.9276)	-0.9402*** (-4.6659)	-0.7791* (-1.8126)

续表

变量	股东责任		员工责任	
	市场化程度高组	市场化程度低组	市场化程度高组	市场化程度低组
	(1)	(2)	(3)	(4)
GROW	-0.2591** (-2.5461)	-0.3211 (-1.5312)	0.0278 (0.5113)	-0.0462 (-0.5383)
AGE	-0.0722*** (-7.2673)	-0.0729*** (-3.0228)	0.0014 (0.2332)	0.0087 (0.6951)
COMPLEX	-0.5434 (-1.3985)	-0.5776 (-0.6664)	0.7382*** (3.2901)	-0.5868 (-1.4219)
TQ	-0.1578*** (-3.0969)	0.1173 (0.9776)	0.2488*** (9.2795)	0.2960*** (5.0272)
FIRST	0.0199*** (5.8424)	0.0287*** (3.4246)	-0.0079*** (-3.6544)	-0.0038 (-0.7484)
DUAL	-0.1477 (-1.1958)	-0.2171 (-0.7055)	-0.1809*** (-2.6642)	-0.1194 (-0.7307)
BOARD	0.6213** (2.0659)	0.4619 (0.6498)	-0.5412*** (-2.9554)	0.6737 (1.4326)
MANSHR	1.2389*** (2.9640)	0.2503 (0.1897)	0.2380 (1.0790)	-1.1203 (-1.6191)
NATURE	0.4018*** (3.0786)	-0.8339*** (-3.0040)	0.7353*** (8.4977)	0.2667* (1.6596)
_cons	-17.6497*** (-11.4032)	-18.6205*** (-5.8726)	-15.8056*** (-17.7150)	-17.8309*** (-9.0753)
观测值数	10046	2004	10046	2004
Adj. R^2	0.4341	0.4446	0.2309	0.2264
F	162.1126	39.8850	57.4635	12.1661

注：小括号内数值为稳健T统计量；***、**、*分别表示在1%、5%和10%的水平上显著。

表 7-8 市场化程度调节效应的回归结果（2）

变量	供应商和客户及消费者权益责任		环境责任	
	市场化程度高组	市场化程度低组	市场化程度高组	市场化程度低组
	(1)	(2)	(3)	(4)
ID_1	0.1496*** (2.9807)	0.0960 (0.8654)	0.1160** (2.2165)	0.1047 (0.8592)
SIZE	1.7698*** (24.8583)	1.3564*** (8.4921)	1.7572*** (23.5921)	1.4391*** (8.5432)

续表

变量	供应商和客户及消费者权益责任		环境责任	
	市场化程度高组	市场化程度低组	市场化程度高组	市场化程度低组
	(1)	(2)	(3)	(4)
ROA	8.2858*** (5.9207)	0.2704 (0.0880)	5.7467*** (3.9925)	-1.9669 (-0.6146)
LEV	-2.2407*** (-6.0838)	-2.8636*** (-3.4552)	-1.7835*** (-4.6727)	-2.3604*** (-2.7064)
GROW	-0.4257*** (-4.9907)	-0.3409** (-2.3830)	-0.3305*** (-3.8918)	-0.3383** (-2.3297)
AGE	0.0434*** (3.8690)	0.0736*** (3.0631)	0.0289*** (2.6135)	0.0346 (1.3647)
COMPLEX	1.1107*** (2.8143)	-1.4413* (-1.8646)	0.9389** (2.3240)	-1.7567** (-2.2169)
TQ	0.4036*** (8.0933)	0.3999*** (3.0198)	0.3026*** (6.6350)	0.2750** (2.4489)
FIRST	-0.0122*** (-3.0224)	-0.0094 (-0.9199)	-0.0124*** (-3.0481)	-0.0187* (-1.8658)
DUAL	0.0041 (0.0313)	0.0566 (0.1705)	-0.1041 (-0.7973)	-0.0747 (-0.2330)
BOARD	-0.1949 (-0.5753)	0.0866 (0.1090)	-0.3212 (-0.9405)	1.9032** (2.1939)
MANSHR	0.2030 (0.4975)	-2.4199** (-2.2876)	0.0928 (0.2299)	-1.9718 (-1.5419)
NATURE	0.6960*** (4.3629)	0.3803 (1.2168)	0.8955*** (5.5067)	1.1017*** (3.4784)
_cons	-34.1602*** (-20.2177)	-23.1180*** (-6.4319)	-34.1440*** (-20.2750)	-30.2000*** (-7.8258)
观测值数	10046	2004	10046	2004
Adj. R^2	0.1643	0.1433	0.1669	0.1646
F	47.1905	11.5544	43.7770	12.1835

注：小括号内数值为稳健T统计量；***、**、*分别表示在1%、5%和10%的水平上显著。

7.4 异质性分析

鉴于连锁董事个人特征和目标企业特征的差异性，连锁董事对企业社会责任分维度的扩散影响程度会有所不同。因此，本节从个人特征和企业特征两个方面对这种影响进行异质性分析。

7.4.1 连锁董事个人特征的异质性分析

连锁董事个人特征的差异会使企业社会责任表现产生差异，由此必然会对企业社会责任分维度的扩散产生影响。本小节进一步从女性连锁董事、独立连锁董事、兼任连锁董事和学历为研究生及以上的连锁董事人数四个方面进行异质性分析。

（1）女性连锁董事

为分析连锁董事性别差异对企业社会责任分维度的扩散影响，本章对模型（7-1）进行了分组回归。为克服异方差的影响，本章采用怀特稳健性标准误进行统计推断，回归结果如表 7-9 和表 7-10 所示。表 7-9 中回归结果（1）和（2）为股东责任分维度，结果（3）和（4）为员工责任分维度；表 7-10 中回归结果（1）和（2）为供应商和客户及消费者权益责任分维度，结果（3）和（4）为环境责任分维度。

由表 7-9 和表 7-10 可得，针对股东责任、员工责任、供应商和客户及消费者权益责任维度，女性连锁董事组中连锁董事人数的系数均为正，且在 1%的水平上显著，说明在女性连锁董事占比更高的企业，连锁董事人数的增多能促进企业社会责任分维度的表现，对企业上述三个社会责任分维度的扩散影响越大；但针对环境责任分维度，非女性连锁董事组中连锁董事人数的系数在 10%的水平上显著为正，这可能是由于女性领导者和男性领导者在管理风格上的差异。相较于男性领导者，女性领导者更具有利他性特征，也更注重伦理道德和各方利益，在管理风格上更偏向刚柔并济。因此，女性领导者对眼前的股东、员工、供应商和客户及消费者倾注了更多心血，尽可能满足他们的需求和利益，确保企业目前的经营状况良好。此外，女性领导者对财务活动更加敏感和谨慎，因此更能做出稳健的决策以规避企业的经营风险和财务风险。

概言之，通过上述回归结果发现，在女性连锁董事占比更高的企业，连锁董事人数对企业股东责任、员工责任、供应商和客户及消费者权益责任维度的扩散影响更显著；而在非女性连锁董事人数占比更高的企业，连锁董事人数对企业环境责任维度的扩散影响更显著。

表 7-9 连锁董事个人特征的异质性检验：女性连锁董事（1）

变量	股东责任		员工责任	
	女性连锁董事	非女性连锁董事	女性连锁董事	非女性连锁董事
	(1)	(2)	(3)	(4)
ID_1	0.1565*** (3.9341)	0.2052 (0.8984)	0.0669*** (2.6289)	0.0260 (0.2200)
SIZE	1.2470*** (21.5201)	0.8822*** (4.8367)	0.9180*** (24.6098)	0.8733*** (7.0142)
ROA	75.6419*** (49.8677)	73.6027*** (15.7807)	5.8959*** (8.0614)	2.7304 (1.5170)
LEV	-4.6577*** (-12.5108)	-5.2451*** (-4.6462)	-0.9465*** (-4.9347)	-0.2424 (-0.4427)
GROW	-0.2522*** (-2.6589)	-0.8978** (-2.3462)	-0.0004 (-0.0075)	-0.1336 (-1.1462)
AGE	-0.0761*** (-8.0836)	-0.0886*** (-2.6324)	-0.0037 (-0.6784)	0.0301* (1.7119)
COMPLEX	-0.3980 (-1.0840)	-1.4561 (-1.1724)	0.4797** (2.2933)	-0.2549 (-0.3991)
TQ	-0.1025** (-2.0889)	-0.2817* (-1.6910)	0.2589*** (10.1164)	0.1051 (1.2950)
FIRST	0.0216*** (6.5810)	0.0259** (2.2086)	-0.0078*** (-3.7036)	-0.0064 (-1.1517)
DUAL	-0.2517** (-2.0930)	0.6457* (1.8252)	-0.1493** (-2.2464)	-0.2886 (-1.5069)
BOARD	0.5337* (1.8259)	0.2004 (0.2279)	-0.2961 (-1.6433)	-1.4919*** (-2.7797)
MANSHR	1.3281*** (3.2122)	-0.3198 (-0.2495)	0.0571 (0.2546)	1.5637** (2.4133)
NATURE	0.1162 (0.9545)	0.2442 (0.5490)	0.6521*** (8.2970)	0.3134 (1.1465)
_cons	-18.3189*** (-13.0971)	-11.1351** (-2.2928)	-16.0225*** (-18.7970)	-13.4800*** (-4.5497)

续表

变量	股东责任		员工责任	
	女性连锁董事	非女性连锁董事	女性连锁董事	非女性连锁董事
	(1)	(2)	(3)	(4)
观测值数	10975	1075	10975	1075
Adj. R^2	0. 4411	0. 4241	0. 2272	0. 2063
F	183. 5339	—	62. 0220	—

注：小括号内数值为稳健T统计量；***、**、*分别表示在1%、5%和10%的水平上显著。

表 7-10 连锁董事个人特征的异质性检验：女性连锁董事（2）

变量	供应商和客户及消费者权益责任		环境责任	
	女性连锁董事	非女性连锁董事	女性连锁董事	非女性连锁董事
	(1)	(2)	(3)	(4)
ID_1	0. 1256*** (2. 6070)	0. 0273 (0. 1251)	0. 0259 (0. 2147)	0. 1388* (1. 6835)
SIZE	1. 7078*** (24. 7674)	1. 5579*** (7. 7738)	2. 0465*** (14. 9059)	1. 5979*** (20. 1962)
ROA	6. 5528*** (4. 8258)	11. 0456*** (2. 7544)	6. 9119** (2. 1679)	3. 4871** (2. 4206)
LEV	-2. 4110*** (-6. 7856)	-1. 0656 (-1. 0031)	-3. 5834*** (-4. 2272)	-1. 2832*** (-3. 3380)
GROW	-0. 4073*** (-5. 0897)	-0. 8502*** (-4. 1897)	-0. 6968*** (-4. 8447)	-0. 2658*** (-3. 1301)
AGE	0. 0375*** (3. 5648)	0. 1166*** (2. 9716)	0. 0376* (1. 7993)	0. 0185 (1. 6281)
COMPLEX	0. 7819** (2. 0973)	-0. 7765 (-0. 7534)	1. 6062* (1. 9592)	0. 0837 (0. 2086)
TQ	0. 4045*** (8. 1547)	0. 0899 (0. 6451)	0. 6099*** (4. 8398)	0. 2158*** (4. 9220)
FIRST	-0. 0111*** (-2. 7934)	-0. 0289*** (-2. 7169)	-0. 0127 (-1. 4030)	-0. 0144*** (-3. 5177)
DUAL	0. 0337 (0. 2576)	-0. 2226 (-0. 6453)	0. 5066 (1. 5793)	-0. 2527** (-1. 9830)
BOARD	-0. 1372 (-0. 4123)	-1. 1741 (-1. 3274)	0. 4499 (0. 5782)	-0. 1681 (-0. 4823)

续表

变量	供应商和客户及消费者权益责任		环境责任	
	女性连锁董事	非女性连锁董事	女性连锁董事	非女性连锁董事
	(1)	(2)	(3)	(4)
MANSHR	-0.3307 (-0.8010)	3.4277*** (3.1196)	-0.3588 (-0.3073)	0.1177 (0.2953)
NATURE	0.6485*** (4.4394)	0.0937 (0.1696)	0.6535** (2.1522)	1.0017*** (6.1989)
_*cons*	-31.3994*** (-19.0311)	-29.3664*** (-6.2386)	-41.6860*** (-13.0030)	-30.3241*** (-16.8374)
观测值数	10975	1075	2733	9317
Adj. R^2	0.1515	0.1942	0.2030	0.1452
F	47.4879	—	19.4860	32.3980

注：小括号内数值为稳健T统计量；***、**、*分别表示在1%、5%和10%的水平上显著。

(2) 独立连锁董事

根据资源依赖理论，独立连锁董事网络的形成大大提高了企业获取和分配资源的能力，可以更好地发挥桥梁作用，帮助企业获取经营资源，提升企业绩效，履行社会责任。然而，同时身兼数职的独立连锁董事在某种程度上与多家企业建立了非正式联结，降低了独立连锁董事的独立性，不利于其监督职能的发挥。此外，由于我国企业治理环境尚未健全，外部的声誉约束机制尚不能有效发挥作用，因此独立连锁董事占比高对促进企业社会责任及其分维度的扩散作用并不明显，反而是非独立连锁董事能够更好地维持其独立性，发挥好监督治理作用。

为分析独立与非独立连锁董事对企业社会责任分维度的扩散影响，本章对模型（7-1）进行了分组回归。为克服异方差的影响，本章采用怀特稳健性标准误进行统计推断，具体回归结果如表7-11和表7-12所示。表7-11中回归结果（1）和（2）为股东责任分维度，结果（3）和（4）为员工责任分维度；表7-12中回归结果（1）和（2）为供应商和客户及消费者权益责任分维度，结果（3）和（4）为环境责任分维度。

由表7-11和表7-12可得，针对股东责任与员工责任维度，非独立连锁董事组中连锁董事人数的系数均为正，且在1%的水平上显著；针对供应商和客户及消费者权益责任与环境责任维度，非独立连锁董事组中连锁董事人数的系数在5%的水平上显著为正，说明在非独立连锁董事占比更高的企业，连锁董事人数对企业上述四个社会责任分维度的扩散影响更大。

概言之，通过上述回归结果发现，在非独立连锁董事人数越多的条件下，连锁董事对企业社会责任分维度的扩散影响越显著。

表7-11　连锁董事个人特征的异质性检验：独立连锁董事（1）

变量	股东责任		员工责任	
	独立连锁董事	非独立连锁董事	独立连锁董事	非独立连锁董事
	(1)	(2)	(3)	(4)
ID_1	0.1349*	0.2120***	0.0489	0.1112***
	(1.6643)	(3.5429)	(0.8522)	(3.1045)
SIZE	1.1535***	1.2344***	1.1179***	0.8290***
	(11.9372)	(18.6716)	(15.8440)	(20.1361)
ROA	80.1635***	74.3920***	6.1141***	5.5168***
	(28.3062)	(44.5125)	(4.2386)	(7.0825)
LEV	-4.9128***	-4.5924***	-1.4009***	-0.6848***
	(-7.7267)	(-10.8891)	(-3.7606)	(-3.3080)
GROW	-0.1994	-0.3298***	0.0343	-0.0273
	(-1.1346)	(-3.0435)	(0.3617)	(-0.5132)
AGE	-0.0865***	-0.0716***	0.0004	0.0011
	(-5.1351)	(-6.6899)	(0.0356)	(0.1812)
COMPLEX	0.0661	-0.6484	0.4745	0.4584**
	(0.1061)	(-1.5268)	(1.1774)	(2.0132)
TQ	-0.0207	-0.1314**	0.3767***	0.2113***
	(-0.2177)	(-2.4552)	(6.1789)	(7.9655)
FIRST	0.0206***	0.0218***	-0.0054	-0.0082***
	(3.6456)	(5.7369)	(-1.3090)	(-3.6530)
DUAL	-0.1208	-0.1907	-0.0542	-0.2137***
	(-0.5638)	(-1.4157)	(-0.3976)	(-3.0257)
BOARD	0.9282*	0.3971	-0.0579	-0.5669***
	(1.8669)	(1.2024)	(-0.1583)	(-2.9406)
MANSHR	0.2472	1.6834***	-0.2403	0.4103*
	(0.3298)	(3.6255)	(-0.5684)	(1.6860)
NATURE	0.2655	0.0945	0.6042***	0.6359***
	(1.2760)	(0.6711)	(3.9002)	(7.4355)

续表

变量	股东责任		员工责任	
	独立连锁董事	非独立连锁董事	独立连锁董事	非独立连锁董事
	(1)	(2)	(3)	(4)
_cons	−19.1354*** (−8.4243)	−17.4852*** (−10.6464)	−21.0952*** (−13.2007)	−13.9086*** (−14.7073)
观测值数	3254	8796	3254	8796
Adj. R^2	0.4655	0.4294	0.2610	0.2056
F	58.6017	145.6973	25.3788	42.1223

注：小括号内数值为稳健T统计量；***、**、*分别表示在1%、5%和10%的水平上显著。

表7-12 连锁董事个人特征的异质性检验：独立连锁董事（2）

变量	供应商和客户及消费者权益责任		环境责任	
	独立连锁董事	非独立连锁董事	独立连锁董事	非独立连锁董事
	(1)	(2)	(3)	(4)
ID_1	−0.0555 (−0.5459)	0.1701** (2.4562)	−0.1007 (−0.9391)	0.1499** (2.0482)
SIZE	1.8526*** (15.4436)	1.6361*** (20.9666)	1.9161*** (15.0230)	1.6244*** (20.0725)
ROA	10.0828*** (3.8858)	5.9865*** (4.0484)	6.7394*** (2.6170)	3.6703** (2.3908)
LEV	−2.9611*** (−4.5423)	−2.0723*** (−5.2738)	−2.7106*** (−3.8889)	−1.4641*** (−3.6213)
GROW	−0.3902** (−2.4876)	−0.4510*** (−5.2458)	−0.3559** (−2.2065)	−0.3710*** (−4.4722)
AGE	0.0540*** (2.6724)	0.0414*** (3.5320)	0.0433** (2.0574)	0.0161 (1.4247)
COMPLEX	0.4103 (0.6280)	0.7664* (1.8288)	0.4668 (0.6655)	0.4545 (1.0723)
TQ	0.4865*** (4.6221)	0.3643*** (6.8953)	0.3918*** (3.9878)	0.2601*** (5.5437)
FIRST	−0.0079 (−1.0670)	−0.0143*** (−3.2876)	−0.0081 (−1.0358)	−0.0170*** (−4.0142)
DUAL	0.0972 (0.3945)	−0.0201 (−0.1407)	0.0379 (0.1493)	−0.1250 (−0.9037)

续表

变量	供应商和客户及消费者权益责任		环境责任	
	独立连锁董事	非独立连锁董事	独立连锁董事	非独立连锁董事
	(1)	(2)	(3)	(4)
BOARD	0.5673 (0.8922)	-0.5393 (-1.5246)	0.8710 (1.3185)	-0.3625 (-0.9913)
MANSHR	-0.6183 (-0.8296)	0.2842 (0.6301)	0.0116 (0.0147)	-0.0094 (-0.0212)
NATURE	0.2979 (1.1374)	0.7583*** (4.5432)	0.6758** (2.4132)	1.0559*** (6.3360)
_*cons*	-35.4712*** (-12.0770)	-30.0048*** (-16.2135)	-38.9956*** (-13.3160)	-30.9144*** (-16.8291)
观测值数	3254	8796	3254	8796
Adj. R^2	0.2063	0.1348	0.2081	0.1426
F	22.8332	32.7934	21.1564	31.5665

注：小括号内数值为稳健T统计量；***、**、*分别表示在1%、5%和10%的水平上显著。

（3）兼任连锁董事

在两职合一的情况下，意味着总经理要自己监督自己，这使得董事会的独立性和监督有效性降低，增加了总经理利用职务上的权力侵占股东利益的可能性（Finkelstein and Daveni，1994），使得总经理在做决策时会更倾向于追求短期的经济绩效。

为分析兼任与非兼任连锁董事对企业社会责任分维度的扩散影响，本章对模型（7-1）进行了分组回归。为克服异方差的影响，本章采用怀特稳健性标准误进行统计推断，具体回归结果如表7-13和表7-14所示。表7-13中回归结果（1）和（2）为股东责任分维度，结果（3）和（4）为员工责任分维度；表7-14中回归结果（1）和（2）为供应商和客户及消费者权益责任分维度，结果（3）和（4）为环境责任分维度。

由表7-13和表7-14可得，针对股东责任、员工责任、供应商和客户及消费者权益责任维度，非兼任连锁董事组中连锁董事人数的系数均为正，且在1%的水平上显著；针对环境责任维度，非兼任连锁董事组中连锁董事人数的系数在10%的水平上显著为正，说明在非兼任连锁董事占比更高的企业，连锁董事人数的增加能够促进企业社会责任分维度的表现，对企业上述四个社会责任维度的扩散影响越大。

概言之，通过上述回归结果发现，在非兼任连锁董事占比更高的企业，连锁董事人数对企业社会责任分维度的扩散影响更显著。

表 7-13 连锁董事个人特征的异质性检验：兼任连锁董事（1）

变量	股东责任		员工责任	
	兼任连锁董事	非兼任连锁董事	兼任连锁董事	非兼任连锁董事
	(1)	(2)	(3)	(4)
ID_1	0.5068*** (2.6481)	0.1555*** (3.9434)	0.0985 (0.6914)	0.0776*** (3.1010)
SIZE	1.6237*** (4.2591)	1.2066*** (21.8445)	1.0177*** (4.0147)	0.9050*** (25.2262)
ROA	72.6735*** (6.0150)	75.7644*** (52.1302)	6.9212 (0.9452)	5.7047*** (8.2795)
LEV	-7.2496*** (-2.8150)	-4.6598*** (-13.0319)	-2.2809 (-1.3917)	-0.8724*** (-4.7870)
GROW	-0.5671 (-1.1439)	-0.2879*** (-3.0776)	0.0650 (0.1697)	-0.0107 (-0.2259)
AGE	-0.0116 (-0.1201)	-0.0763*** (-8.3539)	-0.0079 (-0.1492)	0.0008 (0.1460)
COMPLEX	7.5912** (2.3459)	-0.4982 (-1.4065)	3.7370 (1.5305)	0.4173** (2.0992)
TQ	-0.1083 (-0.3392)	-0.1219** (-2.5693)	-0.0738 (-0.3259)	0.2532*** (10.2985)
FIRST	0.0868*** (2.8259)	0.0212*** (6.6609)	-0.0081 (-0.3381)	-0.0074*** (-3.7575)
DUAL	2.9824 (1.4591)	-0.2345** (-1.9820)	-2.5984*** (-2.7032)	-0.1978*** (-3.0922)
BOARD	0.6886 (0.2919)	0.5341* (1.9105)	-2.0189 (-0.9613)	-0.4230** (-2.4729)
MANSHR	1.8750 (0.7339)	1.2508*** (3.1035)	0.3079 (0.1580)	0.1327 (0.6336)
NATURE	-1.2483 (-1.0717)	0.1524 (1.2948)	1.9215** (2.4528)	0.6151*** (8.1384)
_cons	-35.0434*** (-3.8721)	-17.5430*** (-12.9528)	-14.8349** (-2.2342)	-15.6869*** (-19.0836)

续表

变量	股东责任		员工责任	
	兼任连锁董事	非兼任连锁董事	兼任连锁董事	非兼任连锁董事
	(1)	(2)	(3)	(4)
观测值数	238	11812	238	11812
Adj. R^2	0.5247	0.4374	0.3227	0.2236
F	16.3082	191.3619	9.0417	63.9590

注：小括号内数值为稳健T统计量；***、**、*分别表示在1%、5%和10%的水平上显著。

表7-14 连锁董事个人特征的异质性检验：兼任连锁董事（2）

变量	供应商和客户及消费者权益责任		环境责任	
	兼任连锁董事	非兼任连锁董事	兼任连锁董事	非兼任连锁董事
	(1)	(2)	(3)	(4)
ID_1	0.3303 (1.1539)	0.1312*** (2.7787)	0.2742 (0.9241)	0.0956* (1.9360)
SIZE	2.1225*** (4.5841)	1.6807*** (25.5444)	2.6205*** (5.5855)	1.6836*** (24.4894)
ROA	15.9023 (1.4227)	6.8842*** (5.3308)	4.1242 (0.3009)	4.4373*** (3.3449)
LEV	-0.3526 (-0.1095)	-2.3641*** (-6.9799)	-0.6361 (-0.1757)	-1.9136*** (-5.4757)
GROW	-0.7469 (-1.4371)	-0.4349*** (-5.6948)	-0.4242 (-0.7327)	-0.3655*** (-4.8641)
AGE	-0.0017 (-0.0178)	0.0446*** (4.3803)	-0.0122 (-0.1370)	0.0248** (2.4557)
COMPLEX	2.1597 (0.6271)	0.7098** (2.0123)	3.0374 (0.7789)	0.5092 (1.4125)
TQ	-0.1861 (-0.5458)	0.3968*** (8.3929)	-0.1444 (-0.3876)	0.2958*** (6.9746)
FIRST	-0.0137 (-0.3646)	-0.0120*** (-3.1796)	0.0511 (1.1244)	-0.0150*** (-4.0122)
DUAL	1.5150 (0.7902)	-0.0830 (-0.6618)	-0.0074 (-0.0041)	-0.1804 (-1.4662)
BOARD	-2.3329 (-0.7378)	-0.2113 (-0.6760)	-3.6086 (-1.1630)	-0.0127 (-0.0396)
MANSHR	1.5067 (0.4060)	-0.0119 (-0.0309)	1.1716 (0.2725)	-0.0767 (-0.2015)

续表

变量	供应商和客户及消费者权益责任		环境责任	
	兼任连锁董事	非兼任连锁董事	兼任连锁董事	非兼任连锁董事
	(1)	(2)	(3)	(4)
NATURE	0.7888 (0.6346)	0.6421*** (4.5466)	1.7555 (1.2197)	0.9502*** (6.6175)
_*cons*	-44.3217*** (-3.6926)	-31.0905*** (-19.7792)	-52.2555*** (-4.4575)	-32.5339*** (-20.8489)
观测值数	238	11812	238	11812
Adj. R^2	0.2980	0.1515	0.3052	0.1598
F	120.4428	50.3973	123.6311	48.2351

注：小括号内数值为稳健T统计量；***、**、*分别表示在1%、5%和10%的水平上显著。

（4）学历为研究生及以上的连锁董事

连锁董事为研究生及以上学历表明连锁董事接受过严谨的学术训练，其在逻辑和行为上更加审慎（Francis et al.，2015）。同时，学术经历也使连锁董事更具有自律性，从而具备更高的社会道德标准和社会责任意识（Cho et al.，2017）。

为分析连锁董事受教育程度对企业社会责任分维度的扩散影响，本章对模型（7-1）进行了分组回归。为克服异方差的影响，本章采用怀特稳健性标准误进行统计推断，具体回归结果如表7-15和表7-16所示。表7-15中回归结果（1）和（2）为股东责任分维度，结果（3）和（4）为员工责任分维度；表7-16中回归结果（1）和（2）为供应商和客户及消费者权益责任分维度，结果（3）和（4）为环境责任分维度。

由表7-15和表7-16可得，针对股东责任、员工责任、供应商和客户及消费者权益责任维度，在学历为研究生及以上组中连锁董事人数的系数均为正，且在1%的水平上显著；针对环境责任维度，在学历为研究生及以上组中连锁董事人数的系数在10%的水平上显著为正，说明在研究生及以上学历的连锁董事占比更高的企业，连锁董事人数的增加能够促进企业社会责任分维度的表现，对企业在上述四个维度的社会责任扩散影响较大。

概言之，通过上述回归结果发现，在研究生及以上连锁董事占比更高的企业，连锁董事人数对企业社会责任分维度的扩散影响更显著。

表 7-15　连锁董事个人特征的异质性检验：学历为研究生及以上的连锁董事（1）

变量	股东责任		员工责任	
	研究生及以上学历	非研究生及以上学历	研究生及以上学历	非研究生及以上学历
	(1)	(2)	(3)	(4)
ID_1	0.1565*** (3.9341)	0.2052 (0.8984)	0.0669*** (2.6289)	0.0260 (0.2200)
SIZE	1.2470*** (21.5201)	0.8822*** (4.8367)	0.9180*** (24.6098)	0.8733*** (7.0142)
ROA	75.6419*** (49.8677)	73.6027*** (15.7807)	5.8959*** (8.0614)	2.7304 (1.5170)
LEV	-4.6577*** (-12.5108)	-5.2451*** (-4.6462)	-0.9465*** (-4.9347)	-0.2424 (-0.4427)
GROW	-0.2522*** (-2.6589)	-0.8978** (-2.3462)	-0.0004 (-0.0075)	-0.1336 (-1.1462)
AGE	-0.0761*** (-8.0836)	-0.0886*** (-2.6324)	-0.0037 (-0.6784)	0.0301* (1.7119)
COMPLEX	-0.3980 (-1.0840)	-1.4561 (-1.1724)	0.4797** (2.2933)	-0.2549 (-0.3991)
TQ	-0.1025** (-2.0889)	-0.2817* (-1.6910)	0.2589*** (10.1164)	0.1051 (1.2950)
FIRST	0.0216*** (6.5810)	0.0259** (2.2086)	-0.0078*** (-3.7036)	-0.0064 (-1.1517)
DUAL	-0.2517** (-2.0930)	0.6457* (1.8252)	-0.1493** (-2.2464)	-0.2886 (-1.5069)
BOARD	0.5337* (1.8259)	0.2004 (0.2279)	-0.2961 (-1.6433)	-1.4919*** (-2.7797)
MANSHR	1.3281*** (3.2122)	-0.3198 (-0.2495)	0.0571 (0.2546)	1.5637** (2.4133)
NATURE	0.1162 (0.9545)	0.2442 (0.5490)	0.6521*** (8.2970)	0.3134 (1.1465)
_cons	-18.3189*** (-13.0971)	-11.1351** (-2.2928)	-16.0225*** (-18.7970)	-13.4800*** (-4.5497)
观测值数	10975	1075	10975	1075
Adj. R^2	0.4411	0.4241	0.2272	0.2063
F	183.5339	—	62.0220	—

注：小括号内数值为稳健 T 统计量；***、**、*分别表示在 1%、5%和 10%的水平上显著。

表 7-16 连锁董事个人特征的异质性检验：学历为研究生及以上的连锁董事（2）

变量	供应商和客户及消费者权益责任		环境责任	
	研究生及以上学历	非研究生及以上学历	研究生及以上学历	非研究生及以上学历
	(1)	(2)	(3)	(4)
ID_1	0.1256*** (2.6070)	0.0273 (0.1251)	0.0883* (1.7565)	0.0735 (0.2817)
SIZE	1.7078*** (24.7674)	1.5579*** (7.7738)	1.7299*** (24.3896)	1.4380*** (5.6780)
ROA	6.5528*** (4.8258)	11.0456*** (2.7544)	4.6376*** (3.3218)	2.8874 (0.7495)
LEV	-2.4110*** (-6.7856)	-1.0656 (-1.0031)	-2.0945*** (-5.7431)	0.7295 (0.6135)
GROW	-0.4073*** (-5.0897)	-0.8502*** (-4.1897)	-0.3416*** (-4.3326)	-0.6164*** (-2.9446)
AGE	0.0375*** (3.5648)	0.1166*** (2.9716)	0.0163 (1.5670)	0.0887** (2.3620)
COMPLEX	0.7819** (2.0973)	-0.7765 (-0.7534)	0.5286 (1.4001)	-0.8949 (-0.7135)
TQ	0.4045*** (8.1547)	0.0899 (0.6451)	0.3056*** (6.8783)	0.0039 (0.0288)
FIRST	-0.0111*** (-2.7934)	-0.0289*** (-2.7169)	-0.0153*** (-3.8435)	-0.0102 (-0.9357)
DUAL	0.0337 (0.2576)	-0.2226 (-0.6453)	-0.0562 (-0.4375)	-0.3453 (-0.9663)
BOARD	-0.1372 (-0.4123)	-1.1741 (-1.3274)	0.2497 (0.7440)	-2.6100** (-2.5788)
MANSHR	-0.3307 (-0.8010)	3.4277*** (3.1196)	-0.2707 (-0.6515)	2.8921*** (2.7315)
NATURE	0.6485*** (4.4394)	0.0937 (0.1696)	0.9798*** (6.6154)	0.5032 (0.8642)
_cons	-31.3994*** (-19.0311)	-29.3664*** (-6.2386)	-33.6656*** (-20.9143)	-24.2076*** (-4.1853)
观测值数	10975	1075	10975	1075
Adj. R^2	0.1515	0.1942	0.1629	0.1601
F	47.4879	—	45.9067	—

注：小括号内数值为稳健 T 统计量；***、**、*分别表示在 1%、5%和 10%的水平上显著。

7.4.2 目标企业特征的异质性分析

产权环境往往是个人职能发挥的环境基础，国有产权可能会对连锁董事的履职意愿有所抑制（彭凯等，2018）。与非国有企业相比，国有企业的组织冗余程度也会负向影响连锁董事网络对企业的创新投入（严若森等，2018），进而影响企业的经营绩效与社会责任的承担。在非国有企业中，连锁董事能以更加自由的、以效率与效益为导向的方式去获取和支配资源。

本节进一步从目标企业特征进行异质性分析，将其分为国有企业与非国有企业，对模型（7-1）进行分组回归。为克服异方差的影响，本章采用怀特稳健性标准误进行统计推断，具体回归结果如表7-17和表7-18所示。表7-17中回归结果（1）和（2）为股东责任分维度，结果（3）和（4）为员工责任分维度；表7-18中回归结果（1）和（2）为供应商和客户及消费者权益责任分维度，结果（3）和（4）为环境责任分维度。

由表7-17和表7-18可得，针对股东责任、供应商和客户及消费者权益责任、环境责任维度，非国有企业中连锁董事人数的系数均为正，且在1%的水平上显著；针对员工责任维度，非国有企业中连锁董事人数的系数在5%的水平上显著为正。然而，国有企业中连锁董事人数的系数有不显著的情况，说明在非国有企业中，连锁董事人数越多，对企业上述四个社会责任维度的扩散影响越大。这是由于国有企业与政府之间天然存在着某种联系，因此其必须承担一定的社会责任，向社会各界做出表率，其他因素的干扰并不能成为其是否承担社会责任的决定性因素；而非国有企业不存在这种“约束”，因此连锁董事人数会对企业在社会责任分维度的表现造成影响。

概言之，通过上述回归结果发现，在非国有企业中，连锁董事人数越多，连锁董事对企业社会责任分维度的扩散影响越显著。

表7-17 目标公司特征的异质性检验：产权性质（1）

变量	股东责任		员工责任	
	国有企业	非国有企业	国有企业	非国有企业
	(1)	(2)	(3)	(4)
ID_1	0.0915* (1.6541)	0.2327*** (4.5211)	0.0748* (1.7683)	0.0683** (2.5514)
SIZE	1.2204*** (17.1365)	1.1706*** (13.3824)	0.9939*** (17.9019)	0.7756*** (16.3529)

续表

变量	股东责任		员工责任	
	国有企业	非国有企业	国有企业	非国有企业
	(1)	(2)	(3)	(4)
ROA	84.9841*** (34.5636)	70.8010*** (39.4796)	6.4356*** (4.2870)	5.8336*** (8.0384)
LEV	-5.8537*** (-10.4471)	-3.6526*** (-7.7662)	-1.8631*** (-5.0414)	-0.2670 (-1.3732)
GROW	-0.0279 (-0.2104)	-0.3998*** (-3.3132)	-0.0040 (-0.0410)	-0.0371 (-0.7892)
AGE	-0.0680*** (-5.0852)	-0.0855*** (-6.7451)	0.0005 (0.0475)	0.0098* (1.6503)
COMPLEX	0.3878 (0.7177)	-0.8559* (-1.8546)	1.1188*** (2.8527)	0.0151 (0.0708)
TQ	-0.1993** (-2.1903)	-0.0890 (-1.5753)	0.3351*** (5.9485)	0.1781*** (6.4356)
FIRST	0.0059 (1.1239)	0.0268*** (6.5889)	-0.0011 (-0.2836)	-0.0110*** (-4.7808)
DUAL	0.0235 (0.1065)	-0.2196 (-1.6392)	-0.2349 (-1.4172)	-0.1869*** (-2.9036)
BOARD	0.0619 (0.1497)	0.8711** (2.3552)	-0.1945 (-0.6300)	-0.4370** (-2.2786)
MANSHR	-1.6940 (-0.4804)	1.3821*** (3.2812)	-5.1079* (-1.9259)	0.3678* (1.7375)
_cons	-17.0522*** (-9.2493)	-16.8810*** (-8.1669)	-17.9716*** (-13.8664)	-12.5853*** (-11.3235)
观测值数	4492	7558	4492	7558
Adj. R^2	0.5125	0.4068	0.2578	0.1428
F	104.9163	114.7686	44.6201	22.2619

注：小括号内数值为稳健T统计量；***、**、*分别表示在1%、5%和10%的水平上显著。

表7-18 目标公司特征的异质性检验：产权性质（2）

变量	供应商和客户及消费者权益责任		环境责任	
	国有企业	非国有企业	国有企业	非国有企业
	(1)	(2)	(3)	(4)
ID_1	0.0963 (1.2699)	0.1518*** (2.7150)	0.0083 (0.1031)	0.1505*** (2.6527)

续表

变量	供应商和客户及消费者权益责任		环境责任	
	国有企业	非国有企业	国有企业	非国有企业
	(1)	(2)	(3)	(4)
SIZE	1.7991*** (18.2655)	1.6193*** (17.2315)	1.8643*** (17.4952)	1.5096*** (16.4855)
ROA	7.6737*** (2.9168)	6.4091*** (4.4895)	5.9177** (2.0428)	4.8158*** (3.4525)
LEV	-4.0032*** (-6.1061)	-1.2073*** (-3.1504)	-4.0191*** (-5.7499)	-0.4124 (-1.0692)
GROW	-0.3953*** (-2.6138)	-0.4823*** (-5.8579)	-0.4495*** (-2.9450)	-0.3610*** (-4.5357)
AGE	0.0355* (1.9556)	0.0464*** (3.6819)	-0.0020 (-0.1066)	0.0315*** (2.7434)
COMPLEX	1.6761** (2.4976)	-0.1717 (-0.4274)	1.7298** (2.4757)	-0.5243 (-1.2951)
TQ	0.5741*** (5.7037)	0.2917*** (5.1905)	0.4785*** (4.5537)	0.1579*** (3.5031)
FIRST	-0.0097 (-1.3426)	-0.0136*** (-3.0971)	-0.0153** (-2.1182)	-0.0169*** (-3.8963)
DUAL	0.1288 (0.4176)	-0.0630 (-0.4791)	-0.1604 (-0.5216)	-0.0996 (-0.7751)
BOARD	0.3459 (0.6525)	-0.4546 (-1.2266)	0.6715 (1.1731)	-0.3962 (-1.0928)
MANSHR	1.7316 (0.2697)	0.2483 (0.6269)	-14.2890*** (-3.2668)	0.3225 (0.8194)
_cons	-36.9500*** (-15.9256)	-26.9842*** (-11.7748)	-38.0056*** (-15.3251)	-26.8267*** (-12.7811)
观测值数	4492	7558	4492	7558
Adj. R^2	0.1555	0.1209	0.1764	0.1087
F	29.0454	21.4769	29.9217	19.1674

注：小括号内数值为稳健T统计量；***、**、*分别表示在1%、5%和10%的水平上显著。

7.5 稳健性检验

为保证本章研究结论的稳健性，本章将从更换解释变量、滞后一期解释变量和聚类稳健标准误等方面进行稳健性检验。

7.5.1　更换解释变量

本章进一步将连锁董事人数替换为连锁董事连锁企业数量并作为解释变量，以此为基础，代入模型（7-1）进行稳健性检验。

（1）主效应

表 7-19 为连锁董事连锁企业数量对企业社会责任分维度扩散影响的稳健性检验结果。为克服异方差的影响，本章采用怀特稳健性标准误进行统计推断。回归结果（1）为股东责任分维度，结果（2）为员工责任分维度，结果（3）为供应商和客户及消费者权益责任分维度，结果（4）为环境责任分维度。

由表 7-19 可得，对于股东责任、员工责任、供应商和客户及消费者权益责任、环境责任四个分维度，连锁董事连锁企业数量的系数均为正，且在 1%的水平上显著。这与使用连锁董事人数作为解释变量的表 7-4 在结果上保持一致，表明连锁董事连锁企业数量越多，对企业社会责任分维度的扩散影响越大，进一步支持了本章的研究假说。

表 7-19　连锁董事连锁企业数量对企业社会责任分维度的扩散影响

变量	（1）	（2）	（3）	（4）
	股东责任	员工责任	供应商和客户及消费者权益责任	环境责任
ID_2	0.0726*** （4.1069）	0.0416*** （3.6205）	0.0858*** （3.9280）	0.0635*** （2.7629）
SIZE	1.2140*** （22.1875）	0.9146*** （25.7641）	1.7005*** （26.1065）	1.7102*** （25.1605）
ROA	75.8082*** （52.5845）	5.6631*** （8.2689）	6.9538*** （5.4296）	4.4471*** （3.3754）
LEV	-4.6710*** （-13.2097）	-0.8592*** （-4.7562）	-2.3152*** （-6.8764）	-1.8110*** （-5.1895）
GROW	-0.2902*** （-3.1503）	-0.0088 （-0.1879）	-0.4329*** （-5.7443）	-0.3634*** （-4.8898）
AGE	-0.0747*** （-8.2728）	0.0008 （0.1525）	0.0448*** （4.4292）	0.0233** （2.3369）
COMPLEX	-0.5045 （-1.4359）	0.4307** （2.1708）	0.6342* （1.8029）	0.4327 （1.1983）

续表

变量	(1)	(2)	(3)	(4)
	股东责任	员工责任	供应商和客户及消费者权益责任	环境责任
TQ	-0.1205** (-2.5689)	0.2512*** (10.2954)	0.3887*** (8.2999)	0.2898*** (6.8812)
FIRST	0.0217*** (6.8699)	-0.0073*** (-3.7070)	-0.0120*** (-3.1970)	-0.0140*** (-3.7436)
DUAL	-0.1746 (-1.5296)	-0.1714*** (-2.7296)	0.0038 (0.0310)	-0.0919 (-0.7592)
BOARD	0.5836** (2.1287)	-0.3770** (-2.2205)	-0.2007 (-0.6499)	0.0080 (0.0252)
MANSHR	1.2058*** (3.0547)	0.2170 (1.0278)	0.0373 (0.0968)	0.0179 (0.0464)
NATURE	0.1402 (1.2013)	0.6350*** (8.4586)	0.6330*** (4.5145)	0.9541*** (6.6919)
_cons	-17.8059*** (-13.3033)	-15.9646*** (-19.5691)	-31.5301*** (-20.2178)	-33.1648*** (-21.4365)
观测值数	12050	12050	12050	12050
Adj. R^2	0.4388	0.2248	0.1531	0.1620
F	196.1812	66.0396	52.0133	49.6970

注：小括号内数值为稳健T统计量；***、**、*分别表示在1%、5%和10%的水平上显著。

（2）调节效应

本章进一步对调节效应进行稳健性检验。表7-20和表7-21为在内部控制水平不同的条件下，连锁董事连锁企业数量对企业社会责任分维度扩散影响的稳健性检验结果。为克服异方差的影响，本章采用怀特稳健性标准误进行统计推断。表7-20中回归结果（1）和（2）为股东责任分维度，结果（3）和（4）为员工责任分维度；表7-21中回归结果（1）和（2）为供应商和客户及消费者权益责任分维度，结果（3）和（4）为环境责任分维度。

由表7-20和表7-21可得，针对股东责任、员工责任、供应商和客户及消费者权益责任四个分维度，连锁董事连锁企业数量的系数在内部控制水平高组和低组中均显著为正，这与使用连锁董事人数作为解释变量的表

7-5 和表 7-6 在结果上保持一致，表明内部控制水平正向调节连锁董事连锁企业数量对企业社会责任分维度扩散影响的积极效应。该稳健性检验结果支持了本章的假设 H7-5，进一步证明了本章的假设与结论。但针对环境责任分维度，连锁董事连锁企业数量的系数仅在内部控制水平低组中于 5%的水平上显著为正，这与使用连锁董事人数作为解释变量的结果不太一致，表明结果并不十分稳健。

概言之，在替换解释变量测量方法之后，企业连锁董事连锁企业数量对企业股东责任、员工责任、供应商和客户及消费者权益责任的积极效应没有显著变化，对企业环境责任的积极效应并不十分稳健。

表 7-20　内部控制水平调节效应的稳健性回归结果（1）

变量	股东责任		员工责任	
	内部控制水平高组	内部控制水平低组	内部控制水平高组	内部控制水平低组
	(1)	(2)	(3)	(4)
ID_2	0.0482*** (2.5782)	0.0739** (2.5146)	0.0411** (2.4918)	0.0373** (2.3768)
SIZE	1.0553*** (18.1326)	0.7934*** (8.2620)	0.9492*** (19.6285)	0.7623*** (13.8382)
ROA	67.7163*** (40.5982)	75.1418*** (34.1180)	5.2281*** (4.9276)	4.9138*** (5.4951)
LEV	-3.2856*** (-7.9639)	-5.0440*** (-9.8996)	-1.0520*** (-3.6782)	-0.6119*** (-2.6462)
GROW	-0.3249*** (-2.8977)	-0.2963** (-2.2688)	-0.0859 (-1.1291)	0.0455 (0.7850)
AGE	-0.0723*** (-6.9634)	-0.0467*** (-3.3456)	-0.0019 (-0.2477)	0.0072 (1.0443)
COMPLEX	-1.2832*** (-3.1813)	-0.7274 (-1.3719)	0.5455* (1.7814)	0.1723 (0.6755)
TQ	-0.0817 (-1.4775)	-0.2511*** (-3.4984)	0.2466*** (6.5321)	0.2181*** (6.7562)
FIRST	0.0116*** (3.3534)	0.0276*** (5.5212)	-0.0108*** (-3.8677)	-0.0036 (-1.2984)
DUAL	-0.0219 (-0.1824)	-0.2699 (-1.5288)	-0.1595* (-1.6522)	-0.1719** (-2.1007)

续表

变量	股东责任		员工责任	
	内部控制水平高组	内部控制水平低组	内部控制水平高组	内部控制水平低组
	(1)	(2)	(3)	(4)
BOARD	0.6130** (1.9752)	0.7003* (1.6461)	-0.3295 (-1.2629)	-0.3960* (-1.8438)
MANSHR	0.2642 (0.6334)	1.3066** (2.0421)	-0.0965 (-0.3046)	0.4063 (1.4678)
NATURE	-0.1724 (-1.3045)	0.1988 (1.1090)	0.6735*** (5.9897)	0.5840*** (5.8221)
_*cons*	-11.4542*** (-7.4523)	-10.1557*** (-4.6566)	-16.3003*** (-13.7066)	-13.0737*** (-10.9631)
观测值数	6026	6024	6026	6024
Adj. R^2	0.4891	0.3735	0.2636	0.1599
F	131.0067	73.4967	46.7737	20.8934

注：小括号内数值为稳健T统计量；***、**、*分别表示在1%、5%和10%的水平上显著。

表 7-21　内部控制水平调节效应的稳健性回归结果（2）

变量	供应商和客户及消费者权益责任		环境责任	
	内部控制水平高组	内部控制水平低组	内部控制水平高组	内部控制水平低组
	(1)	(2)	(3)	(4)
ID_2	0.0758** (2.4416)	0.0902*** (2.9511)	0.0485 (1.5060)	0.0752** (2.2948)
SIZE	1.8726*** (20.8733)	1.2737*** (13.1303)	1.8438*** (19.9131)	1.3881*** (13.2059)
ROA	7.3198*** (3.6890)	4.9773*** (2.9845)	4.8711** (2.3710)	2.7743 (1.6165)
LEV	-2.5712*** (-4.8266)	-1.8556*** (-4.2787)	-1.9686*** (-3.6692)	-1.5136*** (-3.2644)
GROW	-0.6625*** (-5.7627)	-0.2521** (-2.4490)	-0.5765*** (-4.9982)	-0.2052** (-2.0695)
AGE	0.0457*** (3.0096)	0.0481*** (3.5684)	0.0201 (1.3650)	0.0284** (2.0808)
COMPLEX	0.5335 (0.9785)	0.3507 (0.7756)	0.3218 (0.5839)	0.2958 (0.6211)

续表

变量	供应商和客户及消费者权益责任		环境责任	
	内部控制水平高组	内部控制水平低组	内部控制水平高组	内部控制水平低组
	(1)	(2)	(3)	(4)
TQ	0.4439*** (6.0552)	0.2400*** (3.9555)	0.2890*** (4.5776)	0.2175*** (3.6901)
FIRST	-0.0228*** (-4.2280)	0.0000 (0.0066)	-0.0220*** (-4.1038)	-0.0053 (-1.0166)
DUAL	0.1385 (0.7331)	-0.0982 (-0.6108)	-0.0226 (-0.1246)	-0.1445 (-0.8908)
BOARD	-0.3481 (-0.7359)	0.0172 (0.0439)	-0.0125 (-0.0260)	0.1326 (0.3235)
MANSHR	-0.2617 (-0.4688)	0.1342 (0.2542)	-0.3999 (-0.7311)	0.3570 (0.6604)
NATURE	0.6781*** (3.1888)	0.5662*** (3.0780)	0.9555*** (4.4732)	0.9480*** (4.9588)
_*cons*	-33.6235*** (-14.3766)	-23.8889*** (-10.8898)	-35.2715*** (-15.9028)	-27.2825*** (-11.8375)
观测值数	6026	6024	6026	6024
Adj. R^2	0.1892	0.0999	0.1984	0.1108
F	37.6037	16.4160	34.5918	16.6527

注：小括号内数值为稳健T统计量；***、**分别表示在1%、5%的水平上显著。

表7-22和表7-23为在市场化程度不同的条件下，连锁董事连锁企业数量对企业社会责任分维度扩散影响的稳健性检验结果。为克服异方差的影响，本章采用怀特稳健性标准误进行统计推断。表7-22中回归结果（1）和（2）为股东责任分维度，结果（3）和（4）为员工责任分维度；表7-23中回归结果（1）和（2）为供应商和客户及消费者权益责任分维度，结果（3）和（4）为环境责任分维度。

由表7-22和表7-23可得，针对股东责任、员工责任、供应商和客户及消费者权益责任、环境责任分维度，连锁董事连锁企业数量的系数均在市场化程度高组为正，且在1%的水平上显著，这与使用连锁董事人数作为解释变量的表7-7和表7-8在结果上保持一致，表明在市场化程度高的条件下，连锁董事连锁企业数量越多，对企业社会责任分维度的扩散影响越大，即市场化程度正向调节连锁董事连锁企业数量对企业社会责任分维度扩散影响的积极效应。该稳健性检验结果进一步支持了本章的研究假设H7-6。

表 7-22 市场化程度调节效应的稳健性回归结果（1）

变量	股东责任		员工责任	
	市场化程度高组	市场化程度低组	市场化程度高组	市场化程度低组
	（1）	（2）	（3）	（4）
ID_2	0.0697*** (3.6885)	0.0146 (0.2908)	0.0401*** (3.2349)	0.0297 (0.9688)
SIZE	1.2112*** (20.3307)	1.2624*** (8.8512)	0.9153*** (23.3891)	0.9123*** (10.5469)
ROA	75.4962*** (47.0177)	73.2194*** (21.6450)	6.1652*** (8.1698)	1.9587 (1.2102)
LEV	-4.5560*** (-11.4842)	-4.7496*** (-5.9240)	-0.9375*** (-4.6564)	-0.7717* (-1.7979)
GROW	-0.2581** (-2.5315)	-0.3234 (-1.5432)	0.0287 (0.5280)	-0.0478 (-0.5582)
AGE	-0.0720*** (-7.2393)	-0.0722*** (-2.9914)	0.0016 (0.2662)	0.0093 (0.7449)
COMPLEX	-0.5956 (-1.5341)	-0.5785 (-0.6668)	0.7098*** (3.1640)	-0.5971 (-1.4414)
TQ	-0.1552*** (-3.0416)	0.1163 (0.9688)	0.2501*** (9.3185)	0.2955*** (5.0170)
FIRST	0.0199*** (5.8334)	0.0286*** (3.4157)	-0.0078*** (-3.6360)	-0.0040 (-0.7790)
DUAL	-0.1496 (-1.2107)	-0.2174 (-0.7059)	-0.1819*** (-2.6774)	-0.1178 (-0.7205)
BOARD	0.6897** (2.3055)	0.4961 (0.7025)	-0.5115*** (-2.8043)	0.6903 (1.4722)
MANSHR	1.2131*** (2.9066)	0.2441 (0.1850)	0.2263 (1.0249)	-1.1245 (-1.6260)
NATURE	0.4105*** (3.1439)	-0.8359*** (-3.0091)	0.7402*** (8.5498)	0.2649* (1.6486)
_cons	-17.8784*** (-11.5710)	-18.6510*** (-5.8827)	-15.9038*** (-17.8276)	-17.8162*** (-9.0668)
观测值数	10046	2004	10046	2004
Adj. R^2	0.4339	0.4445	0.2309	0.2265
F	161.6210	39.8482	57.3642	12.1134

注：小括号内数值为稳健T统计量；***、**、*分别表示在1%、5%和10%的水平上显著。

表 7-23 市场化程度调节效应的稳健性回归结果（2）

变量	供应商和客户及消费者权益责任		环境责任	
	市场化程度高组	市场化程度低组	市场化程度高组	市场化程度低组
	（1）	（2）	（3）	（4）
ID_2	0.0939*** （3.9712）	0.0099 （0.1782）	0.0679*** （2.7448）	0.0227 （0.3698）
SIZE	1.7682*** （24.8910）	1.3605*** （8.5094）	1.7572*** （23.6384）	1.4418*** （8.5645）
ROA	8.2191*** （5.8739）	0.3805 （0.1239）	5.7025*** （3.9618）	-1.8824 （-0.5886）
LEV	-2.2396*** （-6.0882）	-2.8437*** （-3.4392）	-1.7820*** （-4.6732）	-2.3406*** （-2.6913）
GROW	-0.4211*** （-4.9327）	-0.3444** （-2.4068）	-0.3275*** （-3.8559）	-0.3419** （-2.3566）
AGE	0.0441*** （3.9308）	0.0746*** （3.1071）	0.0294*** （2.6534）	0.0357 （1.4091）
COMPLEX	1.0541*** （2.6702）	-1.4370* （-1.8580）	0.8966** （2.2165）	-1.7582** （-2.2121）
TQ	0.4058*** （8.1570）	0.3983*** （3.0067）	0.3043*** （6.6771）	0.2735** （2.4329）
FIRST	-0.0119*** （-2.9625）	-0.0095 （-0.9313）	-0.0122*** （-3.0125）	-0.0188* （-1.8882）
DUAL	0.0027 （0.0204）	0.0551 （0.1658）	-0.1053 （-0.8065）	-0.0751 （-0.2339）
BOARD	-0.1883 （-0.5590）	0.1409 （0.1779）	-0.3078 （-0.9050）	1.9553** （2.2603）
MANSHR	0.1962 （0.4807）	-2.4291** （-2.2975）	0.0851 （0.2110）	-1.9813 （-1.5494）
NATURE	0.7071*** （4.4426）	0.3776 （1.2085）	0.9036*** （5.5640）	1.0987*** （3.4653）
_cons	-34.1735*** （-20.2616）	-23.1837*** （-6.4444）	-34.1831*** （-20.3167）	-30.2458*** （-7.8356）
观测值数	10046	2004	10046	2004
Adj. R^2	0.1650	0.1430	0.1671	0.1643
F	47.3053	11.3447	43.8204	11.5352

注：小括号内数值为稳健T统计量；***、**、*分别表示在1%、5%和10%的水平上显著。

7.5.2 滞后一期解释变量

(1) 主效应

为控制连锁董事与社会责任分维度在理论上可能存在由互为因果关系导致的内生性问题，本节采用滞后一期解释变量的方法进行克服。企业过去的连锁董事人数可能会影响企业后期的社会责任绩效，但企业未来的社会责任绩效一般不会影响企业过去的连锁董事人数。因此，本节采用企业连锁董事人数的滞后项作为解释变量，对上文设定的模型重新检验以控制内生性问题。

表7-24为滞后一期连锁董事人数对企业社会责任分维度的回归结果，结果（1）为股东责任分维度，结果（2）为员工责任分维度，结果（3）为供应商和客户及消费者权益责任分维度，结果（4）为环境责任分维度。结果（1）显示，连锁董事人数的系数为0.1220，在1%的水平上显著为正，表明企业中连锁董事人数的增加会提升企业的股东责任表现。结果（2）显示，连锁董事人数的系数为0.0905，在1%的水平上显著为正，表明企业中连锁董事人数的增加会提高企业员工责任的承担水平。结果（3）显示，连锁董事人数的系数为0.0915，在10%的水平上显著为正，表明企业中连锁董事人数的增加会提高企业对供应商和客户及消费者权益责任的承担水平。结果（4）显示，连锁董事人数的系数不显著，表明连锁董事人数对企业环境责任的正向影响并不十分稳健。将这些结果与表7-4进行对比后发现，在滞后一期连锁董事人数解释变量之后，企业连锁董事人数对企业股东责任、员工责任、供应商和客户及消费者权益责任的积极效应没有发生显著变化，对企业环境责任的积极效应并不十分稳健。

表7-24 滞后一期连锁董事人数对企业社会责任分维度的扩散影响

变量	(1)	(2)	(3)	(4)
	股东责任	员工责任	供应商和客户及消费者权益责任	环境责任
ID_2	0.1220*** (2.6555)	0.0905*** (3.2064)	0.0915* (1.6950)	0.0752 (1.3085)
SIZE	1.1964*** (18.2836)	0.8400*** (20.3209)	1.6394*** (20.4694)	1.6143*** (19.7499)

续表

变量	(1)	(2)	(3)	(4)
	股东责任	员工责任	供应商和客户及消费者权益责任	环境责任
ROA	77.1359*** (46.8868)	5.3048*** (6.6832)	6.3581*** (4.1097)	4.1428*** (2.6408)
LEV	-4.4117*** (-10.3689)	-1.1007*** (-5.1476)	-2.6920*** (-6.4190)	-2.0781*** (-4.9201)
GROW	-0.2137* (-1.7772)	-0.0123 (-0.2100)	-0.5927*** (-6.5604)	-0.4268*** (-4.4358)
AGE	-0.0518*** (-4.9147)	0.0042 (0.7013)	0.0478*** (3.8971)	0.0264** (2.2120)
COMPLEX	-0.5369 (-1.2727)	0.2535 (1.0875)	0.3545 (0.8231)	0.2303 (0.5254)
TQ	-0.0659 (-1.1749)	0.2343*** (8.0514)	0.3859*** (6.4629)	0.2390*** (4.7810)
FIRST	0.0206*** (5.5545)	-0.0069*** (-2.9982)	-0.0125*** (-2.7511)	-0.0147*** (-3.2477)
DUAL	-0.1079 (-0.7926)	-0.1417* (-1.9220)	0.0542 (0.3552)	-0.0627 (-0.4224)
BOARD	0.4830 (1.4402)	-0.4998** (-2.4599)	-0.3888 (-0.9958)	-0.1175 (-0.2963)
MANSHR	0.6743 (1.3494)	0.2827 (1.0582)	0.2393 (0.4658)	0.2049 (0.3970)
NATURE	0.0861 (0.6390)	0.5999*** (6.9268)	0.5967*** (3.5312)	0.8852*** (5.2423)
_cons	-17.1850*** (-10.5077)	-12.9663*** (-13.5363)	-28.3826*** (-14.6031)	-29.4365*** (-15.6849)
观测值数	8594	8594	8594	8594
Adj. R^2	0.4380	0.2231	0.1391	0.1473
F	148.3170	45.8375	34.7314	33.6526

注：小括号内数值为稳健T统计量；***、**、*分别表示在1%、5%和10%的水平上显著。

(2) 调节效应

表7-25和表7-26为采用企业连锁董事人数的滞后项作为解释变量，对内部控制水平调节效应模型重新检验以控制内生性问题的结果。表7-25

中回归结果（1）和（2）为股东责任分维度，结果（3）和（4）为员工责任分维度；表 7-26 中回归结果（1）和（2）为供应商和客户及消费者权益责任分维度，结果（3）和（4）为环境责任分维度。

表 7-25 的结果显示，连锁董事人数对股东责任的回归系数在内部控制水平高组为 0.1260，在 1%的水平上显著为正，但在内部控制水平低组并不显著，与前文结论一致，表明在内部控制制度更为健全的企业中，连锁董事人数对企业承担股东责任的积极效应更大。连锁董事人数对员工责任的回归系数在内部控制水平高组为 0.1459，在 1%的水平上显著为正，在内部控制水平低组没有产生显著影响，与前文结论一致，表明连锁董事人数对企业承担员工责任的积极效应受到企业内部控制水平的正向调节。表 7-26 的结果显示，连锁董事人数对供应商和客户及消费者权益责任的系数仅在内部控制水平高组于 5%的水平上显著为正，在内部控制水平低组不显著，与前文结论一致，表明企业内部控制水平正向调节连锁董事人数对企业承担供应商和客户及消费者权益责任的积极效应；连锁董事人数对环境责任的回归系数在内部控制水平高组为 0.1671，在 5%的水平上显著为正，在内部控制水平低组不显著，与前文结论一致，表明企业内部控制水平能够扩大连锁董事人数对企业承担环境责任的正向影响。

概言之，在滞后一期连锁董事人数解释变量之后，内部控制水平的调节效应依然稳健，内部控制水平正向调节连锁董事与企业社会责任各分维度的关系，证明了本章的假设 H7-5。

表 7-25　内部控制调节效应的稳健性回归结果（1）

变量	股东责任		员工责任	
	内部控制水平高组	内部控制水平低组	内部控制水平高组	内部控制水平低组
	(1)	(2)	(3)	(4)
ID_2	0.1260*** (2.6653)	0.0704 (0.9303)	0.1459*** (3.6613)	0.0309 (0.7930)
SIZE	1.0605*** (15.3303)	0.8067*** (6.9779)	0.8428*** (15.2758)	0.7506*** (11.4868)
ROA	68.7932*** (36.0666)	77.6851*** (31.1852)	4.7980*** (3.9740)	4.8558*** (4.5651)
LEV	-3.3484*** (-6.8122)	-4.5589*** (-7.3655)	-1.1193*** (-3.3500)	-0.9969*** (-3.6093)

续表

变量	股东责任		员工责任	
	内部控制水平高组	内部控制水平低组	内部控制水平高组	内部控制水平低组
	(1)	(2)	(3)	(4)
GROW	-0.1103 (-0.8696)	-0.3354* (-1.8934)	-0.0244 (-0.2652)	-0.0044 (-0.0598)
AGE	-0.0517*** (-4.2984)	-0.0271 (-1.6448)	-0.0007 (-0.0755)	0.0128 (1.5529)
COMPLEX	-1.3129*** (-2.8091)	-0.5376 (-0.8331)	0.3427 (0.9600)	-0.0210 (-0.0702)
TQ	-0.0853 (-1.3029)	-0.1447 (-1.6451)	0.2416*** (5.4561)	0.2051*** (5.3180)
FIRST	0.0117*** (2.9018)	0.0264*** (4.4090)	-0.0124*** (-3.8545)	-0.0006 (-0.1899)
DUAL	0.0922 (0.6405)	-0.3069 (-1.4393)	-0.1578 (-1.4240)	-0.1278 (-1.3014)
BOARD	0.7062* (1.8563)	0.4694 (0.8905)	-0.4729 (-1.5520)	-0.5797** (-2.1765)
MANSHR	0.0249 (0.0472)	0.6620 (0.8255)	0.1339 (0.3357)	0.2926 (0.8321)
NATURE	-0.2425 (-1.5814)	0.1590 (0.7620)	0.6862*** (5.4722)	0.4853*** (4.0547)
_cons	-11.3976*** (-6.0295)	-10.3603*** (-3.7276)	-14.4467*** (-10.4047)	-12.8439*** (-8.6836)
观测值数	4348	4246	4348	4246
Adj. R^2	0.4945	0.3756	0.2583	0.1681
F	99.1948	56.1987	31.7052	15.6396

注：小括号内数值为稳健T统计量；***、**、*分别表示在1%、5%和10%的水平上显著。

表7-26 内部控制调节效应的稳健性回归结果（2）

变量	供应商和客户及消费者权益责任		环境责任	
	内部控制水平高组	内部控制水平低组	内部控制水平高组	内部控制水平低组
	(1)	(2)	(3)	(4)
ID_2	0.1920** (2.4131)	-0.0102 (-0.1440)	0.1671** (2.0477)	-0.0263 (-0.3267)

续表

变量	供应商和客户及消费者权益责任		环境责任	
	内部控制水平高组	内部控制水平低组	内部控制水平高组	内部控制水平低组
	(1)	(2)	(3)	(4)
SIZE	1.7825*** (16.4595)	1.2892*** (10.6998)	1.6760*** (15.3420)	1.4136*** (10.9434)
ROA	7.1504*** (3.0403)	4.3207** (2.1164)	5.9016** (2.4634)	1.4704 (0.7125)
LEV	-2.7339*** (-4.2048)	-2.4279*** (-4.4233)	-1.7952*** (-2.8275)	-2.1785*** (-3.8156)
GROW	-0.7830*** (-5.6046)	-0.4236*** (-3.4687)	-0.5502*** (-3.6713)	-0.3283** (-2.5398)
AGE	0.0453** (2.5366)	0.0527*** (3.1086)	0.0218 (1.2748)	0.0328* (1.9516)
COMPLEX	0.2653 (0.4013)	0.0481 (0.0853)	0.1101 (0.1655)	0.0649 (0.1113)
TQ	0.4637*** (5.1883)	0.2312*** (2.8858)	0.2545*** (3.4582)	0.1745** (2.4888)
FIRST	-0.0276*** (-4.3206)	0.0056 (0.8751)	-0.0292*** (-4.6469)	0.0023 (0.3489)
DUAL	0.1510 (0.6610)	-0.0270 (-0.1321)	-0.0125 (-0.0564)	-0.1261 (-0.6295)
BOARD	-0.5561 (-0.9531)	-0.2412 (-0.4704)	-0.0805 (-0.1364)	-0.2039 (-0.3839)
MANSHR	0.1712 (0.2334)	0.0342 (0.0482)	-0.1479 (-0.2060)	0.4560 (0.6211)
NATURE	0.6407** (2.5703)	0.5162** (2.2648)	0.8770*** (3.5736)	0.8872*** (3.7916)
_cons	-32.5008*** (-11.3082)	-24.4234*** (-8.4793)	-33.4155*** (-12.4826)	-28.6054*** (-9.6569)
观测值数	4348	4246	4348	4246
Adj. R^2	0.1713	0.0972	0.1788	0.1073
F	24.9017	11.9732	23.2118	12.2430

注：小括号内数值为稳健T统计量；***、**、*分别表示在1%、5%和10%的水平上显著。

表7-27和表7-28为采用企业连锁董事人数的滞后项作为解释变量，

对市场化程度调节效应模型重新检验以控制内生性问题的结果。表7-27中回归结果（1）和（2）为股东责任分维度，结果（3）和（4）为员工责任分维度；表7-28中回归结果（1）和（2）为供应商和客户及消费者权益责任分维度，结果（3）和（4）为环境责任分维度。

表7-27的结果显示，连锁董事人数对股东责任的回归系数在市场化程度高组为0.1017，在5%的水平上显著为正，但在市场化程度低组并不显著，与前文结论一致，表明在市场化程度更高的企业中，连锁董事人数对企业承担股东责任的积极效应更大。连锁董事人数对员工责任的回归系数在市场化程度高组为0.0924，在1%的水平上显著为正，在市场化程度低组没有产生显著影响，与前文结论一致，表明连锁董事人数对企业承担员工责任的积极效应受到企业市场化程度的正向调节。表7-28的结果显示，连锁董事人数对供应商和客户及消费者权益责任、环境责任在市场化程度高组和市场化程度低组均不显著，与前文结论不一致，表明结论并不十分稳健。

概言之，在滞后一期连锁董事人数解释变量之后，市场化程度的调节效应在股东责任和员工责任维度中依然存在，而在供应商和客户及消费者权益责任、环境责任维度中不复存在。

表7-27　市场化程度调节效应的稳健性回归结果（1）

变量	股东责任		员工责任	
	市场化程度高组	市场化程度低组	市场化程度高组	市场化程度低组
	(1)	(2)	(3)	(4)
ID_2	0.1017** (2.0405)	0.0770 (0.6625)	0.0924*** (2.9901)	0.0459 (0.6761)
SIZE	1.2091*** (17.0818)	1.1776*** (6.6575)	0.8360*** (18.2605)	0.8563*** (8.6450)
ROA	76.5977*** (42.3893)	74.9212*** (17.8672)	5.6704*** (6.4756)	2.3656 (1.2723)
LEV	-4.2663*** (-9.0208)	-4.2469*** (-4.1936)	-1.1405*** (-4.7427)	-1.1047** (-2.2407)
GROW	-0.2097 (-1.5807)	-0.1899 (-0.6500)	0.0124 (0.1819)	-0.0367 (-0.3615)
AGE	-0.0447*** (-3.8661)	-0.0592** (-2.0001)	0.0071 (1.0341)	0.0101 (0.7007)

续表

变量	股东责任		员工责任	
	市场化程度高组	市场化程度低组	市场化程度高组	市场化程度低组
	(1)	(2)	(3)	(4)
COMPLEX	−0.6858 (−1.4792)	−0.4610 (−0.4370)	0.4929* (1.8614)	−0.5332 (−1.1128)
TQ	−0.0973 (−1.6228)	0.1993 (1.2436)	0.2461*** (7.7347)	0.1958*** (2.8630)
FIRST	0.0187*** (4.6449)	0.0278*** (2.8632)	−0.0074*** (−2.9291)	−0.0028 (−0.4755)
DUAL	−0.0443 (−0.3034)	−0.4094 (−1.0676)	−0.1638** (−2.0581)	−0.0520 (−0.2670)
BOARD	0.6327* (1.7383)	0.1933 (0.2168)	−0.6808*** (−3.1011)	0.7312 (1.3201)
MANSHR	0.6625 (1.2612)	−0.6298 (−0.3317)	0.2444 (0.8825)	−0.6992 (−0.6893)
NATURE	0.3306** (2.2088)	−0.9429*** (−2.9309)	0.6992*** (7.0233)	0.2131 (1.1181)
_cons	−17.5099*** (−9.1514)	−16.4849*** (−4.2233)	−14.6729*** (−13.5648)	−15.4627*** (−6.8909)
观测值数	7187	1407	7187	1407
Adj. R^2	0.4336	0.4499	0.2304	0.2207
F	123.0466	.	40.2779	.

注：小括号内数值为稳健T统计量；***、**、*分别表示在1%、5%和10%的水平上显著。

表7-28 市场化程度调节效应的稳健性回归结果（2）

变量	供应商和客户及消费者权益责任		环境责任	
	市场化程度高组	市场化程度低组	市场化程度高组	市场化程度低组
	(1)	(2)	(3)	(4)
ID_2	0.0956 (1.6275)	−0.0154 (−0.1166)	0.0901 (1.4340)	−0.0696 (−0.5002)
SIZE	1.7063*** (19.5121)	1.3041*** (6.5900)	1.6447*** (18.2783)	1.4059*** (7.0098)
ROA	7.7970*** (4.6189)	−1.4295 (−0.3739)	5.7141*** (3.3044)	−3.6014 (−0.9699)

续表

变量	供应商和客户及消费者权益责任		环境责任	
	市场化程度高组	市场化程度低组	市场化程度高组	市场化程度低组
	(1)	(2)	(3)	(4)
LEV	-2.5558*** (-5.5885)	-3.6530*** (-3.4540)	-1.9198*** (-4.0940)	-3.2496*** (-3.2019)
GROW	-0.5990*** (-5.6999)	-0.4197** (-2.5419)	-0.4110*** (-3.6341)	-0.3461** (-2.1292)
AGE	0.0505*** (3.7084)	0.0847*** (2.8043)	0.0363*** (2.7416)	0.0382 (1.2261)
COMPLEX	0.7455 (1.5375)	-1.7723* (-1.8567)	0.6614 (1.3370)	-1.9129** (-2.0438)
TQ	0.4060*** (6.4835)	0.3930** (2.0643)	0.2631*** (4.8793)	0.1539 (1.1130)
FIRST	-0.0124** (-2.5394)	-0.0105 (-0.8565)	-0.0128*** (-2.6014)	-0.0202* (-1.7274)
DUAL	0.0377 (0.2314)	0.1305 (0.3082)	-0.0682 (-0.4259)	-0.1283 (-0.3308)
BOARD	-0.3611 (-0.8512)	-0.1108 (-0.1090)	-0.4327 (-1.0141)	1.8053* (1.6670)
MANSHR	0.4048 (0.7477)	-2.6839* (-1.7752)	0.2408 (0.4498)	-2.1906 (-1.1554)
NATURE	0.6352*** (3.3094)	0.3817 (1.0009)	0.8052*** (4.1968)	1.0477*** (2.7474)
_cons	-34.4303*** (-16.0693)	-18.7269*** (-4.2184)	-33.9674*** (-16.1774)	-26.3162*** (-5.6979)
观测值数	7187	1407	7187	1407
Adj. R^2	0.1495	0.1343	0.1517	0.1573
F	31.4992	.	29.6821	.

注：小括号内数值为稳健T统计量；***、**、*分别表示在1%、5%和10%的水平上显著。

7.5.3 聚类稳健标准误

（1）主效应

本章使用2010—2018年上市公司的面板数据。从横截面上看，不同企业之间存在较大差异，这会导致一定程度的异方差问题。从时间序列上看，同一家企业在不同年度之间的数据可能存在某种关联，这会导致一定程度的序列相关问题。无论是横截面上的异方差问题，还是时间序列上的序列相关问题，都会影响回归分析中对标准误的计算，进而影响统计推断。对于横截面上的异方差问题，前文采用怀特稳健性标准误进行调整，并利用稳健标准误进行统计推断。然而，这并不能克服时间序列上的序列相关问题所导致的聚类困扰。因此，本节进一步在企业个体层面进行聚类稳健标准误调整，并利用调整后的标准误进行统计推断。

表 7-29 为连锁董事人数对企业社会责任分维度的回归结果，结果（1）为股东责任分维度，结果（2）为员工责任分维度，结果（3）为供应商和客户及消费者权益责任分维度，结果（4）为环境责任分维度。聚类稳健标准误只调整标准误的计算方法，并不影响对回归系数的估计，因此回归系数与表 7-4 的结果保持一致。对比标准误的大小后发现，结果（1）、（2）、（3）、（4）中标准误与表 7-4 相比均有所降低，但结果（1）、（2）依然在 1%的水平上显著，结果（3）在 5%的水平上显著，结果（4）在 10%的水平上显著。这表明在控制企业个体时间层面上的聚类之后，连锁董事人数对企业社会责任的积极效应依然存在，该稳健性检验结果支持了本章的假设 H7-1 至假设 H7-4。

表 7-29　连锁董事人数对企业社会责任分维度的扩散影响

变量	(1)	(2)	(3)	(4)
	股东责任	员工责任	供应商和客户及消费者权益责任	环境责任
ID_2	0.1723*** (4.0549)	0.0866*** (2.9282)	0.1465** (2.2921)	0.1164* (1.6979)
SIZE	1.2081*** (9.3423)	0.9129*** (3.8360)	1.7013*** (6.9648)	1.7097*** (5.7264)
ROA	75.8223*** (27.7446)	5.6808*** (4.8539)	7.0152*** (2.6031)	4.4862** (2.0989)
LEV	-4.6809*** (-12.4599)	-0.8635*** (-2.6140)	-2.3206*** (-4.2299)	-1.8159*** (-3.2396)
GROW	-0.2898** (-2.4399)	-0.0091 (-0.1519)	-0.4348*** (-3.8789)	-0.3645*** (-4.0024)

续表

变量	(1)	(2)	(3)	(4)
	股东责任	员工责任	供应商和客户及消费者权益责任	环境责任
AGE	-0.0753*** (-6.5586)	0.0004 (0.0386)	0.0439*** (2.5880)	0.0227 (1.2273)
COMPLEX	-0.4552 (-1.1444)	0.4576 (1.4585)	0.6861 (1.2129)	0.4720 (0.8108)
TQ	-0.1223*** (-2.7689)	0.2503*** (2.7206)	0.3874*** (3.8168)	0.2887** (2.4534)
FIRST	0.0217*** (3.0088)	-0.0073** (-2.2804)	-0.0121* (-1.9215)	-0.0141** (-2.2286)
DUAL	-0.1736* (-1.6964)	-0.1710* (-1.7570)	0.0042 (0.0212)	-0.0916 (-0.4519)
BOARD	0.5172* (1.6626)	-0.4029* (-1.6641)	-0.2220 (-0.4526)	-0.0158 (-0.0308)
MANSHR	1.2326*** (2.8172)	0.2283 (0.8466)	0.0498 (0.0872)	0.0298 (0.0515)
NATURE	0.1341 (0.6589)	0.6313*** (3.8490)	0.6248** (2.3003)	0.9482*** (3.3432)
_cons	-17.6342*** (-6.5679)	-15.9062*** (-2.9229)	-31.5147*** (-5.3319)	-33.1269*** (-4.6528)
观测值数	12050	12050	12050	12050
Adj. R^2	0.4390	0.2248	0.1527	0.1618
F	379.1320	1687.7624	2.7805	2.3529

注：小括号内数值为稳健T统计量；***、**、*分别表示在1%、5%和10%的水平上显著。

(2) 调节效应

表7-30和表7-31为进一步在企业个体层面进行聚类标准误调整，并利用调整后的标准误对内部控制水平调节效应重新检验的回归结果。表7-30中回归结果（1）和（2）为股东责任分维度，结果（3）和（4）为员工责任分维度；表7-31中回归结果（1）和（2）为供应商和客户及消费者权益责任分维度，结果（3）和（4）为环境责任分维度。

聚类稳健标准误只调整标准误的计算方法，并不影响回归系数的估计，所以回归系数与表7-5和表7-6的结果保持一致。对比标准误的大小发现，部分维度的内部控制水平高组中标准误与表7-5和表7-6相比有所降低，但结果依然显著。这表明在控制企业个体时间层面上的聚类之后，内部控制水平正向调节连锁董事人数对企业社会责任的积极效应依然存在，该稳健性检验结果支持了本章的假设 H7-5。

表 7-30　内部控制水平调节效应的稳健性回归结果（1）

变量	股东责任		员工责任	
	内部控制水平高组	内部控制水平低组	内部控制水平高组	内部控制水平低组
	(1)	(2)	(3)	(4)
ID_2	0.1401*** (2.9767)	0.1574*** (2.6185)	0.1120*** (3.2726)	0.0552 (1.5129)
SIZE	1.0479*** (12.4639)	0.7915*** (4.2332)	0.9437*** (3.6580)	0.7651*** (3.9939)
ROA	67.7216*** (40.1036)	75.1572*** (19.2585)	5.2373*** (4.1405)	4.9409*** (4.8974)
LEV	-3.2871*** (-6.0956)	-5.0655*** (-12.1506)	-1.0523** (-2.1370)	-0.6205** (-2.2300)
GROW	-0.3266* (-1.8642)	-0.2926*** (-3.3194)	-0.0876 (-0.8641)	0.0462 (1.3553)
AGE	-0.0731*** (-6.2186)	-0.0469*** (-3.1831)	-0.0026 (-0.2370)	0.0070 (0.6383)
COMPLEX	-1.2443** (-2.4630)	-0.6772 (-1.0266)	0.5767 (1.2585)	0.1980 (0.6640)
TQ	-0.0830 (-1.5431)	-0.2523*** (-4.8435)	0.2455** (2.3863)	0.2181*** (2.8726)
FIRST	0.0117** (2.5467)	0.0276** (2.5566)	-0.0108** (-2.5288)	-0.0036 (-1.1819)
DUAL	-0.0228 (-0.1813)	-0.2688* (-1.8050)	-0.1599 (-1.3195)	-0.1727* (-1.7801)
BOARD	0.5329 (1.3984)	0.6546 (1.2201)	-0.3890 (-1.1483)	-0.3991* (-1.9133)
MANSHR	0.2933 (0.6666)	1.3268** (2.4789)	-0.0747 (-0.1893)	0.4102 (1.4181)
NATURE	-0.1759 (-1.0121)	0.1930 (0.7745)	0.6702*** (3.7470)	0.5811*** (3.2096)
_cons	-11.2345*** (-4.5242)	-10.0844*** (-3.2697)	-16.1365*** (-2.7063)	-13.1181*** (-3.0096)
观测值数	6026	6024	6026	6024

续表

变量	股东责任		员工责任	
	内部控制水平高组	内部控制水平低组	内部控制水平高组	内部控制水平低组
	(1)	(2)	(3)	(4)
Adj. R^2	0.4896	0.3735	0.2641	0.1595
F	355.9888	1453.0071	6.4925	3.3105

注：小括号内数值为稳健T统计量；***、**、*分别表示在1%、5%和10%的水平上显著。

表7-31 内部控制水平调节效应的稳健性回归结果（2）

变量	供应商和客户及消费者权益责任		环境责任	
	内部控制水平高组	内部控制水平低组	内部控制水平高组	内部控制水平低组
	(1)	(2)	(3)	(4)
*ID*_2	0.2166** (2.3543)	0.0670 (1.2734)	0.1794** (2.1651)	0.0419 (0.5762)
SIZE	1.8615*** (6.9833)	1.2908*** (6.5135)	1.8321*** (5.7254)	1.4045*** (5.7859)
ROA	7.3304*** (2.5992)	5.0954** (2.0324)	4.8517** (1.9832)	2.8839 (1.2703)
LEV	-2.5731*** (-3.5875)	-1.8700*** (-3.0260)	-1.9756** (-2.4319)	-1.5243** (-2.3732)
GROW	-0.6653*** (-5.0576)	-0.2535* (-1.8152)	-0.5766*** (-4.3652)	-0.2070* (-1.7420)
AGE	0.0444** (2.1142)	0.0471** (2.5753)	0.0192 (0.9443)	0.0275 (1.3369)
COMPLEX	0.5936 (0.7890)	0.4141 (0.6390)	0.3713 (0.4541)	0.3490 (0.5462)
TQ	0.4419*** (3.5855)	0.2419*** (2.7551)	0.2875** (2.3465)	0.2195* (1.9242)
FIRST	-0.0227*** (-2.7808)	-0.0002 (-0.0358)	-0.0217*** (-2.5762)	-0.0056 (-0.8536)
DUAL	0.1372 (0.4960)	-0.1039 (-0.5794)	-0.0249 (-0.1001)	-0.1501 (-0.6993)
BOARD	-0.4697 (-0.7942)	0.0645 (0.1192)	-0.1390 (-0.2203)	0.1835 (0.3215)
MANSHR	-0.2175 (-0.2721)	0.1262 (0.2079)	-0.3547 (-0.4879)	0.3467 (0.5493)
NATURE	0.6725** (2.0578)	0.5597** (2.1486)	0.9534*** (3.0302)	0.9427*** (3.1081)

续表

变量	供应商和客户及消费者权益责任		环境责任	
	内部控制水平高组	内部控制水平低组	内部控制水平高组	内部控制水平低组
	(1)	(2)	(3)	(4)
_cons	-33.2897*** (-5.1314)	-24.2154*** (-4.9096)	-34.9277*** (-4.4273)	-27.6011*** (-4.7527)
观测值数	6026	6024	6026	6024
Adj. R^2	0.1900	0.0985	0.1991	0.1100
F	3.5963	2.7010	3.5517	2.3517

注：小括号内数值为稳健T统计量；***、**、*分别表示在1%、5%和10%的水平上显著。

表7-32和表7-33为在企业个体层面进行聚类标准误调整，并利用调整后的标准误对市场化程度调节效应重新检验的回归结果。表7-32中回归结果（1）和（2）为股东责任分维度，结果（3）和（4）为员工责任分维度；表7-33中回归结果（1）和（2）为供应商和客户及消费者权益责任分维度，结果（3）和（4）为环境责任分维度。

聚类稳健标准误只调整标准误的计算方法，并不影响对回归系数的估计，因此回归系数与表7-7和表7-8的结果保持一致。对比标准误的大小后发现，结果中标准误与表7-7和表7-8相比均有所降低，但依然显著。这表明在控制企业个体时间层面上的聚类之后，市场化程度正向调节连锁董事人数对企业社会责任的积极效应依然存在，该稳健性检验结果支持了本章的假说H7-6。

表7-32　市场化程度调节效应的稳健性回归结果（1）

变量	股东责任		员工责任	
	市场化程度高组	市场化程度低组	市场化程度高组	市场化程度低组
	(1)	(2)	(3)	(4)
ID_2	0.1691*** (3.5504)	0.0685 (0.5829)	0.0883*** (2.7964)	0.0551 (0.7648)
SIZE	1.2037*** (8.6411)	1.2606*** (5.9516)	0.9123*** (3.8371)	0.9134*** (3.6179)
ROA	75.5155*** (27.0268)	73.1633*** (17.2848)	6.1809*** (4.8954)	1.9676 (0.9462)
LEV	-4.5621*** (-11.0717)	-4.7626*** (-5.2556)	-0.9402*** (-2.7783)	-0.7791 (-1.2502)

续表

变量	股东责任		员工责任	
	市场化程度高组	市场化程度低组	市场化程度高组	市场化程度低组
	(1)	(2)	(3)	(4)
GROW	-0.2591** (-2.2771)	-0.3211 (-1.2773)	0.0278 (0.4218)	-0.0462 (-0.5221)
AGE	-0.0722*** (-6.0907)	-0.0729*** (-2.5990)	0.0014 (0.1232)	0.0087 (0.5007)
COMPLEX	-0.5434 (-1.1978)	-0.5776 (-0.4887)	0.7382** (1.9937)	-0.5868 (-1.2681)
TQ	-0.1578*** (-4.1948)	0.1173 (1.0688)	0.2488** (2.5130)	0.2960*** (3.2858)
FIRST	0.0199*** (2.6745)	0.0287** (2.4414)	-0.0079** (-2.2733)	-0.0038 (-0.6206)
DUAL	-0.1477 (-1.4010)	-0.2171 (-0.6312)	-0.1809* (-1.6911)	-0.1194 (-0.7326)
BOARD	0.6213* (1.9563)	0.4619 (0.6788)	-0.5412** (-2.2186)	0.6737 (1.1220)
MANSHR	1.2389*** (2.7782)	0.2503 (0.1569)	0.2380 (0.8819)	-1.1203 (-1.2462)
NATURE	0.4018* (1.7202)	-0.8339*** (-2.6870)	0.7353*** (4.0616)	0.2667 (1.0720)
_cons	-17.6497*** (-5.8456)	-18.6205*** (-3.6726)	-15.8056*** (-2.9927)	-17.8309*** (-2.8340)
观测值数	10046	2004	10046	2004
Adj. R^2	0.4341	0.4446	0.2309	0.2264
F	171.6088	289.4376	9.4687	48.7784

注：小括号内数值为稳健T统计量；***、**、*分别表示在1%、5%和10%的水平上显著。

表7-33 市场化程度调节效应的稳健性回归结果（2）

变量	供应商和客户及消费者权益责任		环境责任	
	市场化程度高组	市场化程度低组	市场化程度高组	市场化程度低组
	(1)	(2)	(3)	(4)
ID_2	0.1496** (2.1208)	0.0960 (0.7611)	0.1160 (1.6150)	0.1047 (0.6712)

续表

变量	供应商和客户及消费者权益责任		环境责任	
	市场化程度高组	市场化程度低组	市场化程度高组	市场化程度低组
	(1)	(2)	(3)	(4)
SIZE	1.7698*** (6.9816)	1.3564*** (4.5528)	1.7572*** (6.0204)	1.4391*** (3.5294)
ROA	8.2858*** (3.1502)	0.2704 (0.0574)	5.7467*** (2.7492)	-1.9669 (-0.5027)
LEV	-2.2407*** (-3.8009)	-2.8636*** (-2.9259)	-1.7835*** (-2.9590)	-2.3604** (-2.4852)
GROW	-0.4257*** (-2.9384)	-0.3409 (-1.5556)	-0.3305*** (-2.7746)	-0.3383 (-1.6315)
AGE	0.0434** (2.3099)	0.0736** (2.0268)	0.0289 (1.3797)	0.0346 (0.9976)
COMPLEX	1.1107* (1.8081)	-1.4413 (-1.2308)	0.9389 (1.4631)	-1.7567 (-1.5886)
TQ	0.4036*** (3.6310)	0.3999** (2.3413)	0.3026** (2.3940)	0.2750 (1.6189)
FIRST	-0.0122* (-1.9101)	-0.0094 (-0.5805)	-0.0124* (-1.8832)	-0.0187 (-1.2662)
DUAL	0.0041 (0.0196)	0.0566 (0.1516)	-0.1041 (-0.4690)	-0.0747 (-0.2075)
BOARD	-0.1949 (-0.3696)	0.0866 (0.0783)	-0.3212 (-0.6135)	1.9032 (1.3715)
MANSHR	0.2030 (0.3373)	-2.4199* (-1.8430)	0.0928 (0.1553)	-1.9718 (-1.1951)
NATURE	0.6960** (2.4591)	0.3803 (0.6786)	0.8955*** (3.0792)	1.1017* (1.7844)
_*cons*	-34.1602*** (-6.0098)	-23.1180*** (-3.0246)	-34.1440*** (-5.2297)	-30.2000*** (-2.8414)
观测值数	10046	2004	10046	2004
Adj. R^2	0.1643	0.1433	0.1669	0.1646
F	2.7854	2.8251	2.6003	6.7430

注：小括号内数值为稳健T统计量；***、**、*分别表示在1%、5%和10%的水平上显著。

7.6 本章小结

本章以2010—2018年中国沪深两市A股上市公司为研究样本，利用多元回归模型，从股东责任、员工责任、供应商和客户及消费者权益责任、环境责任维度，围绕连锁董事对企业社会责任扩散的积极效应进行了实证检验，包括企业内部控制水平和市场化程度调节效应的检验，以及连锁董事个人特征、目标企业特征两方面的异质性分析，得到以下结论：

连锁董事对企业社会责任各维度的扩散存在正向影响，即连锁董事人数的增多能促进企业在股东责任、员工责任、供应商和客户及消费者权益责任、环境责任方面的表现。

通过调节效应检验发现，在内部控制水平较高、市场化程度较高的情况下，连锁董事对企业社会责任分维度的扩散影响更明显。这说明完善、健全的企业内外部制度对企业社会责任的扩散有着积极影响。

针对连锁董事个人特征的异质性检验发现：非独立连锁董事、非兼任连锁董事、学历为研究生及以上的连锁董事占比越高，连锁董事对企业社会责任分维度的扩散影响越明显；女性连锁董事占比越高，连锁董事对股东责任、员工责任、供应商和客户及消费者权益责任的扩散影响越明显，而非女性连锁董事占比越高，连锁董事对环境责任的扩散影响越明显。针对目标企业特征的异质性检验发现：相较于国有企业，非国有企业中连锁董事对企业社会责任分维度的扩散影响更为明显。

为保证研究结论的稳健性，本章又进行了一系列稳健性检验，具体包括更换解释变量、滞后一期解释变量和聚类稳健标准误检验，除对环境责任分维度检验结果并不十分稳健外，其他研究结论基本保持不变。

8

连锁董事影响企业社会责任的经济后果

第6章实证检验了连锁董事对企业社会责任的扩散影响，本章在第6章的基础上，对连锁董事影响企业社会责任的经济后果进行检验。本章主要从创新能力和经营绩效两个方面进行论证，并分别考察企业社会责任总体和分维度对于二者关系所发挥的中介作用。

8.1 连锁董事影响企业社会责任经济后果的理论分析与研究假设

8.1.1 连锁董事的企业社会责任效应对创新的影响

创新是企业在行业中打造核心竞争力的主要源泉。企业创新需要投入大量的资金成本、人力成本等。同时，企业还面临信息不对称的困扰。这种不确定性的存在更加凸显连锁董事网络的重要性。连锁董事网络是企业间重要的社会资本，连锁董事网络使各家企业处于一个相互联系与相互影响的环境之中。基于资源依赖理论，企业可以凭借其网络位置获取多样化资源、掌控信息的传播动态，使资源成为创新驱动力（马连福等，2016）。已有研究指出，企业能够通过连锁董事网络控制资源、减少对外部环境的依赖（Zona et al.，2018）。连锁董事网络可以通过信息访问和资源渠道，帮助企业降低环境不确定性风险，并减少对外部环境的依赖（Beckman and Haunschild，2002）。此外，连锁董事可以通过信息传播和资源共享促进企业创新（王营、张光利，2018）。位于网络中心位置的企业拥有话语权优势，可以加强与其他企业的合作，降低交易成本，获取有效资源和技术，为企业创新奠定物质和技术基础。也就是说，连锁董事既能为企业提供创新的前置条件，又能降低企业创新的风险与成本。

企业在创新过程中，受益于企业内外利益相关者的关系和活动。通过与员工、客户、股东、供应商等不同利益相关者进行多方面的接触，企业可以拥有获取丰富知识资源的多种机会（Shams，2016）。这些资源可以补充企业现有的知识，更新企业的知识体系，并帮助企业进一步改善其创新过程。其中，企业承担员工责任可通过提高员工稳定性和创新效率刺激创新。当企业实施好的员工责任政策时，不仅可以吸引高技术人才，提高员工敬业度和忠诚度，还能解决企业内部效率低下的问题，推进高质量创新（Liu et al.，2020）。企业承担环境责任可通过实现卓越的环境绩效提高企业声誉以获得竞争优势，从而获得更高的财务绩效，为企业创新提供充足的资金和资源支持（Bendell and Nesij，2020）。与低社会责任表现的企业相比，高社会责任表现的企业中，股东和其他利益相关者的利益更加一致，因此他们更有可能对企业的长期盈利能力和效率作出贡献。企业社会责任更像是一个将股东、员工和供应商等利益相关者联系在一起的纽带，这个纽带不仅可以抑制个人机会主义行为对企业创新的负面影响，而且为企业创新提供了充足的资金供应和较高的运营效率（赵胜民、于星慧，2023）。

在第6章和第7章中，我们已经证实连锁董事可以促进企业履行社会责任。综上，我们认为连锁董事网络可以提升企业社会责任，而企业社会责任有利于企业创新，即企业社会责任在连锁董事网络与企业创新之间起到中介作用。因此，我们提出如下假设：

H8-1：连锁董事通过提升企业的社会责任表现对企业创新能力产生正向影响。

8.1.2 连锁董事的企业社会责任效应对企业绩效的影响

经济政策的不确定性会加剧市场上的信息不对称程度，进而影响企业经营环境的稳定性和可预测性（许永斌、于生辉，2023）。当面临的不确定性更大时，连锁董事网络可以作为提高企业绩效的一种资源（Martin et al.，2015）。

连锁董事作为联结不同企业的桥梁，可以通过在不同企业的董事会中担任要职来帮助企业缓解经营环境不确定性，以及交易成本高昂、公司治理缺陷等问题。基于资源依赖理论，连锁董事可以利用其网络位置，帮助企业搜索周围环境中的资源（陈旭、金英子，2015）。一方面，连锁董事可以通过上下游之间的连锁关系，获取采购价格、质量、稳定性等信息资源，实现对经营环节的有效把控。例如，连锁董事可以为企业提供与研发相关的知识，提供研发产出市场化的资源，从而提升企业绩效（曲亮、沈伶俐，2017）。另一方面，连锁董事在企业间搜索到的技术创新、管理经验能力等隐性知识，也有助于提升企业绩效。同时，连锁董事可以通过利用其独有的信息优势了解对方战略，更好地应对动态环境并做出调整。另外，连锁董事这一董事身份在组织中扮演着战略咨询与大方向管控的角色（徐二明、衣凤鹏，2014）。通过在不同企业中担任董事，连锁董事可以学习各企业的治理模式、管理经验，不断整合后变成自己的知识，从而用于企业治理。因此，连锁董事可以在一定程度上帮助企业优化董事会结构以及提高企业治理效率，从而提升企业绩效。

随着董事网络规模的扩大及连锁董事人数的增加，其包含的社会资本也会增大。同时，更多优秀的连锁董事加入其中，提高了董事网络的整体治理效能，这有助于完善各连锁企业的董事会治理机制，从而提升经营绩效。与此同时，随着连锁董事网络规模的扩大，企业对资源的获取能力逐渐强化，获取资源的渠道也逐渐增多，这大大降低了信息的不对称性，也降低了风险和交易成本，并最终表现为企业经营绩效的提升。

优秀的企业社会责任表现不仅会提高企业在人力资源方面的竞争力，而且会提高组织的士气、忠诚度和生产力，为企业绩效做出重大贡献（Wu et al.，2015）。企业积极承担社会责任可以从以下几个方面对企业绩效产生影响：第一，企业履行社会责任能够获得外部利益相关者的资源支持与合法性，进而促进企业财务绩效的提升，从而实现企业的可持续发展（李井林、阳镇，2019）。通过企业的社会责任表现，利益相关者对企业的好感度得以提升，并消除其对企业生产经营的疑虑，企业也会更容易获得各类投资和合作。第二，企业承担社会责任有助于树立负责任的企业形象，提升消费者的品牌认可度以及忠诚度，进而带来销售收入的增长。具有社会责任感的企业可以塑造良好的品牌认知度，提高客户忠诚度，这对企业提高其盈利能力和长期经营绩效至关重要（Yang et al.，2019）。履行社会责任可以为企业塑造负责、优质的品牌形象，尤其在同质化竞争严重的领域，更有利于企业构建差异化竞争优势，增强客户的忠诚度和黏性。

第三，企业承担社会责任有助于增进与利益相关者的关系，提升其在整个社会网络中的信任度，从而降低交易风险，并最终表现为企业经营绩效的提升（李钧，2022）。

在第6章和第7章中，我们已经证实连锁董事可以促进企业履行社会责任。综上，我们认为连锁董事网络可以提升企业的社会责任表现，而企业社会责任又促进企业绩效的提升，即企业社会责任在连锁董事网络与企业绩效之间起到中介作用。因此，我们提出如下假设：

H8-2：连锁董事通过提升企业的社会责任表现正向影响企业经营绩效。

8.2 研究设计

8.2.1 样本选择和数据来源

本章所使用的上市公司财务数据和分析师预测数据来源于国泰安（CSMAR）数据库，公司治理数据来源于国泰安（CSMAR）数据库、色诺芬（CCER）数据库和中国研究数据服务平台（CNRDS）数据库，年报文本数据来源于中国研究数据服务平台（CNRDS）数据库，所使用的企业社会责任总体与分维度数据来源于和讯网上市公司人物特征数据库。本章选择2010—2018年中国沪深两市A股上市公司为研究样本，并对样本做以下处理：①考虑金融行业会计准则和计量方法的特殊性，删除金融行业公司；②删除上市公司注册地在国外（如开曼群岛）的样本。本章所有数据处理和统计分析均在Stata17.0下完成。

8.2.2 变量定义

（1）被解释变量：企业创新能力、企业经营绩效

“企业创新”这一理念被熊彼特于1912年首次提出，具有深刻的理论意义。熊彼特认为，创新就是要建立一种新的生产函数，其最终目的是获得超过原有组合函数所产生的利润。创新能力这一概念较为抽象，难以量化。相较于企业发明专利申请数，专利在获得政府有关部门批准后，将更加具有实质性的经济效果，也更有代表性，因此大多数学者一般用专利获得数来代替创新能力。Pakes 和 Griliches（1980）在针对专利获得数与

R&D 支出之间的跨行业和跨企业的回归研究中发现其决定系数在 90%以上，这充分表明专利获得数确实可代表难以观测的创新能力。尽管也有学者认为专利获得数相较于创新产出可能更适合用来衡量创新投入（Comanor and Scherer，1969），但目前它依然是测算技术创新能力的唯一可获得数据（Griliches，1990）。因此，本章使用企业每年发明专利获得数来衡量企业创新能力。为缓解绝对规模的影响，本章选择对企业当年发明专利的获得数取对数作为衡量企业创新能力的变量值。

企业经营绩效的度量指标通常使用总资产净利率（ROA），即企业净利润与资产总额的百分比，其反映的是企业运用全部资产所获得利润的水平，即企业每占用 1 元的资产平均能获得多少元的利润。该指标越高，表明企业投入产出水平越高，资产运营越有效，成本费用的控制水平越高，经营绩效越好。本章亦选用这一指标，将 ROA 作为企业经营绩效的代理变量。

（2）解释变量：连锁董事人数

本章对连锁董事的定义与测量同第 6 章，在此不再赘述。

（3）中介变量：企业社会责任

本章对企业社会责任的定义与测量同第 6 章，在此不再赘述。

（4）控制变量

参考已有研究企业经济后果的文献，本章控制了影响企业经济后果的重要变量，具体包括企业特征、财务特征和治理特征三类变量。其中，企业特征包括企业规模、上市年限、业务复杂度和产权性质，财务特征包括资产负债率、企业价值和企业成长能力，治理特征包括股权集中度、两职合一、高管持股比例和董事会规模。此外，为控制行业差异、地区差异以及年度因素的影响，本章还分析了行业和年度效应。表 8-1 为对企业经济后果影响因素中主要变量的简要说明。

表 8-1 企业经济后果影响因素中的主要变量

变量类型	变量名称	表示符号	变量说明
被解释变量	企业创新能力	*L_PAT_GAIN*	企业每年发明专利获得数取对数
	企业经营绩效	*ROA*	净利润÷资产总额
解释变量	连锁董事人数	*ID_1*	连锁董事的人数
中介变量	企业社会责任	*CSR_1*	和讯网企业社会责任评价指数

续表

变量类型	变量名称	表示符号	变量说明
控制变量	企业规模	*SIZE*	总资产的自然对数
	上市年限	*AGE*	统计日期减上市日期取整后加 1
	业务复杂度	*COMPLEX*	（应收账款净额+存货净额）÷总资产
	产权性质	*NATURE*	国有企业记为 1，其他记为 0
	资产负债率	*LEV*	总负债÷总资产
	企业价值	*TQ*	托宾 Q 值
	企业成长能力	*GROW*	营业收入增长率
	股权集中度	*FIRST*	第一大股东持股比例
	两职合一	*DUAL*	总经理兼任董事长记为 1，否则记为 0
	高管持股比例	*MANSHR*	高级管理人员持股数量÷总股数
	董事会规模	*BOARD*	董事会人数的自然对数
	行业效应	*IndustryDums*	以证监会 2012 年行业分类代码为依据，制造业取 2 位，其余行业取 1 位，设置 20 个行业虚拟变量
	年度效应	*YearDums*	2010—2018 年，9 个年度虚拟变量

8.2.3 研究模型

为检验连锁董事影响企业社会责任的经济后果，本章采用因果逐步回归检验法，构建以下中介效应模型进行检验：

$$MODEL_{i,t} = \alpha_0 + \alpha_1 ID\_1_{i,t} + \sum \alpha_i CONTROLS_{it-1} + IndustryDums + YearDums + \varepsilon_{i,t} \quad (8-1)$$

$$CSR\_n_{i,t} = \beta_0 + \beta_1 ID\_1_{i,t} + \sum \beta_i CONTROLS_{it-1} + IndustryDums + YearDums + \varepsilon_{i,t} \quad (8-2)$$

$$MODEL_{i,t} = \gamma_0 + \gamma_1 ID\_1_{i,t} + \gamma_2 CSR_{i,t} + \sum \gamma_i CONTROLS_{it-1} + IndustryDums + YearDums + \varepsilon_{i,t} \quad (8-3)$$

其中，$CSR_n_{i,t}$表示企业社会责任总得分以及企业社会责任分维度，企业社会责任分维度分别为股东责任、员工责任、供应商和客户及消费者权益责任、环境责任分维度；$ID_1_{i,t}$表示企业连锁董事人数；$CONTROLS_{it-1}$表示影响企业社会责任分维度的控制变量，具体包括企业特征、财务特征和治理特征三类变量；*IndustryDums* 表示行业效应，*YearDums* 表示年度效应。

各变量的定义如表 8-1所示。

模型（8-1）将企业经济后果作为被解释变量，连锁董事人数作为解释变量以检验连锁董事对企业经济后果的影响；模型（8-2）将企业社会责任作为被解释变量，连锁董事人数作为解释变量以检验连锁董事与企业社会责任之间的关系；模型（8-3）将企业经济后果作为被解释变量，在模型（8-1）的基础上引入企业社会责任变量，结合模型（8-2）的回归结果，综合解读连锁董事影响企业社会责任的经济后果。

8.3 实证结果分析

8.3.1 描述性统计

表 8-2 提供了对研究样本主要变量的描述性统计，主要包括样本数量、均值、中位数等。总资产净利率的均值为 0.0471，中位数为 0.0413，两者具有一定的差异，但差异较小，说明总资产净利率不存在严重偏态；其最小值为-0.1042，最大值为 0.2154，样本离差为 0.3196，标准差为 0.0500，说明企业的盈利状况存在较大差异。专利获得数的均值为 2.2300，中位数为 2.3032，两者具有一定的差异，但差异较小，说明专利获得数不存在严重偏态；其最小值为 0.0000，最大值为 6.6400，标准差为 1.6612，说明企业的创新能力存在较大差异。

表 8-2 主要变量描述性统计

变量名称	样本数量	均值	标准差	最小值	P25	中位数	P75	最大值
总资产净利率	12028	0.0471	0.0500	-0.1042	0.0171	0.0413	0.0721	0.2154
专利获得数	12028	2.2300	1.6612	0.0000	0.6931	2.3032	3.4011	6.6400

8.3.2 回归结果分析

（1）企业创新能力

本节首先检验了企业整体社会责任在连锁董事影响企业创新能力中发挥的作用。表 8-3 列示了连锁董事通过影响企业整体社会责任进而影响企业创新能力的检验结果。列（1）首先验证了连锁董事人数是否能提高企业的创新能力，结果显示连锁董事人数的系数为 0.0314（0.0310×0.0292+

0.0305)，在1%的水平上显著为正，表明连锁董事能够显著提高企业的创新能力。列（2）检验了连锁董事与企业社会责任之间的关系，该回归系数为0.0292，在1%的水平上显著为正，表明连锁董事能有效促进企业履行社会责任，这与前文结论一致。在列（3）中，企业社会责任的回归系数为0.0310，在1%的水平上显著为正，而连锁董事人数的回归系数为0.0305，在1%的水平上显著为正，表明连锁董事通过提升企业社会责任绩效进而对企业的创新能力产生了积极效应，假设H8-1得到证实。

表8-3 连锁董事影响企业整体社会责任的经济后果：企业创新能力

变量	（1）	（2）	（3）
ID_1	0.0314*** (4.5614)	0.0292*** (3.5697)	0.0305*** (4.4352)
CSR_1			0.0310*** (3.7402)
SIZE	0.4723*** (41.3848)	0.3736*** (28.4239)	0.4607*** (39.1022)
ROA	0.0487*** (6.0244)	0.2771*** (28.5624)	0.0401*** (4.7733)
LEV	-0.0663*** (-6.5639)	-0.1006*** (-8.9595)	-0.0631*** (-6.2336)
GROW	-0.0360*** (-5.0849)	-0.0287*** (-3.5949)	-0.0351*** (-4.9565)
AGE	-0.0617*** (-6.6906)	-0.0078 (-0.7739)	-0.0614*** (-6.6666)
COMPLEX	0.1263*** (13.9025)	0.0221** (2.2771)	0.1257*** (13.8352)
TQ	0.0303*** (3.5730)	0.0623*** (6.1773)	0.0283*** (3.3446)
FIRST	-0.0051 (-0.6696)	0.0039 (0.4478)	-0.0052 (-0.6855)
DUAL	0.0070 (0.9327)	-0.0168** (-2.0522)	0.0075 (1.0028)
BOARD	0.0077 (0.9987)	-0.0094 (-1.1311)	0.0080 (1.0368)
MANSHR	0.0321*** (3.8380)	0.0135 (1.6403)	0.0317*** (3.7882)

续表

变量	(1)	(2)	(3)
NATURE	0.0104 (1.1852)	0.0553*** (5.3367)	0.0087 (0.9881)
观测值数	12028	12028	12028
Adj. R^2	0.4604	0.3106	0.4610
F	272.4256	111.8158	264.3685

注：小括号内数值为稳健T统计量；***、**分别表示在1%、5%的水平上显著；回归系数为标准化系数，无常数项。

在验证企业整体社会责任在连锁董事影响企业创新能力中发挥中介作用的基础上，本节对企业社会责任分维度的中介作用分别进行了检验。表8-4列示了连锁董事通过影响企业股东责任进而影响企业创新能力的检验结果。列（1）首先验证了连锁董事人数是否能提高企业的创新能力，结果显示连锁董事人数的系数为0.0314（0.0315×0.0370+0.0303），在1%的水平上显著为正，与表8-3的系数一致，表明连锁董事能够显著提高企业的创新能力。列（2）检验了连锁董事与企业股东责任之间的关系，该回归系数为0.0315，在1%的水平上显著为正，表明连锁董事能有效促进企业履行股东责任。在列（3）中，企业股东责任的回归系数为0.0370，在1%的水平上显著为正，而连锁董事人数的回归系数为0.0303，在1%的水平上显著为正，表明连锁董事能够促进企业积极承担股东责任，而较好地履行股东责任能够有效提升企业的创新能力，即积极承担股东责任在连锁董事对企业创新的积极效应中发挥着显著的中介作用。

表8-4　连锁董事影响企业股东责任的经济后果：企业创新能力

变量	(1)	(2)	(3)
*ID*_1	0.0314*** (4.5614)	0.0315*** (4.4324)	0.0303*** (4.3963)
*CSR*_2			0.0370*** (4.0149)
SIZE	0.4723*** (41.3848)	0.2370*** (21.2193)	0.4636*** (39.8146)
ROA	0.0487*** (6.0244)	0.5476*** (53.8855)	0.0285*** (3.0321)

续表

变量	(1)	(2)	(3)
LEV	−0.0663*** (−6.5639)	−0.1540*** (−13.5420)	−0.0606*** (−5.9414)
GROW	−0.0360*** (−5.0849)	−0.0406*** (−4.7899)	−0.0345*** (−4.8470)
AGE	−0.0617*** (−6.6906)	−0.0691*** (−7.2698)	−0.0591*** (−6.3989)
COMPLEX	0.1263*** (13.9025)	−0.0120 (−1.2902)	0.1268*** (13.9498)
TQ	0.0303*** (3.5730)	−0.0300*** (−2.9851)	0.0314*** (3.7103)
FIRST	−0.0051 (−0.6696)	0.0564*** (7.5297)	−0.0072 (−0.9427)
DUAL	0.0070 (0.9327)	−0.0121 (−1.5544)	0.0074 (0.9922)
BOARD	0.0077 (0.9987)	0.0167** (2.2247)	0.0070 (0.9173)
MANSHR	0.0321*** (3.8380)	0.0214** (2.5636)	0.0313*** (3.7379)
NATURE	0.0104 (1.1852)	0.0140 (1.5812)	0.0099 (1.1272)
观测值数	12028.0000	12028.0000	12028.0000
Adj. R^2	0.4604	0.4367	0.4611
F	272.4256	200.2860	264.7862

注：小括号内数值为稳健T统计量；***、**分别表示在1%、5%的水平上显著；回归系数为标准化系数，无常数项。

表 8-5 列示了连锁董事通过影响企业员工责任进而影响企业创新能力的检验结果。列（1）首先验证了连锁董事人数是否能提高企业的创新能力，结果显示连锁董事人数的系数为 0.0314（0.0308×0.0322+0.0304），在1%的水平上显著为正，与表 8-3 的系数一致，表明连锁董事人数能够显著提高企业的创新能力。列（2）检验了连锁董事与企业员工责任之间的关系，该回归系数为 0.0308，在 1%的水平上显著为正，表明连锁董事人数能有效促进企业履行员工责任。在列（3）中，企业员工责任的回归系数为 0.0322，在 1%的水平上显著为正，而连锁董事人数的回归系数为 0.0304，在 1%的水

平上显著为正，表明连锁董事能够促进企业积极承担员工责任，而较好地履行员工责任能够有效提升企业的创新能力，即积极承担员工责任在连锁董事对企业创新的积极效应中发挥着显著的中介作用。

表 8-5 连锁董事影响企业员工责任的经济后果：企业创新能力

变量	(1)	(2)	(3)
*ID*_1	0.0314*** (4.5614)	0.0308*** (3.5090)	0.0304*** (4.4213)
*CSR*_3			0.0322*** (4.2098)
SIZE	0.4723*** (41.3848)	0.3596*** (25.6439)	0.4607*** (39.3765)
ROA	0.0487*** (6.0244)	0.0830*** (8.6135)	0.0460*** (5.6782)
LEV	-0.0663*** (-6.5639)	-0.0551*** (-4.8340)	-0.0645*** (-6.3842)
GROW	-0.0360*** (-5.0849)	-0.0040 (-0.4807)	-0.0359*** (-5.0856)
AGE	-0.0617*** (-6.6906)	0.0021 (0.1965)	-0.0617*** (-6.7034)
COMPLEX	0.1263*** (13.9025)	0.0241** (2.3583)	0.1256*** (13.8281)
TQ	0.0303*** (3.5730)	0.1029*** (10.0387)	0.0269*** (3.1772)
FIRST	-0.0051 (-0.6696)	-0.0339*** (-3.7311)	-0.0040 (-0.5261)
DUAL	0.0070 (0.9327)	-0.0224*** (-2.6796)	0.0077 (1.0312)
BOARD	0.0077 (0.9987)	-0.0209** (-2.3043)	0.0083 (1.0868)
MANSHR	0.0321*** (3.8380)	0.0082 (0.9501)	0.0319*** (3.8103)
NATURE	0.0104 (1.1852)	0.0935*** (8.4627)	0.0074 (0.8398)
观测值数	12028.0000	12028.0000	12028.0000
Adj. R^2	0.4604	0.2254	0.4611
F	272.4256	66.2674	266.2769

注：小括号内数值为稳健T统计量；***、**分别表示在1%、5%的水平上显著；回归系数为标准化系数，无常数项。

表 8-6 列示了连锁董事通过影响企业供应商和客户及消费者权益责任进而影响企业创新能力的检验结果。列（1）首先验证了连锁董事人数是否能提高企业的创新能力，结果显示连锁董事人数的系数为 0.0314（0.0293×0.0454+0.0301），在 1%的水平上显著为正，与表 8-3 的系数一致，表明连锁董事能够显著提高企业的创新能力。列（2）检验了连锁董事与企业供应商和客户及消费者权益责任之间的关系，该回归系数为 0.0293，在 1%的水平上显著为正，表明连锁董事能有效促进企业履行供应商和客户及消费者权益责任。在列（3）中，企业供应商和客户与消费者权益责任的回归系数为 0.0454，在 1%的水平上显著为正，而连锁董事人数的回归系数为 0.0301，在 1%的水平上显著为正，表明连锁董事能够促进企业积极承担供应商和客户及消费者权益责任，而较好地履行该责任能够有效提升企业的创新能力，即积极承担供应商和客户及消费者权益责任在连锁董事对企业创新的积极效应中发挥着显著的中介作用。

表 8-6 连锁董事影响企业供应商和客户及消费者权益责任的经济后果：企业创新能力

变量	（1）	（2）	（3）
ID_1	0.0314*** （4.5614）	0.0293*** （3.1367）	0.0301*** （4.3798）
CSR_4			0.0454*** （6.0280）
SIZE	0.4723*** （41.3848）	0.3760*** （26.0168）	0.4552*** （38.9364）
ROA	0.0487*** （6.0244）	0.0561*** （5.5515）	0.0462*** （5.6993）
LEV	−0.0663*** （−6.5639）	−0.0823*** （−6.9010）	−0.0625*** （−6.1844）
GROW	−0.0360*** （−5.0849）	−0.0446*** （−5.9327）	−0.0340*** （−4.8030）
AGE	−0.0617*** （−6.6906）	0.0512*** （4.4111）	−0.0640*** （−6.9588）
COMPLEX	0.1263*** （13.9025）	0.0203** （2.0057）	0.1254*** （13.8305）
TQ	0.0303*** （3.5730）	0.0900*** （8.1302）	0.0262*** （3.0898）

续表

变量	(1)	(2)	(3)
FIRST	-0.0051 (-0.6696)	-0.0311*** (-3.2050)	-0.0037 (-0.4841)
DUAL	0.0070 (0.9327)	0.0005 (0.0540)	0.0069 (0.9317)
BOARD	0.0077 (0.9987)	-0.0065 (-0.7042)	0.0080 (1.0378)
MANSHR	0.0321*** (3.8380)	0.0006 (0.0688)	0.0321*** (3.8473)
NATURE	0.0104 (1.1852)	0.0521*** (4.4936)	0.0080 (0.9151)
观测值数	12028.0000	12028.0000	12028.0000
Adj. R^2	0.4604	0.1528	0.4621
F	272.4256	51.9095	267.7016

注：小括号内数值为稳健T统计量；***、**分别表示在1%、5%的水平上显著；回归系数为标准化系数，无常数项。

表8-7列示了连锁董事通过影响企业环境责任进而影响企业创新能力的检验结果。列（1）首先验证了连锁董事人数是否能提高企业的创新能力，结果显示连锁董事人数的系数为0.0314（0.0223×0.0510+0.0303），在1%的水平上显著为正，与表8-3的系数一致，表明连锁董事人数能够显著提高企业的创新能力。列（2）检验了连锁董事与企业环境责任之间的关系，该回归系数为0.0223，在5%的水平上显著为正，表明连锁董事人数能有效促进企业履行环境责任，与前文结论一致。在列（3）中，企业环境责任的回归系数为0.0510，在1%的水平上显著为正，而连锁董事人数的回归系数为0.0303，在1%的水平上显著为正，表明连锁董事能够促进企业积极承担环境责任，而较好地履行环境责任能够有效提升企业的创新能力，即积极承担环境责任在连锁董事对企业创新的积极效应中发挥着显著的中介作用。

表 8-7 连锁董事影响企业环境责任的经济后果：企业创新能力

变量	(1)	(2)	(3)
ID_1	0.0314*** (4.5614)	0.0223** (2.3648)	0.0303*** (4.4013)
CSR_5			0.0510*** (7.0231)
SIZE	0.4723*** (41.3848)	0.3658*** (25.1233)	0.4537*** (38.7428)
ROA	0.0487*** (6.0244)	0.0344*** (3.4432)	0.0470*** (5.8087)
LEV	−0.0663*** (−6.5639)	−0.0626*** (−5.2564)	−0.0631*** (−6.2405)
GROW	−0.0360*** (−5.0849)	−0.0358*** (−4.9908)	−0.0342*** (−4.8451)
AGE	−0.0617*** (−6.6906)	0.0256** (2.3177)	−0.0630*** (−6.8575)
COMPLEX	0.1263*** (13.9025)	0.0138 (1.3729)	0.1256*** (13.8555)
TQ	0.0303*** (3.5730)	0.0644*** (6.7099)	0.0270*** (3.1916)
FIRST	−0.0051 (−0.6696)	−0.0352*** (−3.7614)	−0.0033 (−0.4346)
DUAL	0.0070 (0.9327)	−0.0063 (−0.7202)	0.0073 (0.9796)
BOARD	0.0077 (0.9987)	−0.0005 (−0.0552)	0.0077 (1.0027)
MANSHR	0.0321*** (3.8380)	0.0003 (0.0387)	0.0321*** (3.8487)
NATURE	0.0104 (1.1852)	0.0759*** (6.6736)	0.0065 (0.7447)
观测值数	12028.0000	12028.0000	12028.0000
Adj. R^2	0.4604	0.1621	0.4625
F	272.4256	49.6819	271.0326

注：小括号内数值为稳健T统计量；***、**分别表示在1%、5%的水平上显著；回归系数为标准化系数，无常数项。

（2）企业经营绩效

本节首先检验了企业整体社会责任在连锁董事影响企业经营绩效中的中介作用。表 8-8 列示了连锁董事人数通过影响企业整体社会责任进而影响企业经营绩效的检验结果。列（1）首先验证了连锁董事人数是否能提高企业的经营绩效，结果显示连锁董事人数的系数为 0.0219（0.0353×0.2617+0.0127），在 1%的水平上显著为正，表明连锁董事人数能够显著提高企业的经营绩效。列（2）检验了连锁董事与企业整体社会责任之间的关系，该回归系数为 0.0353，在 1%的水平上显著为正，表明连锁董事人数能有效促进企业履行社会责任，与前文结论一致。在列（3）中，企业整体社会责任的回归系数为 0.2617，在 1%的水平上显著为正，而连锁董事人数的回归系数为 0.0127，在 10%的水平上显著为正，表明连锁董事通过影响企业整体社会责任进而对企业的经营绩效产生了积极效应，假设 H8-2 得到证实。

表 8-8　连锁董事影响企业整体社会责任的经济后果：企业经营绩效

变量	（1）	（2）	（3）
ID_1	0.0219*** (2.7868)	0.0353*** (4.1389)	0.0127* (1.6787)
CSR_1			0.2617*** (29.4730)
SIZE	0.3611*** (28.6431)	0.4737*** (36.3508)	0.2372*** (18.2460)
LEV	-0.4719*** (-40.7050)	-0.2313*** (-21.4364)	-0.4113*** (-35.6606)
GROW	0.1684*** (15.8582)	0.0180** (2.1713)	0.1637*** (16.2210)
AGE	-0.0508*** (-4.6592)	-0.0219** (-2.0850)	-0.0450*** (-4.3134)
COMPLEX	0.0506*** (4.9797)	0.0361*** (3.5827)	0.0411*** (4.1919)
TQ	0.2543*** (17.6873)	0.1327*** (13.2037)	0.2195*** (15.5905)
FIRST	0.0945*** (10.9355)	0.0301*** (3.3382)	0.0867*** (10.4400)
DUAL	-0.0233*** (-2.6572)	-0.0232*** (-2.7271)	-0.0173** (-2.0479)

续表

变量	(1)	(2)	(3)
BOARD	0.0314*** (3.6823)	-0.0007 (-0.0831)	0.0316*** (3.8252)
MANSHR	0.0984*** (10.1129)	0.0408*** (4.7396)	0.0877*** (9.4565)
NATURE	-0.0646*** (-6.3739)	0.0374*** (3.4839)	-0.0744*** (-7.6039)
观测值数	12028	12028	12028
Adj. R^2	0.2980	0.2567	0.3489
F	109.4387	93.2183	134.6416

注：小括号内数值为稳健T统计量；***、**、*分别表示在1%、5%和10%的水平上显著。

在检验企业整体社会责任在连锁董事影响企业经营绩效中发挥的作用的基础上，本节对企业社会责任分维度的中介作用分别进行了检验。表8-9列示了连锁董事通过影响企业股东责任进而影响企业经营绩效的检验结果。列（1）首先验证了连锁董事人数是否能提高企业的经营绩效，结果显示连锁董事人数的系数为0.0219（0.0435×0.4968+0.0003），在1%的水平上显著为正，与表8-8的系数一致，表明连锁董事能够显著提高企业的经营绩效。列（2）检验了连锁董事与企业股东责任之间的关系，该回归系数为0.0435，在1%的水平上显著为正，表明连锁董事能有效促进企业履行股东责任。在列（3）中，企业股东责任的回归系数为0.4968，在1%的水平上显著为正，而连锁董事人数的回归系数为0.0003，表明连锁董事能够促进企业积极承担股东责任，而较好地履行股东责任能够有效提升企业的经营绩效，即积极承担股东责任在连锁董事对提升企业经营绩效的积极效应中发挥着显著的中介作用。

表8-9 连锁董事影响企业股东责任的经济后果：企业经营绩效

变量	(1)	(2)	(3)
ID_1	0.0219*** (2.7868)	0.0435*** (5.1461)	0.0003 (0.0432)
CSR_2			0.4968*** (56.7614)

续表

变量	(1)	(2)	(3)
SIZE	0. 3611*** (28. 6431)	0. 4347*** (36. 4374)	0. 1452*** (12. 7387)
LEV	−0. 4719*** (−40. 7050)	−0. 4124*** (−36. 2517)	−0. 2670*** (−24. 5026)
GROW	0. 1684*** (15. 8582)	0. 0517*** (5. 1420)	0. 1428*** (16. 2121)
AGE	−0. 0508*** (−4. 6592)	−0. 0969*** (−8. 8191)	−0. 0026 (−0. 2790)
COMPLEX	0. 0506*** (4. 9797)	0. 0157 (1. 4877)	0. 0428*** (4. 7943)
TQ	0. 2543*** (17. 6873)	0. 1093*** (10. 1340)	0. 2000*** (15. 9329)
FIRST	0. 0945*** (10. 9355)	0. 1082*** (12. 2327)	0. 0408*** (5. 6165)
DUAL	−0. 0233*** (−2. 6572)	−0. 0249*** (−2. 7100)	−0. 0110 (−1. 4716)
BOARD	0. 0314*** (3. 6823)	0. 0340*** (3. 8938)	0. 0146** (1. 9752)
MANSHR	0. 0984*** (10. 1129)	0. 0753*** (7. 7521)	0. 0610*** (7. 3285)
NATURE	−0. 0646*** (−6. 3739)	−0. 0214** (−2. 0855)	−0. 0540*** (−6. 1769)
观测值数	12028. 0000	12028. 0000	12028. 0000
Adj. R^2	0. 2980	0. 2262	0. 4890
F	109. 4387	97. 7513	204. 9197

注：小括号内数值为稳健T统计量；***、**分别表示在1%、5%的水平上显著。

表8-10列示了连锁董事通过影响企业员工责任进而影响企业经营绩效的检验结果。列（1）首先验证了连锁董事人数是否能提高企业的经营绩效，结果显示连锁董事人数的系数为0. 0219（0. 0327×0. 0747+0. 0195），在1%的水平上显著为正，与表8-8的系数一致，表明连锁董事人数能够显著提高企业的经营绩效。列（2）检验了连锁董事与企业员工责任之间的关系，该回归系数为0. 0327，在1%的水平上显著为正，表明连锁董事人数能有效促进企业履行员工责任。在列（3）中，企业员工责任的回归系数为0. 0747，在1%的水平上显著为正，而连锁董事人数的回归系数为

0.0195，在5%的水平上显著为正，表明连锁董事能够促进企业积极承担员工责任，而较好地履行员工责任能够有效提升企业的经营绩效，即积极承担员工责任在连锁董事对提升企业经营绩效的积极效应中发挥着显著的中介作用。

表 8-10　连锁董事影响企业员工责任的经济后果：企业经营绩效

变量	(1)	(2)	(3)
ID_1	0.0219*** (2.7868)	0.0327*** (3.7023)	0.0195** (2.4854)
CSR_3			0.0747*** (8.6824)
SIZE	0.3611*** (28.6431)	0.3896*** (28.4702)	0.3320*** (25.3368)
LEV	−0.4719*** (−40.7050)	−0.0942*** (−8.7408)	−0.4648*** (−39.9582)
GROW	0.1684*** (15.8582)	0.0100 (1.2180)	0.1677*** (15.8283)
AGE	−0.0508*** (−4.6592)	−0.0021 (−0.2005)	−0.0506*** (−4.6642)
COMPLEX	0.0506*** (4.9797)	0.0283*** (2.7562)	0.0485*** (4.7801)
TQ	0.2543*** (17.6873)	0.1240*** (12.3664)	0.2450*** (16.9875)
FIRST	0.0945*** (10.9355)	−0.0261*** (−2.8827)	0.0965*** (11.1863)
DUAL	−0.0233*** (−2.6572)	−0.0244*** (−2.9044)	−0.0215** (−2.4565)
BOARD	0.0314*** (3.6823)	−0.0183** (−2.0128)	0.0328*** (3.8505)
MANSHR	0.0984*** (10.1129)	0.0164* (1.8854)	0.0972*** (10.0630)
NATURE	−0.0646*** (−6.3739)	0.0882*** (7.9648)	−0.0712*** (−7.0179)
观测值数	12028.0000	12028.0000	12028.0000
Adj. R^2	0.2980	0.2206	0.3023
F	109.4387	66.3561	109.2216

注：小括号内数值为稳健T统计量；***、**、*分别表示在1%、5%和10%的水平上显著。

表 8-11 列示了连锁董事通过影响企业供应商和客户及消费者权益责任进而影响企业经营绩效的检验结果。列（1）首先验证了连锁董事人数是否能提高企业的经营绩效，结果显示连锁董事人数的系数为 0.0219（0.0305×0.0463+0.0205），在 1%的水平上显著为正，与表 8-8 的系数一致，表明连锁董事能够显著提高企业的经营绩效。列（2）检验了连锁董事与企业供应商和客户及消费者权益责任之间的关系，该回归系数为 0.0305，在 1%的水平上显著为正，表明连锁董事能有效促进企业履行供应商和客户及消费者权益责任。在列（3）中，企业供应商和客户及消费者权益责任的回归系数为 0.0463，在 1%的水平上显著为正，而连锁董事人数的回归系数为 0.0205，在 1%的水平上显著为正，表明连锁董事能够促进企业积极承担供应商和客户及消费者权益责任，而较好地履行该责任能够有效提升企业的经营绩效，即积极承担供应商和客户及消费者权益责任在连锁董事对提升企业经营绩效的积极效应中发挥着显著的中介作用。

表 8-11　连锁董事影响企业供应商和客户及消费者权益责任的经济后果：企业经营绩效

变量	（1）	（2）	（3）
ID_1	0.0219*** (2.7868)	0.0305*** (3.2582)	0.0205*** (2.6146)
CSR_4			0.0463*** (5.5839)
SIZE	0.3611*** (28.6431)	0.3962*** (27.7842)	0.3428*** (26.5792)
LEV	-0.4719*** (-40.7050)	-0.1088*** (-9.6559)	-0.4668*** (-40.1311)
GROW	0.1684*** (15.8582)	-0.0352*** (-4.7777)	0.1701*** (16.0278)
AGE	-0.0508*** (-4.6592)	0.0483*** (4.1706)	-0.0530*** (-4.8637)
COMPLEX	0.0506*** (4.9797)	0.0232** (2.2821)	0.0495*** (4.8811)
TQ	0.2543*** (17.6873)	0.1043*** (9.4768)	0.2494*** (17.3333)

续表

变量	(1)	(2)	(3)
FIRST	0.0945*** (10.9355)	-0.0258*** (-2.6719)	0.0957*** (11.0906)
DUAL	-0.0233*** (-2.6572)	-0.0008 (-0.0882)	-0.0233*** (-2.6544)
BOARD	0.0314*** (3.6823)	-0.0048 (-0.5137)	0.0317*** (3.7125)
MANSHR	0.0984*** (10.1129)	0.0061 (0.6958)	0.0981*** (10.0944)
NATURE	-0.0646*** (-6.3739)	0.0484*** (4.1708)	-0.0669*** (-6.6138)
观测值数	12028.0000	12028.0000	12028.0000
Adj. R^2	0.2980	0.1507	0.2998
F	109.4387	53.0178	107.5437

注：小括号内数值为稳健T统计量；***、**分别表示在1%、5%的水平上显著。

表8-12列示了连锁董事通过影响企业环境责任进而影响企业经营绩效的检验结果。列（1）首先验证了连锁董事人数是否能提高企业的经营业绩，结果显示连锁董事人数的系数为0.0219（0.0230×0.0288+0.0212），在1%的水平上显著为正，与表8-8的系数一致，表明连锁董事人数能够显著提高企业的经营绩效。列（2）检验了连锁董事与企业环境责任之间的关系，该回归系数为0.0230，在5%的水平上显著为正，表明连锁董事人数能有效促进企业履行环境责任，与前文结论一致。在列（3）中，企业环境责任的回归系数为0.0288，在1%的水平上显著为正，而连锁董事人数的回归系数为0.0212，在1%的水平上显著为正，表明连锁董事能够促进企业积极承担环境责任，而较好地履行环境责任能够有效地提升企业的经营绩效，即积极承担环境责任在连锁董事对提升企业经营绩效的积极效应中发挥着显著的中介作用。

表 8-12　连锁董事影响企业环境责任的经济后果：企业经营绩效

变量	(1)	(2)	(3)
ID_1	0.0219*** (2.7868)	0.0230** (2.4423)	0.0212*** (2.7060)
CSR_5			0.0288*** (3.4524)
SIZE	0.3611*** (28.6431)	0.3782*** (26.7037)	0.3503*** (27.2109)
LEV	-0.4719*** (-40.7050)	-0.0789*** (-7.0320)	-0.4696*** (-40.3918)
GROW	0.1684*** (15.8582)	-0.0300*** (-4.2592)	0.1693*** (15.9447)
AGE	-0.0508*** (-4.6592)	0.0239** (2.1632)	-0.0514*** (-4.7200)
COMPLEX	0.0506*** (4.9797)	0.0155 (1.5429)	0.0501*** (4.9378)
TQ	0.2543*** (17.6873)	0.0732*** (7.7363)	0.2522*** (17.5383)
FIRST	0.0945*** (10.9355)	-0.0319*** (-3.4371)	0.0955*** (11.0428)
DUAL	-0.0233*** (-2.6572)	-0.0071 (-0.8125)	-0.0231*** (-2.6348)
BOARD	0.0314*** (3.6823)	0.0006 (0.0626)	0.0314*** (3.6814)
MANSHR	0.0984*** (10.1129)	0.0037 (0.4369)	0.0983*** (10.1104)
NATURE	-0.0646*** (-6.3739)	0.0737*** (6.4755)	-0.0668*** (-6.5874)
观测值数	12028.0000	12028.0000	12028.0000
Adj. R^2	0.2980	0.1614	0.2987
F	109.4387	50.5738	106.9614

注：小括号内数值为稳健 T 统计量；***、**分别表示在1%、5%的水平上显著。

8.4　本章小结

本章以 2010—2018 年中国沪深两市 A 股上市公司为研究样本，利用中介效应模型，首先检验了企业整体社会责任在连锁董事影响企业创新能力和经营绩效中发挥的作用，其次对企业社会责任分维度的中介作用分别进行了检验。得出以下结论：

连锁董事通过促进企业社会责任的履行进而对企业的创新能力产生了积极效应。在连锁董事网络中，企业社会责任的履行可以抑制个人机会主义行为对企业创新的负面影响，为企业创新带来持续动力。

企业社会责任中的股东责任、员工责任、供应商和客户及消费者权益责任、环境责任均在连锁董事对企业创新的积极效应中发挥着显著的中介作用。

连锁董事通过促进企业履行社会责任进而对企业的经营绩效产生了积极效应。虽然承担社会责任需要付出成本，但企业不能一味地抗拒，只顾企业自身利益，无视社会的经济效益，这是不可取的。

9 研究结论与启示

本章对前文理论分析和实证研究的结论进行归纳总结，并根据研究结论提出相关政策建议。

9.1 研究结论

本书基于经济高质量增长时期对企业社会责任的创新发展需求，分析独立董事的双重嵌入性对社会责任的影响，在系统梳理连锁董事、企业社会责任及其经济后果文献的基础上，依托委托代理理论、资源依赖理论、利益相关者理论和社会资本理论等，在中国制度背景下对连锁董事与企业社会责任进行了综合评价，进而实证检验了连锁董事对企业社会责任的影响及其经济后果。基于上述理论与实证分析结果，本书得到以下研究结论：

（1）无论是企业社会责任整体发展还是企业社会责任分维度发展，目前大多数企业对社会责任的承担都处于低水平阶段，说明现阶段上市公司对社会责任的整体承担水平与分维度承担水平都有较大的发展与扩散空间。一方面，我国关于企业社会责任的规章制度还不够完善，无法形成统一标准来规范企业行为，社会也难以对企业履行社会责任进行监督和敦促；另一方面，企业自身关于社会责任的认知有待提高，尚未意识到社会责任的重要性，容易出现一味追求经济利益而忽视承担社会责任的情况。

（2）连锁董事对企业社会责任存在扩散影响，即连锁董事人数的增加能提升企业社会责任表现。在内部控制水平高、市场化程度高的情况下，连锁董事对企业社会责任的扩散影响更明显。异质性检验结果发现，在非女性连锁董事、非独立连锁董事、非兼任连锁董事、学历为研究生及以上的连锁董事均占比高的情况下，连锁董事对企业社会责任的扩散影响更明显，相较于国有企业，非国有企业中连锁董事对企业社会责任的扩散影响更明显。

（3）连锁董事对企业社会责任分维度存在扩散影响，即连锁董事人数的增加能促进企业在股东责任、员工责任、供应商和客户及消费者权益责任、环境责任方面的表现。在内部控制水平较高、市场化程度较高的情况下，连锁董事对企业社会责任分维度的扩散影响更明显。针对连锁董事个人特征：非独立连锁董事、非兼任连锁董事、学历为研究生及以上的连锁董事占比越高，连锁董事对企业社会责任分维度的扩散影响越明显；女性连锁董事占比越高，连锁董事人数对股东责任、员工责任、供应商和客户及消费者权益责任的扩散影响越明显，而当非女性连锁董事占比越高时，连锁董事对环境责任的扩散影响越明显。针对目标公司特征：在非国有企业中连锁董事对企业社会责任分维度的扩散影响比在国有企业中更为明显。

（4）连锁董事通过提升企业社会责任绩效对企业的创新能力产生了积极效应。企业社会责任中的股东责任、员工责任、供应商和客户及消费者权益责任、环境责任均在连锁董事对企业创新的积极效应中发挥着显著的中介作用。连锁董事通过提升企业社会责任绩效对企业的经营绩效产生了积极效应。企业社会责任中的股东责任、员工责任、供应商和客户及消费者权益责任、环境责任均在连锁董事对企业经营绩效的积极效应中发挥着显著的中介作用。

9.2 研究启示

社会责任的承担是企业高质量发展的重要抓手。企业社会责任的承担、社会价值的创造离不开规章制度的硬约束，更离不开企业认知水平和企业家精神的引领。连锁董事在企业社会责任扩散中作用的发挥，为董事自身素质的提升提出了更高要求，在科学战略的指导下以及在合理的企业治理安排下，企业社会责任必将促进企业的发展。

（1）推动制度建设，完善社会责任相关法律法规

由本书对样本上市公司企业社会责任得分的统计可知，我国企业社会责任承担水平整体较低，并且企业间履行社会责任的表现差距较大，这与相关法律法规不够完善有一定关系。

虽然在2006年深圳证券交易所就发布了《深圳证券交易所上市公司社会责任指引》，但是该指引并非严格的法律文件，存在大量难以被量化和编码的软信息，不同企业对其亦有各自的解读。披露标准和监督机制的缺位，以及社会责任报告不要求进行审计等特点，决定了企业在决定是否披露及披露内容上具有很强的自主性。社会责任信息披露可能成为企业的“自利工具”，而非“信号利器”。

我国社会责任信息披露起步晚且不要求进行审计，这种“报喜不报忧”的披露风格严重影响了社会责任报告的真实性和可靠性，这为当前企业的社会责任“掩饰效应”提供了契机。企业为达到“掩饰”的目的，会借助文字游戏、使用模糊性语言传递出能够彰显其社会责任形象的“软”信息，以此赢得政府部门和社会公众的信任。企业通过社会责任信息披露防御性地“掩饰”其对环保投入不足的事实，这极大地增加了监管部门发现企业隐匿行为的难度。

如果企业社会责任报告足够规范、内容足够透明，那么企业社会责任信息的“掩饰”现象将无处遁形。一方面，我国应根据现实情况，发展并完善现有法律条例框架；根据我国企业社会责任履行的现状，及时增补、修改相关法规，提高企业对社会责任的重视程度，加强企业在日常决策中对社会责任的关注，规范企业履行社会责任的行为。同时，在修正普遍适用的法律条例的基础上，针对不同行业特征，尽快细化各行业承担社会责任的规定，出台企业承担社会责任行为标准，制定企业社会责任评价体系，使企业承担社会责任的表现成为评估企业价值的重要指标之一。另一方面，针对新规范的出台，应当加强引导与宣传工作，及时组织企业进行学习和探讨，深化企业管理层及员工对相关法规的理解，同时总结企业在落实规范过程中所面临的问题，及时对制度规范进行调整和完善。

在强化企业社会责任信息披露制度约束的同时，要注重相关配套政策的支持与引领。一方面，要加强企业社会责任信息披露的法治建设，完善第三方审计和政府监管等外部监督机制，切实提高企业社会责任信息披露的效率。另一方面，制定完善的绿色发展政策，诸如绿色融资制度、绿色税收优惠制度、绿色创新奖励制度等，充分激发企业承担社会责任、进行绿色创新的积极性和主动性。

（2）发扬企业家精神，引领企业由承担社会责任向创造社会价值转变

根据传统的经济学理论，企业是追求利润的，企业的经营目标是实现

利润最大化。然而，在企业追求利润的同时难免产生一些衍生影响，比如污染、噪声等负面影响。最初，企业认为这些问题是客观出现的，与企业本身没有太大关系，企业为社会创造了就业与税收，就是为社会做贡献，因此试图用正面影响抵消负面影响。随着时代发展和消费者认知的进步，企业被要求在追求利润的同时，无论企业是否愿意，必须承担相应的社会责任，因此从某种程度上说，企业履行社会责任是被动的。

新发展理念为企业履行社会责任打开了新场景。当前，我国正处于全面建成社会主义现代化强国，实现第二个百年奋斗目标，以中国式现代化全面推进中华民族伟大复兴的新阶段。创新、协调、绿色、共享、开放的新理念正促进企业超越以利润为目标的传统观念，推动企业在研发、生产、销售过程中对社会价值投入更多的关注，更加注重对环境、消费者以及社会的贡献。

如今，部分先进企业开始主动寻求社会创新和社会价值。社会创新是用创新的理念、创新的方式，甚至是创新的组织形式来解决社会问题。社会价值是个人及社会组织通过自我实践活动对社会或他人物质和精神发展规律的贡献。社会责任是被动的、无意识的，社会价值、社会创新则是主动地、有意识地为社会问题提供解决方案。

企业是推动可持续发展的主力军，社会责任是企业家精神的重要内容。企业在发展中实现经济价值和社会价值的双重驱动离不开企业家的引领，企业的发展离不开企业家的成长。从个人角度来讲，从利己到利他、利众生、利社会，这是企业家从物质层面向精神层面的升华，是一个企业家走向成熟的标志。企业家最后能做大企业，做有影响力的企业，不仅是为了自己在物质层面得到满足，实际上更多的还是追求自身的长远发展，追求企业的可持续发展。从价值创造角度来看，在初始阶段企业家自己赚钱，满足个人的物质需求和实现个人价值，随着企业逐渐做大，在了解社会诉求之后，企业家会逐渐走向利他，把善的一面更多地体现出来，为社会创造价值，这是一个循序渐进的过程。

当为社会创造价值成为一种风气、一种自觉的意识、一种文化的共识时，企业家在追求社会价值的过程中，会更加由衷地、主动地推动社会问题的解决。

(3) 提高独立董事素质，完善独立董事制度

根据本书研究结果，作为独立董事的连锁董事对于企业社会责任虽有

正向影响，但十分有限，这与独立董事制度不够健全有一定关系，独立董事制度在改善企业监督机制、提升企业履行社会责任水平方面没有起到预期效果。

企业应通过增加独立董事在董事会中的比重，提高独立董事的话语权，扩大独立董事的影响力，充分发挥独立董事客观公正的优势，为企业提供专业化建议，从企业长远发展角度出发，满足各方利益相关者的要求，保护中小股东的权益，不断提升企业价值。

面对我国独立董事普遍独立性不强、专业能力不足以及缺乏积极性的现状，企业需要严格规范独立董事的选任机制。首先，要通过减少独立董事与大股东之间的联系保证其独立性，真正发挥独立董事的决策和监督作用，杜绝“花瓶独董”的出现。其次，企业应当按照自身需求聘任独立董事，确保独立董事决策的专业性和科学性，避免一味追求名人效应而选择不适合企业发展的独立董事。最后，要调整独立董事的薪酬构成和激励机制，把对企业发展的贡献值作为衡量独立董事水平的标准之一，提高独立董事履职的积极性和主动性。在完善独立董事制度的背景下，当连锁董事为独立董事时，一方面提高了连锁董事传递信息和资源的效率，另一方面，当连锁董事了解其他企业发展策略时，也提高了其结合自身专业判断、提出客观公正建议的能力。

连锁董事作为企业间信息传递和沟通的重要媒介，有利于推动企业积极履行社会责任，提高企业竞争力。企业应关注董事会的社会属性，适当增加连锁董事的人数以及连锁董事连锁企业数量，积极利用企业间网络关系提升学习知识的效率、增加获取信息的渠道，及时把握行业动态与走向，通过积极履行社会责任提高企业声誉，获得其他企业的关注及认可，进而加强与相关联企业的沟通及合作，充分发挥连锁董事的作用，最终实现良性循环。

然而，这并不意味着企业可以随意增设连锁董事席位。根据本书的结论，连锁董事的个人身份对于其作用的发挥有着重要影响。企业要提高连锁董事的准入门槛，首先，应结合企业自身情况，选择受教育程度高、有管理才能和经验的高水平人才。学历较高的连锁董事能够准确判断连锁企业的经营现状与发展方向，这一方面提高了企业获取资源的效率，另一方面加强了所传递信息的准确性和实用性，保证了模仿学习目标企业过程的有效性。其次，企业需要尽量控制连锁董事兼任 CEO 的现象，通过实现权力的制衡加强董事会对管理层决策的监督，避免出现为追求短期效益而忽视承担社会责任的“短视”行为，最大限度地发挥连锁董事的作用。

（4）形成企业社会责任与创新的良性促进机制

创新在我国现代化建设中起着关键作用。同时，在当今市场环境下，创新是企业实现绩效增长和取得竞争优势的核心力量。本书研究表明，社会责任的履行有助于企业创新。企业承担社会责任，一方面可以开拓企业社会关系、提高企业声誉，使企业获得竞争优势，为企业创新提供充足的资金和资源支持；另一方面还可以提高员工的创新效率，对企业创新产生有利影响。同样，创新作为一个创造性、风险性、收益性并存的活动，是实现高标准社会责任的重要促进力量。当前我国的生态文明建设进入了以降碳为重点战略方向，推动减污降碳协同增效，促进经济社会发展全面绿色转型，实现生态环境质量改善由量变到质变的关键时期。实现碳达峰碳中和，就要突出强调创新驱动社会责任的作用。企业社会责任创新发展要求企业的战略决策要从经济意义上的竞争性决策转向涵盖经济意义与社会意义的责任价值与责任伦理决策，最终为企业多元利益相关者创造高水平的综合价值，并实现企业与社会、企业与市场，以及企业与环境的共生。

企业履行社会责任和进行创新均是企业实现可持续发展的关键因素，也均对我国碳达峰碳中和、经济高质量发展等战略目标起着关键作用。形成社会责任与创新的良性促进机制，立足于企业社会责任创新发展，引领企业高水平与高质量的综合价值创造，对于深化推进我国经济社会的高质量发展意义重大。同时，社会责任与创新的良性促进作用具有可实践性。企业社会责任有助于创新发展继而提高了企业竞争力，这种促进作用具有阶段性，在前期为企业创新提供条件与激励企业创新行为的绩效动机，在中期将企业创新条件与动机转换为创新产出，在后期将创新产出转化为绩效与竞争优势，进而激励企业主动履行社会责任，由此形成企业社会责任与创新的良性循环促动机制。因此，应将企业社会责任作为激励企业进行创新和增强企业竞争优势的一个强有力的来源，以此推动创新主体的创新行为。同时，创新能力的提升转化为竞争优势，将促进企业社会责任的履行。因此，应充分发挥市场的作用，积极推进企业社会责任理念在我国的深化发展，以市场为导向引导企业积极履行社会责任。

总之，企业社会责任既不是“规范性主义”所倡导的“高尚行为”，也不是主流企业理论所宣称的“败坏社会的信条”，无论是建立在马克思主义经济学理论基础上的国有企业，还是根植于西方经济学“理性人”假设的民营企业，都应基于“企业本位”权衡社会责任的积极效应与消极效应，进而精准实施最优的社会责任策略，实现经济目标和非经济目标之间的兼容。“既要金山银山，又要绿水青山”——让社会道德与经济利益相得益彰、齐头并进，是未来中国企业社会责任发展的必然选择。

参考文献

[1] AFRIDI S A, AFSAR B, SHAHJEHAN A, et al. Perceived corporate social responsibility and innovative work behavior: the role of employee volunteerism and authenticity [J]. Corporate social responsibility and environmental management, 2020, 27(4): 1865-1877.

[2] AGUINIS H, GLAVAS A. What we know and don't know about corporate social responsibility: a review and research agenda [J]. Journal of management, 2012, 38(4): 932-968.

[3] ALBUQUERQUE R, KOSKINEN Y, ZHANG C. Corporate social responsibility and firm risk: theory and empirical evidence [J]. Management science, 2019, 65(10): 4451-4469.

[4] AL-DAH B. Director interlocks and the strategic pacing of CSR activities [J]. Management decision, 2019, 57(10): 2782-2798.

[5] ALI M, GRABARSKI M K, AHMED S, et al. Does leadership gender diversity drive corporate social responsibility and organizational outcomes? The role of organization size [J]. Australian journal of management, 2024, 49(3): 319-339.

[6] ALKHOURI R, SUWAIDAN M S. The impact of CSR on the financing cost of Jordanian firms [J]. Social responsibility journal, 2023, 19(3): 460-473.

[7] AMIN A, CHOUROU L, KAMAL S, et al. It's who you know that counts: board connectedness and CSR performance [J]. Journal of corporate finance, 2020(64): 101662.

[8] ANWAR R, MALIK J A. When does corporate social responsibility disclosure affect investment efficiency? A new answer to an old question [J]. SAGE Open, 2020, 10(2): 1479854641.

[9] ARGOTE L. Organizational learning: creating, retaining and transferring knowledge[M]. Berlin: Springer Science & Business Media, 2012.

[10] ATTAR M, KANG K, SOHAIB O. Knowledge sharing practices, intellectual capital and organizational performance [C]. Proceedings of the 52nd annual Hawaii international conference on system sciences, 2019: 5578—5587.

[11] BACINELLO E, TONTINI G, ALBERTON A. Influence of corporate social responsibility on sustainable practices of small and medium-sized enterprises: implications on business performance [J]. Corporate social responsibility and environmental management, 2021, 28(2): 776-785.

[12] BAI M, WANG R. How does corporate social responsibility affect continuous innovation? [J]. Frontiers of business research in China, 2022, 16(4): 358-370.

[13] BAI Y. Corporate social responsibility and corporate innovation output: empirical evidence based on Chinese listed companies [J]. Managerial and decision economics, 2022, 43(8): 3534-3547.

[14] BAKER S D, HOLLIFIELD B, OSAMBELA E. Asset prices and portfolios with externalities [J]. Review of finance, 2022, 26(6): 1433-1468.

[15] BANDURA A. Self-efficacy: toward a unifying theory of behavioral change [J]. Psychological review, 1977, 84(2): 191-215.

[16] BARDOS K S, ERTUGRUL M, GAO L S. Corporate social responsibility, product market perception, and firm value [J]. Journal of corporate finance, 2020(62): 101588.

[17] BARTOV E, MARRA A, MOMENTE F. Corporate social responsibility and the market reaction to negative events: evidence from inadvertent and fraudulent restatement announcements [J]. The accounting review, 2021, 96(2): 81-106.

[18] BAYSINGER B D, BUTLER H N. Corporate governance and the board of directors: performance effects of changes in board composition [J]. Journal of law economics and organization, 1985(1): 101-124.

[19] BECKMAN C M, HAUNSCHILD P R. Network learning: the effects of partners' heterogeneity of experience on corporate acquisitions [J]. Administrative science quarterly, 2002, 47(1): 92-124.

[20] BENDELL B L, HUVAJ M N. Does stakeholder engagement through corporate social and environmental behaviors affect innovation? [J]. Journal of business research, 2020(119): 685–696.

[21] BENDELL B L, NESIJ H M. Does stakeholder engagement through corporate social and environmental behaviors affect innovation? [J]. Journal of business research, 2020(119): 685–696.

[22] BERLE A A, MEANS G C. The modern corporation & private property [M]. New York: MacMillan, 1932.

[23] BESSER T L. The significance of community to business social responsibility[J]. Rural sociology, 2011, 63(3): 412–431.

[24] BHANDARI A, JAVAKHADZE D. Corporate social responsibility and capital allocation efficiency [J]. Journal of corporate finance, 2017 (43): 354–377.

[25] BLOCH R I, HARRIS E E, PETERSON A N. Interlocking boards in nonprofit organizations [J]. Accounting horizons, 2020, 34(2): 1–17.

[26] BOCQUET R, LE BAS C, MOTHE C, et al. Are firms with different CSR profiles equally innovative? Empirical analysis with survey data [J]. European management journal, 2013, 31(6): 642–654.

[27] BOND M. Social influences on corporate political donations in Britain 1 [J]. The British journal of sociology, 2004, 55(1): 55–77.

[28] BOUBAKER S, CELLIER A, MANITA R, et al. Does corporate social responsibility reduce financial distress risk? [J]. Economic modelling, 2020 (91): 835–851.

[29] BOWEN H R. Social responsibilities of the businessman[M]. New York: Harpor & Row, 1953.

[30] BOYD B K. CEO duality and firm performance: a contingency model [J]. Strategic management journal, 1995, 16(4): 301–312.

[31] BRASS D J, BUTTERFIELD K D, SKAGGS B C. Relationships and unethical behavior: a social network perspective [J]. Academy of management review, 1998, 23(1): 14–31.

[32] BRUDNEY V. The independent director: heavenly city or Potemkin Village? [J]. Harvard law review, 1982, 95(3): 597–659.

[33] CARROLL A B. A three-dimensional conceptual model of corporate performance [J]. Academy of management review, 1979, 4(4): 497-505.

[34] CARROLL A B. The four faces of corporate citizenship [J]. Business and society review, 1998, 100(1): 1-7.

[35] CHAHINE S, FANG Y, HASAN I, et al. Entrenchment through corporate social responsibility: evidence from CEO network centrality [J]. International review of financial analysis, 2019(66): 101347.

[36] CHEN S, JI Y. Do corporate social responsibility categories distinctly influence innovation? A resource-based theory perspective [J]. Sustainability, 2022, 14(6): 3154.

[37] CHEN S, NIE Y Z. Director network, governance of independent directors and efficiency of enterprise capital allocation [J]. Entrepreneurship research journal, 2023, 13(1): 163-184.

[38] CHKIR I, HASSAN B E H, RJIBA H, et al. Does corporate social responsibility influence corporate innovation? International evidence [J]. Emerging markets review, 2021(46): 100746.

[39] CHO C H, JUNG J H, KWAK B, et al. Professors on the board: do they contribute to society outside the classroom? [J]. Journal of business ethics, 2017, 141(2): 393-409.

[40] CHOI H, PARK J. Do data-driven CSR initiatives improve CSR performance? The importance of big data analytics capability [J]. Technological forecasting and social change, 2022(182): 121802.

[41] COMANOR W S, SCHERER F M. Patent statistics as a measure of technical change [J]. Journal of political economy, 1969, 77(3): 392-398.

[42] CUI D, DING M, HE Z, et al. Restricted shares and CSR: evidence from foreign strategic investors in China [J]. Pacific-basin finance journal, 2022 (76): 101865.

[43] CUNHA P R, PICCOLI M R. Influence of board interlocking on earnings management [J]. Revista contabilidade & finanças, 2017, 28(74): 179-196.

[44] DALTON D R, DAILY C M, JOHNSON J L, et al. Number of directors and financial performance: a meta-analysis [J]. Academy of manage-

ment journal, 1999, 42(6): 674-686.

[45] D'AMATO A, FALIVENA C. Corporate social responsibility and firm value: do firm size and age matter? Empirical evidence from European listed companies [J]. Corporate social responsibility and environmental management, 2020, 27(2): 909-924.

[46] DAVIS G F, YOO M, BAKER W E. The small world of the American corporate elite, 1982-2001 [J]. Strategic organization, 2003, 1(3): 301-326.

[47] DE ANDRES P, GARCIA-RODRIGUEZ I, ROMERO-MERINO M E, et al. Political directors and corporate social responsibility: are political ideology and regional identity relevant? [J]. Review of managerial science, 2023, 17(1): 339-373.

[48] DE SOUSA BARROS T, CáRDENAS J, MENDES-DA-SILVA W. The effect of interlocking directorates on mergers and acquisitions in Brazil [J]. Journal of management and governance, 2021, 25(3): 811-839.

[49] DESENDER K A, LOPEZPUERTAS-LAMY M, PATTITONI P, et al. Corporate social responsibility and cost of financing: the importance of the international corporate governance system [J]. Corporate governance: an international review, 2020, 28(3): 207-234.

[50] DESJARDINE M R, GREWAL J, VISWANATHAN K. A rising tide lifts all boats: the effects of common ownership on corporate social responsibility [J]. Organization science, 2023, 34(5): 1716-1735.

[51] DIMAGGIO P J, POWELL W W. The iron cage revisited: institutional isomorphism and collective rationality in organizational fields [J]. American sociological review, 1983, 48(2): 147-160.

[52] DIMIC N, FATMY V, VAHAMAA S. Religiosity and corporate social responsibility: a study of firm-level adherence to Christian values in the United States [J]. Corporate social responsibility and environmental management, 2023, 31(1): 396-413.

[53] DING H, HU Y, YANG X, et al. Board interlock and the diffusion of corporate social responsibility among Chinese listed firms [J]. Asia pacific journal of management, 2022, 39(4): 1287-1320.

[54] DAVID L, RATNER M E. The structure of the corporation: a legal

analysis[J]. California law review, 1976, 64(6): 1484.

[55]ELKINGTON J. Partnerships from cannibals with forks: the triple bottom line of 21st - century business [J]. Environmental quality management, 1998, 8(1): 37-51.

[56]ENDERLE G. Corporate ethics at the beginning of the 21st century [J]. Éticay Desarrollo La Relación Marginada, 2002(3): 345-372.

[57]ENGIDA T G, PARMETER C F, RAO X, et al. Investment inefficiency and corporate social responsibility [J]. Journal of productivity analysis, 2022, 58(1): 95-108.

[58]FAMA E F. Agency problems and the theory of the firm [J]. Journal of political economy, 1980, 88(2): 288-307.

[59]FAMA E F, JENSEN M C. Separation of ownership and control [J]. The journal of law and economics, 1983, 26(2): 301-325.

[60]FENG Y, SONG K, TIAN Y S. Director networks and initial public offerings [J]. Journal of banking & finance, 2019(106): 246-264.

[61]FERRELL A, LIANG H, RENNEBOOG L. Socially responsible firms [J]. Journal of financial economics, 2016, 122(3): 585-606.

[62]FINKELSTEIN S, D'AVENI R A. CEO duality as a double - edged sword: how boards of directors balance entrenchment avoidance and unity of command [J]. Academy of management journal, 1994, 37(5): 1079-1108.

[63]FRANCIS B, HASAN I, WU Q. Professors in the boardroom and their impact on corporate governance and firm performance [J]. Financial management, 2015, 44(3): 547-581.

[64]FREEMAN L C. Centrality in social networks: conceptual clarification [J]. Social networks, 1978, 1(3): 215-239.

[65]FU Y, LIU C, QIN Z, et al. Institutional cross-ownership and firm social performance [J]. Corporate governance: an international review, 2022, 30(6): 738-764.

[66]GAGNE R. The conditions of learning and theory of instruction Robert Gagné [M]. New York, NY: Holt, Rinehart Ja Winston, 1985.

[67]GARCIA-SANCHEZ I, HUSSAIN N, MARTINEZ-FERRERO J, et al. Impact of disclosure and assurance quality of corporate sustainability reports on

access to finance [J]. Corporate social responsibility and environmental management, 2019, 26(4): 832-848.

[68] GEVURTZ F A. The European origins and the spread of the corporate board of directors [J]. Stetson law review., 2003(33): 925.

[69] GRAHAM J R, HARVEY C R, RAJGOPAL S. The economic implications of corporate financial reporting [J]. Journal of accounting and economics, 2005, 40(1-3): 3-73.

[70] GRANOVETTER M. The strength of weak ties: a network theory revisited [J]. Sociological theory, 1983(1): 201-233.

[71] GRILICHES Z. Patent statistics as economic indicators: a survey [J]. Journal of economic literature, 1990, 28(4): 1661-1707.

[72] HALEBLIAN J, FINKELSTEIN S. Top management team size, CEO dominance, and firm performance: the moderating roles of environmental turbulence and discretion [J]. The academy of management journal, 1993, 36(4): 844-863.

[73] HALKOS G, SKOULOUDIS A. Corporate social responsibility and innovative capacity: intersection in a macro-level perspective [J]. Journal of cleaner production, 2018(182): 291-300.

[74] HAMBRICK D C, MASON P A. Upper Echelons: the organization as a reflection of its top managers [J]. Academy of management review, 1984, 9(2): 193-206.

[75] HAMDAN A. Board interlocking and firm performance: the role of foreign ownership in Saudi Arabia [J]. International journal of managerial finance, 2018, 14(3): 266-281.

[76] HAMMAMI A, LYUBIMOV A, MANSOURI R Y. The double-edged sword of going "overboard": board connectedness, debt quality, and the cost of debt [J]. Canadian journal of administrative sciences, 2023, 0(0): 1-20.

[77] HARRIS M, RAVIV A. Optimal incentive contracts with imperfect information [J]. Journal of economic theory, 1979, 20(2): 231-259.

[78] HAUNSCHILD P R, BECKMAN C M. When do interlocks matter? Alternate sources of information and interlock influence [J]. Administrative science quarterly, 1998, 43(4): 815-844.

[79]HELFAYA A, EASA N F. Islamic Religiosity and CSR attitudes: the case of Egyptian managers [J]. Sustainability, 2022, 14(18): 11255.

[80]HENDRATAMA T D, HUANG Y. Corporate social responsibility, firm value and life cycle: evidence from Southeast Asian countries [J]. Journal of applied accounting research, 2021, 22(4): 577-597.

[81]HERNÁNDEZ-LARA A B, GONZALES-BUSTOS J P. The impact of interlocking directorates on innovation: the effects of business and social ties [J]. Management decision, 2019, 57(10): 2799-2815.

[82]HILLMAN A J, DALZIEL T. Boards of directors and firm performance: integrating agency and resource dependence perspectives [J]. Academy of management review, 2003, 28(3): 383-396.

[83]HUANG J. Doing good in periods of political turnover: the turnover of local officials, local corruption and corporate social responsibility [J]. Eurasian business review, 2023, 13(4): 781-833.

[84]JAVED M, RASHID M A, HUSSAIN G, et al. The effects of corporate social responsibility on corporate reputation and firm financial performance: moderating role of responsible leadership [J]. Corporate social responsibility and environmental management, 2020, 27(3): 1395-1409.

[85]FAMA E F, JENSEN M C. Separation of ownership and control [J]. The journal of law and economics, 1983, 26(2): 301-325.

[86]JENSEN M C. Agency costs of free cash flow, corporate finance, and takeovers [J]. The American economic review, 1986, 76(2): 323-329.

[87]JENSEN M C. Takeovers: folklore and science [J]. SSRN Electronic journal, 2002, 62(6): 109-121.

[88]JENSEN M C. Organization theory and methodology [J]. Accounting Review, 1983, 58(4): 319-339.

[89]JENSEN M C, MECKLING W H. Theory of the firm: managerial behavior, agency costs and ownership structure [J]. Journal of financial economics, 1976, 3(4): 305-360.

[90]JENSEN M C, RUBACK R S. The market for corporate control: the scientific evidence [J]. Journal of financial economics, 1983, 11(1): 5-50.

[91]JOHNSON R A, GREENING D W. The effects of corporate governance

and institutional ownership types on corporate social performance [J]. Academy of management journal, 1999, 42(5): 564-576.

[92]KATMON N, MOHAMAD Z Z, NORWANI N M, et al. Comprehensive board diversity and quality of corporate social responsibility disclosure: evidence from an emerging market [J]. Journal of business ethics, 2019, 157(2): 447-481.

[93]KESNER I F, VICTOR B, LAMONT B T. Board composition and the commission of illegal acts: an investigation of Fortune 500 companies [J]. Academy of management journal, 1986, 29(4): 789-799.

[94]KHEDIRI K B. CSR and investment efficiency in western European countries [J]. Corporate social responsibility and environmental management, 2021, 28(6): 1769-1784.

[95]KHUONG N V, HERDIANTI F R, LE HUU T A. The influence of corporate social responsibility disclosures on investment efficiency in the Asian emerging markets [J]. The Indonesian capital market review, 2022, 14(2): 92-102.

[96]KIM D, LEE J, KIM N. Engaging CSR in SMEs by exporting: the critical factors of CEOs and markets [J]. Corporate social responsibility and environmental management, 2023, 30(4): 1953-1964.

[97]KNYAZEVA A, KNYAZEVA D, MASULIS R W. The supply of corporate directors and board independence [J]. The review of financial studies, 2013, 26(6): 1561-1605.

[98]KOK S K, SHAHGHOLIAN A. The impact of proximity within elite corporate networks on the Shariah governance-firm performance nexus: evidence from the global Shariah elite [J]. Emerging markets review, 2023(54): 100998.

[99]KONG D, PIAO Y, ZHANG W, et al. Trust and corporate social responsibility: evidence from CEOs? Early experience [J]. Economic analysis and policy, 2023(78): 585-596.

[100]KONG D, XIONG M, QIN N. Business Tax reform and CSR engagement: evidence from China [J]. International review of financial analysis, 2022(82): 102178.

[101]KOSNIK R D. Greenmail: a study of board performance in corporate

governance[J]. Administrative science quarterly, 1987, 32(2): 163-185.

[102]KRAUSE R, WU Z, BRUTON G D, et al. The coercive isomorphism ripple effect: an investigation of nonprofit interlocks on corporate boards [J]. Academy of management journal, 2018, 62(1): 283-308.

[103]KREPS G L. Analysis of the interdisciplinary credibility of communication as a social science [J]. Association for communication administration bulletin, 1982(42): 40-43.

[104] KREPS G L. A field experimental test and revaluation of Weick's model of organizing [J]. Annals of the international communication association, 1980, 4(1): 389-398.

[105]KRUEGER P. Corporate goodness and shareholder wealth [J]. Journal of financial economics, 2015, 115(2): 304-329.

[106]LARCKER D F, SO E C, WANG C C. Boardroom centrality and firm performance [J]. Journal of accounting and economics, 2013, 55(2-3): 225-250.

[107]LEE D S. Corporate social responsibility and corporate interlocks: fortune 500 companies' performance on the sustainable development goals [J]. International journal of organizational analysis, 2023, 31(7): 3653-3667.

[108]LEE M P. A review of the theories of corporate social responsibility: its evolutionary path and the road ahead [J]. International journal of management reviews, 2008, 10(1): 53-73.

[109]LEE W J, CHOI S U. Internal and external corporate social responsibility activities and firm value: evidence from the shared growth in the supply chain [J]. Borsa Istanbul review, 2021(21): S57-S69.

[110]LEONG C K, YANG Y C. Constraints on "doing good": financial constraints and corporate social responsibility [J]. Finance research letters, 2021(40): 101694.

[111]LI J, XU C, FUNG H, et al. Do venture capital firms promote corporate social responsibility? [J]. International review of economics & finance, 2021(71): 718-732.

[112]LI X, FUNG A, FUNG H, et al. Directorate interlocks and corporate cash holdings in emerging economies: evidence from China [J]. International re-

view of economics & finance, 2020(66): 244-260.

[113]LIN W L, LAW S H, HO J A, et al. The causality direction of the corporate social responsibility: corporate financial performance nexus application of panel vector autoregression approach [J]. The north American journal of economics and finance, 2019(48): 401-418.

[114]LIU B, SUN P, ZENG Y. Employee-related corporate social responsibilities and corporate innovation: evidence from China [J]. International review of economics & finance, 2020(70): 357-372.

[115]LONG C, LIN J. Theoretical and exploratory research on sustainability mental model of the public in China: based on a typical survey in Guangdong province [J]. Chinese journal of population resources and environment, 2017, 15(2): 167-174.

[116]LU H, OH W, KLEFFNER A, et al. How do investors value corporate social responsibility? Market valuation and the firm specific contexts [J]. Journal of business research, 2021(125): 14-25.

[117]LV W, MA W, YANG X. Does social security policy matter for corporate social responsibility? Evidence from a quasi-natural experiment in China [J]. Economic modelling, 2022(116): 106008.

[118]MA Z, CHEN J, TIAN G, et al. Regulations on the corporate social irresponsibility in the supply chain under the multiparty game: taking China's organic food supply chain as an example [J]. Journal of cleaner production, 2021 (317): 128459.

[119]MARTIN G, GÖZÜBÜYÜK R, BECERRA M. Interlocks and firm performance: the role of uncertainty in the directorate interlock-performance relationship [J]. Strategic management journal, 2015, 36(2): 235-253.

[120]MBANYELE W. Firms' innovation strategy under the shadow of corporate social responsibility disclosure: evidence from China [J]. Managerial and decision economics, 2021, 43(2): 339-355.

[121]MBANYELE W, HUANG H, LI Y, et al. Corporate social responsibility and green innovation: evidence from mandatory CSR disclosure laws [J]. Economics letters, 2022(212): 110322.

[122]MCWILLIAMS A, SIEGEL D S. Creating and capturing value: Strate-

gic corporate social responsibility, resource-based theory, and sustainable competitive advantage [J]. Journal of management, 2011, 37(5): 1480-1495.

[123] MIAO Y, ZHOU X, DAI X. Corporate social responsibility disclosure, debt financing costs, and innovation capacity [J]. Discrete dynamics in nature and society, 2021(2021): 1-15.

[124] MIZRUCHI M S. What do interlocks do? An analysis, critique, and assessment of research on interlocking directorates [J]. Annual review of sociology, 1996, 22(1): 271-298.

[125] MIZRUCHI M S, STEARNS L B. A longitudinal study of the formation of interlocking directorates [J]. Administrative science quarterly, 1988, 33(2): 194-210.

[126] LIN N. Social capital: A theory of social structure and action [M]. Cambridge: Cambridge University Press, 2002.

[127] NANDY M, LODH S, KAUR J, et al. Impact of directors' networks on corporate social responsibility: a cross country study [J]. International review of financial analysis, 2020(72): 101601.

[128] NOLLET J, FILIS G, MITROKOSTAS E. Corporate social responsibility and financial performance: a non-linear and disaggregated approach [J]. Economic modelling, 2016(52): 400-407.

[129] OKAFOR A, ADELEYE B N, ADUSEI M. Corporate social responsibility and financial performance: evidence from US tech firms [J]. Journal of cleaner production, 2021(292): 126078.

[130] ORTIZ DE MANDOJANA N, ARAGON CORREA J A. Boards and sustainability: the contingent influence of director interlocks on corporate environmental performance [J]. Business strategy and the environment, 2015, 24(6): 499-517.

[131] PAKES A, GRILICHES Z. Patents and R&D at the firm level: a first report [J]. Economics letters, 1980, 5(4): 377-381.

[132] PARK A, OH G. The core of board networks and firm value [J]. Frontiers in physics, 2023(11): 37.

[133] PENG Z, LIAO T. An empirical study on the governance effect of interlocking directorates: based on an analysis of the inherent mechanism [J].

Nankai Business Review, 2008, 11(1): 99-105.

[134]PFEFFER J. Merger as a response to organizational interdependence [J]. Administrative science quarterly, 1972, 17(3): 382-394.

[135]PFEFFER J, SALANCIK G R. The external control of organizations: a resource dependence perspective[M]. New York: Harper & Row, 1978.

[136]QIAN C, WENG D H, LU L Y, et al. Government corruption and corporate social responsibility: an instrumental perspective [J]. Journal of management, 2023, 0(0): 182499782.

[137]QU L, XU Y, GUO Y. Research on the influence of network position on corporate social responsibility: moderating effect based on ownership concentration [J]. Frontiers in psychology, 2022(13): 894725.

[138]REHMAN S U, HAMDAN Y H. CEO greed, corporate governance, and CSR performance: Asian evidence [J]. Administrative sciences, 2023, 13 (5): 124.

[139]ROSECKA N, MACHEK O, STASA M, et al. Long-term orientation and corporate social responsibility in small and medium-sized enterprises: the role of strategy formation mode [J]. Social responsibility journal, 2023, 20(4): 825-842.

[140]RUAN R, CHEN W, ZHU Z. Linking environmental corporate social responsibility with green innovation performance: the mediating role of shared vision capability and the moderating role of resource slack [J]. Sustainability, 2022, 14(24): 16943.

[141]SAEIDI S P, SOFIAN S, SAEIDI P, et al. How does corporate social responsibility contribute to firm financial performance? The mediating role of competitive advantage, reputation, and customer satisfaction [J]. Journal of business research, 2015, 68(2): 341-350.

[142]SANTOS-JAEN J M, MADRID-GUIJARRO A, GARCIA-PEREZ-DE-LEMA D. The impact of corporate social responsibility on innovation in small and medium-sized enterprises: the mediating role of debt terms and human capital [J]. Corporate social responsibility and environmental management, 2021, 28(4): 1200-1215.

[143] SHABBIR M S, WISDOM O. The relationship between corporate

social responsibility, environmental investments and financial performance: evidence from manufacturing companies [J]. Environmental science and pollution research, 2020, 27(32): 39946-39957.

[144]SHAMS R. Capacity building for sustained competitive advantage: a conceptual framework [J]. Marketing intelligence & planning, 2016, 34(5): 671-691.

[145]SHELDON O. The philosophy of management[M]. London: Routledge, 1924.

[146]SIANO A, VOLLERO A, CONTE F, et al. "More than words": expanding the taxonomy of greenwashing after the Volkswagen scandal [J]. Journal of business research, 2017(71): 27-37.

[147]SIGURDSSON K, CANDI M. Saying and doing: social responsibility declared and applied [J]. Creativity and innovation management, 2020, 29(1): 128-140.

[148]SINGH D, DELIOS A. Corporate governance, board networks and growth in domestic and international markets: evidence from India [J]. Journal of world business, 2017, 52(5): 615-627.

[149]SINGH J V, HOUSE R J, TUCKER D J. Organizational change and organizational mortality [J]. Administrative science quarterly, 1986, 31(4): 587-611.

[150]SIUDAK D. The Influence of interlocking directorates on the propensity of dividend payout to the parent company [J]. Complexity, 2020(2020): 1-16.

[151]SUN Z, LI X, XIE J, et al. How does dividend payout affect corporate social responsibility? A channel analysis [J]. Journal of financial stability, 2023(68): 101165.

[152]SUN Z, WANG W, et al. How does digital transformation affect corporate social responsibility performance? From the dual perspective of internal drive and external governance [J]. Corporate social responsibility and environmental management, 2023, 31(2): 1156-1176.

[153]ŚWIATOWIEC-SZCZÉPANSKA J, MAłYS A. Board interlocks as a diffusion of strategic information-does it work? A polish case [J]. Journal of east European management studies, 2021, 26(4): 589-616.

[154] TADELIS S. What's in a name? Reputation as a tradeable asset [J]. American economic review, 1999, 89(3): 548-563.

[155] TANG M, WANG Y. Tax incentives and corporate social responsibility: the role of cash savings from accelerated depreciation policy [J]. Economic modelling, 2022(116): 106040.

[156] TAO Y, WANG D, YE Y, et al. The role of public environmental concern on corporate social responsibility: evidence from search index of web users [J]. Energy economics, 2023(126): 107041.

[157] TARIGHI H, APPOLLONI A, SHIRZAD A, et al. Corporate social responsibility disclosure (CSRD) and financial distressed risk (FDR): does institutional ownership matter? [J]. Sustainability, 2022, 14(2): 742.

[158] TENG Y, GIMMON E, LU W T. Do interlocks lead to the convergence of interfirm innovation performance? Evidence from China [J]. SAGE Open, 2021, 11(2): 1915340444.

[159] UYAR A, LODH S, NANDY M, et al. Tradeoff between corporate investment and CSR: the moderating effect of financial slack, workforce slack, and board gender diversity [J]. International review of financial analysis, 2023 (87): 102649.

[160] WALSH J P, SEWARD J K. On the efficiency of internal and external corporate control mechanisms [J]. Academy of management review, 1990, 15 (3): 421-458.

[161] WANG S, GAO S, FU Y. Inhibiting or promoting: the industry heterogeneity of board interlocks and corporate social responsibility in China [J]. Journal of cleaner production, 2023(419): 138274.

[162] WANG W, LU W, KWEH Q L, et al. Interlocking directorates and dynamic corporate performance: the roles of centrality, structural holes and number of connections in social networks [J]. Review of managerial science, 2021, 15(2): 437-457.

[163] WANG Y, TANG M, YU X. Can the high quality of internal control promote the fulfillment of corporate social responsibility in energy enterprises [C]//Proceedings of the 2015 Asia-Pacific energy equipment engineering research conference, 2015(9): 526-530.

[164] WEI J, LIU T, CHAVEZ D E, et al. Managing corporate-government relationships in a multi-cultural setting: how political corporate social responsibility (PCSR) as a response to legitimacy pressures affects firm reputation [J]. Industrial marketing management, 2020(89): 1-12.

[165] WEISBACH M S. Outside directors and CEO turnover [J]. Journal of financial economics, 1988(20): 431-460.

[166] WEN W, KE Y, LIU X. Customer concentration and corporate social responsibility performance: evidence from China [J]. Emerging markets review, 2021(46): 100755.

[167] WENGER E. Communities of practice: learning as a social system [J]. Systems thinker, 1998, 9(5): 2-3.

[168] WILLIAMSON O E. The economics of governance: framework and implications [J]. Journal of institutional and theoretical economics, 1984 (H. 1): 195-223.

[169] WU C, FANG D, LIAO P, et al. Perception of corporate social responsibility: the case of Chinese international contractors [J]. Journal of cleaner production, 2015(107): 185-194.

[170] XU S, MA P. CEOs' poverty experience and corporate social responsibility: are CEOs who have experienced poverty more generous? [J]. Journal of business ethics, 2022, 180(2): 747-776.

[171] YAN C, WANG J, WANG Z, et al. Awe culture and corporate social responsibility: evidence from China [J]. Accounting & finance, 2023, 63(3): 3487-3517.

[172] YAN R, LI X, ZHU X. The impact of corporate social responsibility on sustainable innovation: a case in China's heavy pollution industry [J]. Frontiers in psychology, 2022(13): 946570.

[173] YANG M, BENTO P, AKBAR A. Does CSR influence firm performance indicators? Evidence from Chinese pharmaceutical enterprises [J]. Sustainability, 2019, 11(20): 5656.

[174] YOU L. The impact of social norms of responsibility on corporate social responsibility short title: the impact of social norms of responsibility on corporate social responsibility [J]. Journal of business ethics, 2024, 190 (2):

309-326.

[175]YU Y, CHI J. Political embeddedness, media positioning and corporate social responsibility: evidence from China [J]. Emerging markets review, 2021(47): 100799.

[176]YUCHTMAN E, SEASHORE S E. A system resource approach to organizational effectiveness [J]. American sociological review, 1967, 32(6): 891-903.

[177] ZAHRA S A, PEARCE J A. Boards of directors and corporate financial performance: a review and integrative model [J]. Journal of management, 1989, 15(2): 291-334.

[178]ZAMIR F, SHAILER G, SAEED A. Do corporate social responsibility disclosures influence investment efficiency in the emerging markets of Asia? [J]. International journal of managerial finance, 2022, 18(1): 28-48.

[179]ZHANG G, XUE H, GAO H, et al. Clan culture and corporate social responsibility in Chinese family firms [J]. The Singapore economic review, 2024, 69(1): 1-21.

[180]ZHANG Y, DONG L. Foreign experience of CEO and corporate social responsibility: evidence from China [J]. Frontiers in environmental science, 2023(11): 1103394.

[181]ZHAO T. Board network, investment efficiency, and the mediating role of CSR: evidence from China [J]. International review of economics & finance, 2021(76): 897-919.

[182]ZHAO T, CHAN K C. Corporate social network and corporate social responsibility: a perspective of interlocking directorates [J]. International review of financial analysis, 2023(88): 102711.

[183]ZHAO T, XIAO X, ZHANG B. Economic policy uncertainty and corporate social responsibility performance: evidence from China [J]. Sustainability accounting, management and policy journal, 2021, 12(5): 1003-1026.

[184]ZHOU L, WEI F, KONG Y. Do employee stock ownership plans affect corporate social responsibility? Evidence from China [J]. International journal of environmental research and public health, 2022, 19(3): 1055.

[185]ZONA F, GOMEZ-MEJIA L R, WITHERS M C. Board interlocks

and firm performance: toward a combined agency-resource dependence perspective [J]. Journal of management, 2018, 44(2): 589-618.

[186]ZUCKER L G. The role of institutionalization in cultural persistence [J]. American sociological review, 1977, 42(5): 726-743.

[187]鲍丰华，赵亚普，田龙伟，等．嵌入视角下的连锁董事网络、制度环境与民营企业慈善捐赠[J]．管理学报，2018，15(10)：1037-1046.

[188]曹越，郭天枭．高管学术经历与企业社会责任[J]．会计与经济研究，2020，34(2)：22-42.

[189]陈莞，阮荣彬．媒体关注视域下企业社会责任对企业价值影响——基于创业板上市企业的经验数据[J]．技术经济与管理研究，2022(4)：46-51.

[190]陈海波，邓雅慧．网络基础设施建设如何赋能企业社会责任履行——基于"宽带中国"战略的准自然实验[J]．广东财经大学学报，2023，38(1)：17-30.

[191]陈峻，郑惠琼．融资约束、客户议价能力与企业社会责任[J]．会计研究，2020(8)：50-63.

[192]陈旭，金英子．连锁董事网络、社会资本与公司绩效——基于上海地区上市公司截面数据的实证研究[J]．湘潭大学学报(哲学社会科学版)，2015，39(3)：79-84.

[193]陈运森，郑登津．董事网络关系、信息桥与投资趋同[J]．南开管理评论，2017，20(3)：159-171.

[194]邓峰．开放创新模式下的创新资源配置最优化研究[J]．合作经济与科技，2011(9)：28-29.

[195]董志愿，张曾莲．双循环背景下高铁开通对企业产能利用率的影响——董事网络的中介作用[J]．企业经济，2023，42(9)：69-81.

[196]段海艳．连锁董事关系网络对企业绩效影响研究[J]．商业经济与管理，2009(4)：38-44.

[197]傅代国，夏常源．网络位置、独立董事治理与盈余质量[J]．审计与经济研究，2014，29(2)：67-75.

[198]高明华．CEO 风险偏好、审计定价与企业社会责任[J]．商业研究，2022(1)：103-112.

[199]高照军．制度环境、继任模式与企业价值的关系研究[J]．科研

管理，2019，40(6)：164-174.

[200]韩洁，田高良，李留闯．连锁董事与社会责任报告披露：基于组织间模仿视角[J]．管理科学，2015，28(1)：18-31.

[201]韩洁，田高良，杨宁．连锁董事与并购目标选择：基于信息传递视角[J]．管理科学，2014，27(2)：15-25.

[202]胡海峰，郭松林，窦斌，等．连锁董事网络与中国上市公司违规[J]．经济与管理研究，2022，43(3)：62-88.

[203]黄速建，余菁．国有企业的性质、目标与社会责任[J]．中国工业经济，2006(2)：68-76.

[204]嵇正龙，宋宇．网络位置对企业生产率的影响——基于吸收能力的中介机制分析[J]．企业经济，2021，40(8)：64-73.

[205]贾西猛，陈沉，柯迪．风险资本对企业社会责任的影响[J]．管理科学，2022，35(4)：112-126.

[206]柯迪，李西文，李园园，等．企业社会责任、融资约束对技术创新投入的影响——基于门槛效应的检验[J]．未来与发展，2020，44(8)：97-106.

[207]孔令宇，吴翟，孔齐令轩．非正式制度下连锁董事关系网络与银行效率研究——来自中国近代银行业的经验证据[J]．产经评论，2022，13(3)：94-109.

[208]雷辉，黄小宝．连锁董事与公司纵向一体化[J]．商业研究，2016(7)：157-164.

[209]李嫦，把宇婷，薛畅．革命历史与企业社会责任履行——来自中国上市公司的经验证据[J]．金融评论，2021，13(2)：45-64.

[210]李虹含，张雨，赵晓琴．经济政策不确定性、连锁董事网络和企业非效率投资[J]．南宁师范大学学报(哲学社会科学版)，2022，43(4)：26-37.

[211]李井林，阳镇．董事会性别多元化、企业社会责任与企业技术创新——基于中国上市公司的实证研究[J]．科学学与科学技术管理，2019，40(5)：34-51.

[212]李钧．企业社会责任与经营绩效：动态能力的中介效应[J]．学术论坛，2022，45(3)：48-59.

[213]李茜，徐佳铭，熊杰，等．企业社会责任一致性对财务绩效的

影响研究[J]. 管理学报，2022，19(2)：245-253.

[214]李文茜，贾兴平，廖勇海，等. 多视角整合下企业社会责任对企业技术创新绩效的影响研究[J]. 管理学报，2018，15(2)：237-245.

[215]李小青，HUNG-GAYFUNG，朱清香，等. 连锁董事网络、融资约束与民营企业社会责任[J]. 管理学报，2020a，17(8)：1208-1217.

[216]李小青，周建，温丰羽，等. 连锁董事网络嵌入、认知距离与民营创业企业成长——基于创业板上市公司的经验证据[J]. 预测，2020b，39(1)：35-42.

[217]李小青，王静远. 连锁董事网络结构洞、团队断裂带与数字化创新绩效[J]. 北方民族大学学报，2022(6)：117-126.

[218]李欣融，孟猛猛，雷家骕. 地理距离对企业社会责任的影响研究[J]. 管理学报，2022，19(2)：254-262.

[219]李洋，汪平，王庆娟. 董事联结能抑制薪酬粘性吗？——管理层权力的中介效应研究[J]. 经济与管理研究，2019，40(7)：128-144.

[220]李洋，罗建志. 董事网络与企业数字化转型：影响效应及作用渠道[J]. 管理现代化，2023，43(5)：98-107.

[221]李志斌. 内部控制、实际控制人性质与社会责任履行——来自中国上市公司的经验证据[J]. 经济经纬，2014，31(5)：109-114.

[222]梁上坤，范昱江，张洪辉. 董事网络联结与公司对外捐赠[J]. 管理工程学报，2022，36(5)：62-74.

[223]林钟高，辛明璇. 董事网络位置与企业金融资产投资效率[J]. 会计研究，2023(2)：79-95.

[224]廖方楠. 独立董事连锁、内部控制与盈余质量[D]. 厦门：厦门大学，2019.

[225]刘斌，黄坤，酒莉莉. 独立董事连锁能够提高会计信息可比性吗？[J]. 会计研究，2019(4)：36-42.

[226]刘芳芳. 企业社会责任与内部控制相关性分析[J]. 财会通讯，2012(12)：62-63.

[227]刘衡，苏坤. 连锁董事网络对公司风险承担的影响[J]. 经济学报，2017，4(1)：119-140.

[228]刘乾，陈林. R&D 溢出效应下企业社会责任与技术创新[J]. 中国软科学，2021(7)：120-130.

[229]刘颖，钟田丽，张天宇．连锁董事网络、控股股东利益侵占与融资结构关系——基于我国中小板上市公司的实证检验[J]．经济管理，2015，37(4)：148-158.

[230]刘源．企业社会责任、管理者能力与董事网络同群效应[J]．商业研究，2023(3)：127-135.

[231]陆明富．连锁董事与问询函监管——来自沪深交易所年报问询的证据[J]．山西财经大学学报，2022，44(9)：87-99.

[232]马宝君，宋逸兴，陈怿，等．社会责任报告美观度对企业债务融资成本的影响研究[J]．管理学报，2022，19(12)：1855-1862.

[233]马军．以环境信息公开促进节能减排[J]．资源与人居环境，2011(1)：49-50.

[234]马连福，张琦，王丽丽．董事会网络位置与企业技术创新投入——基于技术密集型上市公司的研究[J]．科学学与科学技术管理，2016，37(4)：126-136.

[235]马永强，路媛媛．企业异质性、内部控制与技术创新绩效[J]．科研管理，2019，40(5)：134-144.

[236]倪娟，彭凯，胡熠．连锁董事的“社会人”角色与企业债务成本[J]．中国软科学，2019(2)：93-109.

[237]彭凯，孙茂竹，胡熠．连锁董事具有实质独立性吗？——基于投资者市场反应的视角[J]．中国软科学，2018(9)：113-129.

[238]彭晓，修宗峰，刘然．商帮文化、制度环境与企业社会责任信息披露——基于我国A股民营上市公司的经验证据[J]．中南大学学报(社会科学版)，2020，26(5)：133-147.

[239]彭正银，廖天野．连锁董事治理效应的实证分析——基于内在机理视角的探讨[J]．南开管理评论，2008(1)：99-105.

[240]曲亮，沈伶俐．连锁董事网络对企业创新和绩效的影响机制研究——以长三角地区为例[J]．南通大学学报(社会科学版)，2017，33(3)：15-20.

[241]任兵，区玉辉，彭维刚．连锁董事与公司绩效：针对中国的研究[J]．南开管理评论，2007(1)：8-15.

[242]任兵，区玉辉，林自强．企业连锁董事在中国[J]．管理世界，2001(6)：132-141.

［243］沈洪涛．公司社会责任与公司财务业绩关系研究［D］．厦门：厦门大学，2005.

［244］沈璐，廖显春．绿色金融改革创新与企业履行社会责任——来自绿色金融改革创新试验区的证据［J］．金融论坛，2020，25（10）：69-80.

［245］苏诚．连锁董事网中公司并购行为的同群效应［J］．华东经济管理，2017，31(1)：143-150.

［246］孙光国，陈思阳．董事在关联行业任职能够降低企业经营风险吗——基于产业链信息溢出的经验证据［J］．会计研究，2022（11）：87-101.

［247］孙维章，耿艳丽，杨金凤，等．董事网络与企业社会责任鉴证的示范效应——基于模仿压力理论的实证检验［J］．南京审计大学学报，2021，18(5)：53-60.

［248］孙晓妍，宋岩．财务绩效、组织冗余与企业社会责任［J］．统计与决策，2021，37(16)：184-188.

［249］唐亮，林钟高，郑军，等．非正式制度压力下的企业社会责任抉择研究——来自中国上市公司的经验证据［J］．中国软科学，2018(12)：165-177.

［250］涂红，郑淏．企业社会责任、所有制与公司价值［J］．南开学报（哲学社会科学版），2018(6)：147-156.

［251］王建玲，李玥婷，吴璇．社会责任的信号作用——基于中国市场的研究［J］．中国管理科学，2018，26(8)：31-41.

［252］王建琼，林琪．董事网络与公司治理研究述评及展望［J］．管理现代化，2019，39(6)：125-128.

［253］王建琼，廖晓芮，曹世蛟．高管连锁网络与股价同步性［J］．技术经济，2022，41(9)：157-169.

［254］王凯，赵宇航．互联网企业社会责任与经营绩效相关性探析——基于社会资本的中介与组织惯性的调节［J］．领导科学，2022(8)：87-91.

［255］王理想，姚小涛．董事多重兼任对创业企业 IPO 绩效的影响——从提供合法性到缓解资源依赖［J］．经济管理，2017，39（8）：42-59.

[256]王孝钰，高琪．商帮文化、正式制度与企业社会责任信息披露[J]．中央财经大学学报，2023(2)：63-73.

[257]王文姣，夏常源，傅代国，等．独立董事网络、信息双向传递与公司被诉风险[J]．管理科学，2017，30(4)：63-78.

[258]王营，张光利．董事网络和企业创新：引资与引智[J]．金融研究，2018(6)：189-206.

[259]王营．企业避税同群效应研究——基于董事网络的证据[J]．中南财经政法大学学报，2021(2)：28-39.

[260]王永青，单文涛，彭正银．连锁董事网络与权益资本成本：影响效应及路径检验[J]．商业研究，2019(2)：119-128.

[261]魏乐，张秋生，赵立彬．连锁董事网络对企业并购影响的实证研究[J]．西北农林科技大学学报(社会科学版)，2013，13(3)：104-110.

[262]温石刚，朱晓谦，李建平．公司财务欺诈行为的同群效应：基于连锁董事网络社团的研究[J]．工程管理科技前沿，2023，42(3)：20-28.

[263]吾买尔江·艾山，娄小亭．企业社会责任真的能带来更多商业信用融资吗？——基于内部控制与企业异质性的实证[J]．财会通讯，2020(6)：77-83.

[264]吴成颂，程茹枫．董事网络与制造业企业高质量发展——基于金融发展门槛效应的实证分析[J]．安徽大学学报(哲学社会科学版)，2021，45(4)：144-156.

[265]吴鼎纹，肖峻，王红建．银行金融科技与企业社会责任：挤出还是平衡？[J]．财务研究，2022(6)：77-90.

[266]吴昊洋，姚佳丽，郑晓雨．董事联结与并购目标选择——基于资源依赖理论视角[J]．会计之友，2022(23)：98-105.

[267]肖红军，阳镇，刘美玉．企业数字化的社会责任促进效应：内外双重路径的检验[J]．经济管理，2021，43(11)：52-69.

[268]肖翔，李珍珠，代庆会．董事网络中心度与企业双元创新——两类代理成本的中介与遮掩效应[J]．商业研究，2023(4)：131-142.

[269]谢德仁，陈运森．董事网络：定义、特征和计量[J]．会计研究，2012(3)：44-51.

[270]谢伟峰，陈省宏．企业社会责任、盈余管理与公司投资效率关

系研究——中国 A 股上市公司的证据[J]. 企业经济，2021，40(9)：33-44.

[271]徐二明，衣凤鹏. 上市公司连锁董事对社会绩效的影响[J]. 经济管理，2014，36(6)：44-56.

[272]徐婧媛. 连锁董事对企业间会计信息质量传染效应的影响研究[D]. 上海：东华大学，2017.

[273]许金花，戴媛媛，李善民. 社会责任、股东资源与创始人实际控制权[J]. 管理学报，2019，16(12)：1820-1829.

[274]徐莉萍，陆明富，张淑霞，等. 技术型连锁独立董事、技术创新与环境绩效[J]. 科技进步与对策，2018，35(18)：83-90.

[275]徐怀伏，张梦婕. 企业社会责任衡量方法综述[J]. 现代商贸工业，2013，25(8)：18-19.

[276]许永斌，于生辉. 经济政策不确定性、"去家族化"与企业绩效[J]. 财会月刊，2023，44(17)：22-28.

[277]严若森，华小丽，钱晶晶. 组织冗余及产权性质调节作用下连锁董事网络对企业创新投入的影响研究[J]. 管理学报，2018，15(2)：217-229.

[278]严若森，袁婧. 相对资源水平对连锁董事网络与企业创新投入关系的影响[J]. 科技进步与对策，2023，40(19)：65-75.

[279]颜剩勇，王典. "一带一路"企业社会责任、融资约束与投资效率[J]. 财经科学，2021(2)：45-55.

[280]阳镇，李井林. 创新工具还是粉饰工具？——业绩下滑与企业社会责任的再检验[J]. 科学学研究，2020，38(4)：734-746.

[281]阳镇，凌鸿程，陈劲. 社会信任有助于企业履行社会责任吗？[J]. 科研管理，2021，42(5)：143-152.

[282]杨淼，陈艳. 企业社会责任披露对非效率投资的影响——基于权变的观点分析[J]. 财经论丛，2022(1)：79-87.

[283]杨宁宁. 连锁董事对我国上市公司绩效影响的研究[D]. 天津：天津师范大学，2015.

[284]杨小娟，李方晗，赵艺. 连锁董事的内部控制溢出效应研究——基于内部控制缺陷的视角[J]. 审计研究，2022(3)：117-128.

[285]杨雄胜. 内部控制理论研究新视野[J]. 会计研究，2005(7)：

49-54.

[286]叶承辉. 内部控制与资金期限错配：效益观还是风险观？[J]. 财会通讯，2021(18)：65-70.

[287]叶丹，谢卫红. 连锁董事在企业集团知识扩散中的作用分析[J]. 中国管理信息化，2009，12(3)：76-79.

[288]衣凤鹏，徐二明，张晗. 股权集中度与领导结构对连锁董事与企业社会责任关系的调节作用研究[J]. 管理学报，2018，15(9)：1359-1369.

[289]易开刚. 企业社会责任的多重价值博弈与长效实现机制——基于公司治理的视角[J]. 经济理论与经济管理，2011(12)：61-67.

[290]尹筑嘉，曾浩，毛晨旭. 董事网络缓解融资约束的机制：信息效应与治理效应[J]. 财贸经济，2018，39(11)：112-127.

[291]印重，孙萌晨，吴艺博. 精准扶贫政策能否缓解中国企业的融资约束？——基于政策导向的企业社会责任视角[J]. 东北大学学报(社会科学版)，2021，23(6)：32-39.

[292]余鹏翼，王满四. 上市公司董事多重职位与企业并购绩效研究[J]. 中国软科学，2018(1)：100-109.

[293]臧秀清，于江珍. 连锁董事联结对审计质量的影响研究[J]. 财会通讯，2014(6)：18-20.

[294]张多蕾，许少山，薛菲，等. 战略激进度与企业社会责任履行——基于资源获取的视角[J]. 中国软科学，2022(6)：111-123.

[295]张礼涛，王建玲. 上市公司内部控制质量对企业社会责任履行水平的影响[J]. 西北大学学报(哲学社会科学版)，2016，46(5)：55-62.

[296]张新，刘德胜，张玉明. 积极还是消极：小微企业社会责任与开放式创新[J]. 科学学研究，2019，37(6)：1112-1121.

[297]张龑，黄凯南. 董事网络距离与公司股票投资的"近邻偏好"[J]. 经济学(季刊)，2023，23(1)：335-352.

[298]张学志，柯婵. 夫妻共同持股、公司治理与家族企业社会责任[J]. 南方经济，2022(2)：123-138.

[299]张正勇，戴泽伟. 财务透明度、市场化进程与企业社会责任报告鉴证效应[J]. 管理科学，2017，30(2)：132-147.

[300]赵宸宇. 数字化转型对企业社会责任的影响研究[J]. 当代经济

科学，2022，44(2)：109-116.

[301]赵连荣．我国企业社会责任的演变与趋势[J]．企业改革与管理，2005(2)：7-8.

[302]赵胜民，于星慧．企业社会责任对企业创新的影响研究——来自中国上市公司的经验证据[J]．科研管理，2023，44(4)：144-153.

[303]赵天骄，肖翔，姜钰羡．企业社会责任与企业投资水平——基于企业生命周期的视角[J]．北京理工大学学报(社会科学版)，2019，21(6)：107-115.

[304]赵小玥，贾明，张喆．双重制度压力对企业社会责任报告披露的影响：迎合还是防御[J]．当代财经，2022(2)：79-90.

[305]赵岩，侯锐，陈翼．会计稳健性能够传染吗？——网络中心度的视角[J]．外国经济与管理，2020，42(8)：139-152.

[306]郑棣，雷蕾，张琳悦．地理分散化与企业社会责任[J]．财经科学，2021(1)：91-104.

[307]郑方，单文涛，王永青．连锁董事网络与企业动态创新能力——基于多重治理情境的调节作用[J]．财经论丛，2021(11)：77-88.

[308]郑梦，常哲仁．绿色低碳转型与企业环境社会责任——基于低碳城市试点的准自然实验[J]．经济与管理研究，2023，44(7)：126-144.

[309]周建，秦蓉，王顺昊．连锁董事任职经验与企业创新——组织冗余的调节作用[J]．研究与发展管理，2021，33(5)：40-53.

[310]周建，原东良，马雨飞．MD&A 语调会影响企业履行社会责任吗？——基于信息增量与印象管理的视角[J]．管理学刊，2021，34(6)：88-107.

[311]周雪峰，王卫，李珍珠．环境因素、董事网络中心度与企业自主创新[J]．会计之友，2020(10)：85-92.

[312]周中胜，何德旭，李正．制度环境与企业社会责任履行：来自中国上市公司的经验证据[J]．中国软科学，2012(10)：59-68.

[313]朱永明，李婧．企业社会责任对企业绩效的影响——基于 Meta 分析[J]．财会月刊，2021(11)：27-36.

[314]朱月乔，周祖城．企业履行社会责任会提高员工幸福感吗？——基于归因理论的视角[J]．管理评论，2020，32(5)：233-242.

[315]邹海亮，姜紫含，帅萍．董事会连锁关系与环境绩效：基于社

会网络的视角[J]. 华东经济管理，2018，32(3)：119-127.

[316]邹萍. 慈善捐赠动态调整机制及其异质性研究[J]. 管理学报，2019，16(6)：904-914.

[317]邹萍，李谷成. 儒家文化能促进企业社会责任吗?[J]. 经济评论，2022(2)：154-170.

[318]左晓宇，孙谦. 董事网络、公司中心度与投资效率[J]. 经济与管理研究，2018，39(6)：110-121.

[319]左雪莲，郝云宏，王淑贤. 董事网络中心度对大股东掏空的影响：抑制还是加剧?[J]. 财经论丛，2018(11)：85-92.